Schattenfamilien

Irene Eckwolf

Schattenfamilien

Tief muss man graben, um das Licht hinter euren Schatten zu entdecken

Bibliografische Information der Deutschen Nationalbibliothek:
Die Deutsche Nationalbibliothek verzeichnet diese Publikation in der
Deutschen Nationalbibliografie; detaillierte bibliografische Daten
sind im Internet über http://dnb.dnb.de abrufbar.

Herstellung und Verlag: BoD – Books on Demand, Norderstedt
ISBN: 978-3-7322-9544-9

Inhaltsverzeichnis

VORWORT

In den Zeiten von zunehmendem Hass, Terrorismus, Angst und Gewalt, in denen wir alles dafür tun, unsere Unabhängigkeit und Menschlichkeit zu bewahren, kommt die Erinnerung hoch an die unsagbaren Morde, Gewalttaten und den Krieg im Zeichen des Nationalsozialismus hier in unserem Land vor siebzig Jahren. Häufig schon bestand eine Unzufriedenheit damit, zu wenig über die Rolle meiner eigenen Vorfahren im damaligen Unrechtsregime zu wissen. Um mich endlich richtig damit auseinandersetzen zu können, befasse ich mich mit einem schon länger geplanten Projekt, einer familienbezogenen Dokumentation über Ereignisse in der Zeit des Nationalsozialismus, dabei gewinne ich Erkenntnisse, die ich so nicht erwartet hätte, obwohl ich sie eigentlich hätte erwarten können.

Während dieser Arbeit stoße ich auf einige jahrzehntelang bewahrte Familiengeheimnisse, die theoretisch viel früher hätten offenbart werden können, wenn ich nur richtig nachgeschaut hätte, mit offenen Augen. In etlichen Briefen, Unterlagen aus dem Nachlass meiner Mutter, ihre Familie betreffend, sind diese Geschehnisse beschrieben worden, aber ich hatte sie mir nie wirklich genau angesehen. Vielleicht haben andere aus dieser Familie mehr gewusst, aber es besteht eine Hemmschwelle, irgendeinen danach zu fragen, zumal die damals direkt Beteiligten nicht mehr am Leben sind.

Eigentlich wollte ich vorrangig über die Briefe meines Vaters berichten, aber dann entwickelte sich eine Eigendynamik, die dazu führte, dass es notwendig erschien, die Geschichte meiner Mutter-Familie der Vollständigkeit halber mit einzubeziehen.

Bei den Briefen handelt sich um reale Zeit-Dokumente, die von meinem Vater Johannes sowie Angehörigen meiner Mutter in der Zeit vor und während des Zweiten Weltkrieges verfasst wurden und die uns Nachkommen, sowohl denjenigen meiner Generation als auch den jüngeren, ein besseres Bild vermitteln von der Zeit, über die man inzwischen zwar mehr weiß, als ich es mir in meiner Kindheit und Jugend vorstellen konnte, die aber weiterhin entdeckungsfähig bleibt.

Die Namen der involvierten Personen sind durch Initialen abgekürzt bzw. geändert, damit keiner der Nachkommen der betreffenden Familien mit einbezogen wird.

Denn es ist meine Geschichte, mein Anliegen, in der ich natürlich auch meine Sichtweise zum Ausdruck bringen möchte. Die Recherchen begannen, nachdem ich mit großem Interesse die Bücher „Die vergessene Generation - Kriegskinder brechen ihr Schweigen" und „Kriegsenkel" von Sabine Bode gelesen habe. Ausschlaggebend für das Projekt ist die Existenz eines Ordners gesammelter Briefe meines Vaters, Jahrgang 1918, die er an seine Familie als junger Mann vor und während des Zweiten Weltkrieges geschrieben hat. Sein Vater hatte alle Briefe aufgehoben und abgeheftet (es ist ein recht dicker Ordner), sowie alle Dokumente, die seinen Sohn betreffen. Alle Briefe durchzulesen und anschließend zu dokumentieren war mein erstes Anliegen, das aber nach zwanzig Seiten Dokumentation einer Pause bedurfte, da ich mit dem Gelesenen teilweise nicht umgehen konnte und folgerichtig den Ordner erst einmal ruhen ließ.

Nach der Lektüre des Buches „Nachkriegskinder", ebenfalls von Sabine Bode, ist mir einiges klar geworden, so dass ich neuen Mut fasste, um mich wieder mit den Briefen zu beschäftigen. Dabei stellte sich schnell heraus, dass ich ein falsches bzw. eigentlich gar kein Bild von meinem Vater gehabt hatte, denn mit uns wurde nicht über diese Zeit geredet, so dass ich mir meine eigenen Vorstellungen bastelte, in denen meine Vorfahren aller Wahrscheinlichkeit nach nur Opfer des Krieges waren. Nach der Lektüre der ersten zwanzig Briefe hielt ich das Gegenteil für wahr und war komplett überfordert. Nach meinem zweiten Anlauf stellt sich alles viel differenzierter dar und ich bin sehr überrascht, positiv überrascht, dass sich dieser damals junge Mann von zwanzig Jahren so intelligent, gefühlvoll und lebhaft ausdrücken und empfinden konnte.

Meine Vorstellung ist, dass diese Briefe und die Geschichten dahinter, gerade junge Leute, die die damalige Zeit nicht nachempfinden können, sehr interessieren könnten und daher in irgendeiner Art und Weise öffentlich gemacht werden sollten. Diese besonderen Zeit-Dokumente anderen Menschen zugänglich zu machen, ist eine wichtige Möglichkeit zur Erweiterung des zeithistorischen Horizontes. Um alles möglichst zeitlich korrekt wiedergeben zu können, durchforstete ich auch längst vergessene Dokumente aus dem Nachlass meiner Mutter und stieß dabei auf einige Briefe, die die mütterliche Familiengeschichte betreffen. Dabei stellte sich heraus, dass es auch in diesem Ordner einige tiefgreifende Überraschungen und neue Erkenntnisse zu entdecken galt.

Kapitel 1 - Die Unwissenheit

Am Anfang stand eine relativ große Unwissenheit, sie gilt es aufzuhellen, und in Wissen, Erkenntnis und eventuell Verzeihen zu verwandeln - mit Hilfe der Erfassung dieser entdeckten Briefe, die jahrelang in einem Bücherregal der Großmutter in einem alten „Holsten-Ordner" schlummerten und anschließend im Bücherregal meiner Mutter. Sie wurden nach deren Tod allen Nachkommen zur Ansicht zugänglich gemacht und landeten dann bei mir. Ich schaute zuerst nur oberflächlich hinein, aber irgendwann wurde ich mutiger und fing an, richtig zu lesen. Es endete, wie bereits angedeutet, mit einer Art von geschockt sein, weil ich feststellen musste, mit welchem gigantischen Mangel an Kenntnissen über meine eigene Familie ich bisher durchs Leben gegangen war, so dass ich mich fragte, wodurch diese überdimensionale Fehlmenge an Informationen eigentlich entstanden war.

Das Buch „Nachkriegskinder" half mir sehr dabei, diese Konstellationen seit meiner frühesten Kindheit besser verstehen und interpretieren zu lernen, denn ich habe erst dadurch erfahren, in wie vielen Familien damals, in den 50er und 60er Jahren, das Schweigen vorherrschte. Für diese Kriegsgeschädigten, also die Generation meiner Mutter und meines Vaters, war die Fähigkeit Gefühle zu äußern eine sehr schwierige, manchmal auch unmögliche, Angelegenheit. Ich kann mich nicht erinnern, meinen Vater je weinen gesehen zu haben, meine Mutter habe ich ein Mal mit Tränen erlebt und zwar bei der Beerdigung meines Vaters, sie war zu dem Zeitpunkt sechsundfünfzig Jahre alt.

Auf jeden Fall wollte ich die Unterlagen noch einmal durchsehen, auch weil ich die neuen, vielleicht nicht so angenehmen Tatsachen inzwischen besser einordnen kann. Aus dem ursprünglichen Vorhaben, die Briefe meines Vaters als Zeit-Dokumente durchzuarbeiten und allen, die darüber etwas wissen wollen, zugänglich zu machen, wurde zusätzlich eine Art der Aufarbeitung für mich persönlich und vielleicht auch für andere Menschen, die in den 1950er und 1960er Jahren geboren wurden und aufgewachsen sind. Je mehr ich mich in diese Geschichte hinein vertiefte, desto mehr wurde mir klar, dass es sich nicht um eine Einzelerscheinung handelt, sondern dass es ein Zeitphänomen ist.

Denn in dieser Zeit, zehn Jahre nach dem Krieg, war noch nichts vergessen, aber alles verdrängt. Das Schweigen oder auch die gefühlte Regel, Gefühle nicht zu offen zu zeigen, setzte sich noch lange fort, ich merke es unter anderem daran, dass ich zuerst versucht habe, meine Sätze und Ausführungen möglichst neutral und nicht zu emotional zu formulieren. Persönliche Geschichte bedeutet aber auch, die eigenen Empfindungen zu äußern und verständlich machen zu können.

Verdrängungsstrategien

Ich bin davon überzeugt, dass es einen Unterschied macht, wer sich mit der Deutschen Nazivergangenheit beschäftigt, und zwar im Hinblick auf das Geburtsjahr der betreffenden Person.

Früher habe ich mir tatsächlich nie Gedanken darüber gemacht, dass diejenigen, die zehn Jahre älter waren als ich, am Ende des Zweiten Weltkrieges geboren worden sind, das erschien mir einfach zu weit weg. Es gab die Personen meines Alters, meines Jahrgangs, Freunde, Freundinnen, dann gab es die etwas Älteren, die sogenannte Hippie-Generation, die 68-er, die Studentenrevoluzzer, von denen fühlten wir, also die Leute meines Alters und ich, uns eigentlich doch ziemlich entfernt. Man versuchte vielleicht manchem nachzueifern und beteiligte sich an Demos oder versuchte sich in Unabhängigkeit. Ein geschichtlich eingebundenes Selbstverständnis war jedoch so gut wie nicht vorhanden.

Gerade das Thema „Erinnerungskultur" ist für Historiker nicht neu. Zitat Hans Günter Hockerts „Zugänge zur Zeitgeschichte: Primärerfahrung, Erinnerungskultur, Geschichtswissenschaft": „Die wissenschaftlichen Publikationen der Zeithistorie können immer nur relativ kleine Teile der Öffentlichkeit erreichen. Die meisten Bürger begegnen der Zeitgeschichte auf andere Weise.

Jeder speichert im Laufe seines Lebens eigene Geschichtserfahrungen. Dabei nimmt jeder andere Ausschnitte der Wirklichkeit wahr und verknüpft sie auf je eigene Weise mit dem subjektiven Beziehungsnetz seiner Lebenswelt. Franz Kafka notierte am 2. August 1914 in sein Tagebuch: ,Deutschland hat Russland den Krieg erklärt. - Nachmittags Schwimmschule.' So eigentümlich können sich Öffentliches und Privates, Allgemeines und Besonderes vermischen, und im Grunde gibt es so viele Varianten von Primärerfahrung wie es Menschen gibt.

Die Auseinandersetzung mit der NS-Vergangenheit bildet seit Jahrzehnten - ungeachtet der gebetsmühlenhaft vorgetragenen Verdrängungsvorwürfe - eines der beherrschenden Themen im deutschen politischen Diskurs; so sehr, dass unter ,Vergangenheit', wenn nicht eigens anders vermerkt, nahezu automatisch die NS-Vergangenheit verstanden wird. Diese bildet eine Kontrastfolie, einen Prüfstein und einen Reflexionsfilter für die politische Kultur. Dass dabei über das rechte Maß von Erörterung und Erregung gestritten wird, besonders auch über angemessene, für nachwachsende Generationen einsichtige Formen des Erinnerns und Gedenkens, das ist in einer pluralistischen Gesellschaft ganz unvermeidlich. Die Spannweite reicht von Sedimenten einer bornierten Schlussstrichmentalität bis zu geradezu obsessiven Zügen einer ,Vergessensangst', einer ,kollektiven Angst vor einer Vergessensschuld', die sich ,an immer neuen erinnerungskulturellen Projekten abarbeitet'.[1] In der Mitte der Gesellschaft scheint aber eine bemerkenswert stabile Balance gelungen zu sein, wenn es um die notwendige, doch alles andere als leichte Doppelaufgabe geht, die NS-Epoche als Teil der eigenen Geschichte anzunehmen (also nicht mittels Schlussstrich zum Fremdkörper zu erklären) und sich zugleich von ihr fundamental zu distanzieren. "[2]

Die Ausführungen der beiden Historiker, Hans Peter Hockerts und Peter Reichel, sind eventuell auch im Zusammenhang mit ihren Geburtsjahren, nämlich 1942 und 1944, zu sehen. „Vergessensangst", „gebetsmühlenhaft vorgetragene Verdrängungsvorwürfe" - das wirkt wie: Ich kann es nicht mehr hören. „Die Mitte der Gesellschaft" ist nicht so genau zu definieren, aber bekommt eine „bemerkenswert stabile Balance" hin, mit der „Doppelaufgabe" „die NS-Epoche als Teil der eigenen Geschichte anzunehmen und sich zugleich von ihr fundamental zu distanzieren."

Das hört sich distanziert an, müssen Wissenschaftler auch sein. Es könnte aber auch durch eigene Erfahrungen unbewusst mit geprägt sein.

Unbeschwerte Kindheit

Dass wir, die Kinder der Nachkriegszeit, so unwissend aufgewachsen sind, hat etwas damit zu tun, wie unsere Eltern und Großeltern mit uns umgegangen sind und was uns vermittelt wurde. Ich selbst bin 1955 als zweites Mädchen von fünf Kindern geboren, es gab eine ältere Schwester und drei jüngere Brüder. Mein Vater war Arzt, meine Mutter Hausfrau, wir wohnten ziemlich idyllisch in einem Badeort an der Ostsee, die Praxis meines Vaters befand sich auch dort.

Wir haben zuerst in einem Mehrfamilienhaus in Strandnähe gewohnt, im Erdgeschoss lebte unsere Großmutter väterlicherseits, darüber die Praxis und unsere Wohnung. Als unser dritter Bruder, also das fünfte Kind, zur Welt kam, wurde es langsam eng in der Wohnung und wir zogen um in ein Einfamilienhaus, das sich etwas weiter weg vom Strand befand. Dieses Haus mit großem Garten hatte den Großeltern mütterlicherseits gehört, die inzwischen beide verstorben waren.

Uns ging es doch gut, materiell gut, denn sparsam sein war wichtig, genauso wie nach außen und innen die heile Familienwelt zu schätzen und zu wahren. Es gab Ausflüge, Urlaube und Besuche bei Verwandten, den Sommer verbrachten wir im Garten oder am Strand, denn dazu mussten wir nur über die Promenade laufen, später einen kleinen Weg gehen. Unsere Erziehung beinhaltete damals auch körperliche Strafen, das galt aber als völlig normal und notwendig, es wurde Außenstehenden gegenüber nicht erwähnt und war dennoch für uns Kinder demütigend. Anscheinend war es zu der Zeit auch üblich, Kinder in ein Heim zu schicken. Mir wurde als Grund mitgeteilt, ich wäre zu dünn und sollte dort, in dem Kinderheim in St. Peter-Ording, mal ordentlich zulegen, über einen Zeitraum von immerhin nur sechs Wochen. Über die Zustände, die in solch einem Kinderheim herrschten, hat man schon in anderen Publikationen einiges erfahren. Manches davon kommt mir sehr bekannt vor: Der Nachttopf, der mitten im Mehrbettzimmer stand, denn keiner durfte nachts zur Toilette gehen, sondern sollte diesen Topf benutzen. Der Zwang, zu essen, was auf den Tisch kam oder warme Milch mit Haut zu trinken. Andere, bereits erfahrenere Kinder gaben Tipps: Die Haut unauffällig an die Becher-Innenseite kleben! Ich erinnere mich an mein Heimweh, meine Bauchschmerzen und die dazugehörende Strafpredigt der Heim-Leiterin: „Stell dich nicht so an, das bildest du dir nur ein." Immerhin war meine Schwester mitgeschickt worden, als Unterstützung, sie durfte aber nicht im selben Raum schlafen wie ich, wir würden zu laut sein, die anderen würden von uns gestört werden.

Der wahre Grund für den Aufenthalt dort wird gewesen sein, dass meine Mutter zu diesem Zeitpunkt im Herbst 1962, ich war sieben Jahre alt, gerade das fünfte Kind bekommen hatte. Sie wird überfordert, vielleicht auch krank gewesen sein und brauchte etwas Entlastung, so dass zwei Kinder weniger zu Hause ihr die mütterlichen Aufgaben wesentlich erleichtert haben werden, so vermute ich es aus heutiger Sicht.

Dezember 1956

Dezember 1960

1962: im Kinderheim

Es gab keine Gespräche über Krieg und Notzeiten, wir hatten so gut wie nichts darüber erfahren, wir sollten in einer Art „heilen Welt" aufwachsen, die durch möglichst wenig Problematisches erschüttert werden sollte.

Unsere Mutter war absolut perfekt in der ihr eigenen Form der Ablenkung, die ihr so zur Routine geworden war, dass wir uns später darüber lustig gemacht haben. Wenn zum Beispiel irgendeiner von uns ein ihr unangenehmes Thema ansprach oder eine missliebige Sache zur Sprache kam, wendete sie den Kopf zur Seite und blickte aus dem Fenster mit den Worten: „Oh, schaut mal dort, ein ganz großer Vogel landet gerade eben auf dem Komposthaufen!"

Das erstickte alle Fragen im Keim, denn das war ja aufregender als alle anderen unausgesprochenen und komplexen Sachverhalte. Diese Methode wurde ziemlich häufig angewandt, es gab dann keine weiteren Kommentare oder Antworten mehr. Natürlich war auch sie gefangen in ihrer eigenen Geschichte, ihrer eigenen Erziehung, genauso wie unser Vater, beide konnten sich nicht wirklich davon befreien, es war ihnen nicht möglich.

Zu unserer Erziehung gehörte auf jeden Fall nicht die Aufklärung, es gab zwar minimale Ansätze dazu, aber keine Gespräche. Anstelle von Informationen, welche heute völlig selbstverständlich sind, wurde mir ein Buch mit dem Titel „Woher kommen die kleinen Jungen und Mädchen" in die Hand gedrückt. Da war ich aber bereits im späten Teenie-Alter und hatte mich durch Freundinnen oder auch Artikel in Zeitungen, die zum Beispiel beim Friseur auslagen, informieren können, was natürlich auch nicht komplett umfassend war, aber immerhin aussagekräftiger als die kleine „Aufklärungs-Broschüre". Man war auf sich selbst angewiesen, auch der Besuch bei einer Frauenärztin erfolgte auf eigene Initiative und vermittelte mir dann weitere notwendige Informationen.

Bei meiner Mutter waren die Aufklärung und auch die Verhütungsmethoden natürlich noch eingeschränkter. Ihre ersten vier Kinder kamen recht dicht nacheinander, so war ich erst anderthalb, als mein erster Bruder geboren wurde, der dazu noch ein Frühchen war, das heißt, er wurde zwei Monate vor dem eigentlichen Geburtstermin geboren. Das muss nicht einfach für meine Mutter gewesen sein, obwohl sie sich nie darüber beklagt hatte. Dennoch hat es auch bei den Kindern Spuren hinterlassen, ich weiß, dass es für mich in dem Alter auch nicht so einfach war, eine nicht ganz existente Mutter zu haben, es bedeutete auch Gefühle von Einsamkeit.

Es hatte allerdings den Vorteil, dass ich früh selbstständig sein wollte und gleichzeitig auch immer Verantwortung für die jüngeren Brüder, die anderthalb, drei und sieben Jahre jünger als ich waren, übernahm. Ich fühlte mich ihnen sehr verbunden, dachte mir viele Spiele und Abenteuer für uns aus, wie zum Beispiel „Verkleiden", denn das war gelebte Phantasie, zudem spielten wir oft draußen und erkundeten unser Umfeld.

Viel später, als ich schon erwachsen war, hat meine Mutter mal erwähnt, dass es bei ihr eine Fehlgeburt oder Abtreibung gegeben hatte, was sie dann allerdings so umschrieben hat, dass man nicht genau wusste, was es wirklich gewesen war.

Noch später hat sie sich einmal zu ihren eigenen Geburten geäußert, als sie anlässlich der Geburt meiner ersten Tochter mit ins Krankenhaus gekommen war, denn ich wollte sie gerne dabei haben. Sie saß die ganze Zeit auf einem Stuhl im Patientenzimmer und strickte, dann sagte sie plötzlich, dass es ihr früher auch so ergangen sei, als sie mit Wehen in das Krankenhaus XYZ gekommen sei und sie zu sich selbst gesagt hätte: „Nun bist du Idiotin schon wieder hier!". Das wirkte natürlich ziemlich ernüchternd und traurig und ist mir im Gedächtnis hängen geblieben, denn es hörte sich an wie: „Wenn ich darauf Einfluss gehabt hätte, wären es weniger Kinder geworden!"

Natürlich frage ich mich, inwieweit die familiären Begebenheiten wichtig für das Verständnis der geschichtlichen Zusammenhänge und Auswirkungen sind bzw. ob diese Geschichten und Erinnerungen vielleicht doch zu persönlich sind, um sie aufzuschreiben und offen zu legen. Die Befürchtungen haben etwas damit zu tun, dass wir in einer Atmosphäre des Verschweigens aufgewachsen sind. Wenn von unserer Familie die Rede ist, so gibt es natürlich nicht nur eine, sondern zwei, die sich auch sehr unterschiedlich dargestellt haben. Es wurden zeitweise Familienbande beschworen, die aber, besonders von mir, wahrgenommen wurden als ein aufgesetztes Ritual der Mutter-Familie. Die Vater-Familie umfasste weniger Mitglieder und zeigte weniger Zusammenhalt und Gemeinsamkeiten.

Es gab viele Ungereimtheiten, sporadisch wurden Kriegs-Folgen erwähnt, allerdings nicht in unserer frühen Kindheit, sondern erst in der Schule. Ich erfuhr erst in den 60er und 70er Jahren historische Tatsachen zu dem Thema Zweiter Weltkrieg. Inwieweit das damals auch historisch korrekt war, kann ich nicht mehr beurteilen. Insgesamt zog sich dieses allgemeine Gefühl der Verschwommenheit und Unsicherheit über viele Lebensjahrzehnte hinweg.

Wenn ich mich jetzt damit befassen will, mit Aufarbeitung und Darlegung, werde ich auch meine persönliche Geschichte, das heißt, meine Erfahrungen, meine Sichtweise dieser familiären Besonderheiten meiner direkten Vorfahren und die damit verbundenen Auswirkungen, mit einfließen lassen müssen. Andernfalls könnte es nicht klar verständlich sein, warum ich diese Brief-Story überhaupt aufschreiben möchte.

Die eigene Geschichte

Ich habe einmal, vor ungefähr zehn Jahren, unter dem Titel „Familienbande" aufgeschrieben, was ich von den damaligen Familientreffen der zahlreichen Mitglieder der Mutter-Familie hielt.

Ich habe es erst vor kurzem wieder gefunden, es trägt ein damals noch nicht aufgelöstes Zeit-Unwohlgefühl in sich und hört sich für mich, aus heutiger Sicht, sogar etwa vorausschauend an. Inzwischen sind etliche Abläufe für mich tatsächlich verständlicher geworden.

Mit meiner persönlichen Darstellung werde ich wohl die direkt betroffenen Personen nicht mehr belasten können, denn alle älteren Familienmitglieder, wie die Geschwister meiner Mutter und die Schwester meines Vaters sind mittlerweile verstorben, meine Eltern ebenfalls, beide im Alter von 65 Jahren, der Vater 1984, die Mutter 1994.

Ich war früher teilweise unglaublich naiv, zu meiner Konfirmation, das muss 1970/71 gewesen sein, wünschte ich mir beispielsweise von meinem Patenonkel, dem Bruder meiner Mutter, ein bestimmtes Buch. Laut meiner Mutter war mein Onkel sehr erstaunt über meinen Wunsch, ich erklärte ihr aber, warum ich dieses unfassbare „Werk" haben wollte: Es handelte sich nämlich um ein damals herausgekommenes, kommentiertes Exemplar von Hitlers „Mein Kampf". Ich war zu diesem Zeitpunkt fünfzehn Jahre alt und hatte nun endlich in der Schule etwas über den Zweiten Weltkrieg und seine Schrecken erfahren, was mir alles sehr weit weg zu sein schien. Gleichzeitig hatte ich gelesen/gehört, dass Adolf Hitler in diesem Buch seine rassistische, menschenverachtende und kriegerische Weltanschauung bereits 1933 dargelegt hatte. Hätten alle Menschen, besonders die, die sich nicht dem Nationalsozialismus verschrieben hatten, das Buch damals gelesen, wären sie vielleicht besser vorgewarnt gewesen und hätten später nicht sagen können, das haben wir nicht geahnt. Es hieß weiterhin, dieses Buch sollte sich damals zwar in jedem guten „deutschen" Haushalt befunden haben, aber wirklich gelesen haben es die Leute nicht. Ich wollte mich nun selbst davon überzeugen, wie sich dieses, für mich abartige Werk, tatsächlich darstellte, deshalb sollte es von mir durchgearbeitet werden. Im Hinterkopf hatte ich zu der Zeit die Vorstellung, dass die Familien meiner Eltern Opfer gewesen waren: Sie hatten schließlich schwere Verluste erlitten, waren ausgebombt worden und hatten jeweils zwei und drei Söhne verloren. Nach dem Krieg ging dann alles wieder auf Neuanfang, das waren die Informationen, die an mich bzw. an uns Kinder weitergegeben wurden.

Also wollte ich auch feststellen, ob durch besseres Wissen von Hitlers frühzeitig veröffentlichten Absichten, irgendetwas hätte verhindert werden können - und auch, ob Hitler überhaupt in der Lage war, zu schreiben, bzw. ob eigentlich schon dieses Buch erkennbar „kriminell" gewesen war. Diese Erklärungen schienen meinem Onkel zu genügen, ich bekam das Buch und versuchte es durchzuarbeiten, mit Bleistiftnotizen. Ich konnte es aber, trotz der Kommentare, nicht ganz zu Ende lesen, an mein Fazit erinnere ich mich nicht mehr genau, aber ich glaube, es hat mir nicht wirklich weiter geholfen. Ich wusste nach wie vor nicht, wie meine Familie dazu stand, denn eigentlich hatte ich gehofft, dass zumindest meine Mutter sich dazu äußern würde - wäre doch eine gute Gelegenheit gewesen, aber es wurde nichts dazu gesagt, obwohl ich doch die Dringlichkeit des Themas klar dargelegt hatte. So dachte ich weiterhin, sie könnten nicht reden, weil sie Opfer waren - traumatisiert sagt man heute. Inzwischen weiß ich, ja, sie waren traumatisiert, aber aus ganz anderen Gründen, als ich mir damals vorstellen konnte. Eigentlich hatte ich immer noch keine richtigen Vorstellungen von den geschichtlichen und familiären Zusammenhängen während der Zeit des Nationalsozialismus und des Zweiten Weltkrieges, es war eine Art von Naivität, die aus dem uns umgebenden Schweigen geboren wurde.

Es gibt einige Gemeinsamkeiten, aber auch etliche große Unterschiede in der jeweiligen Familiengeschichte. Die Geschichte der Mutter-Familie blieb lange recht nebulös, es dauerte sehr lange, bis ich, anlässlich des Brief-Projektes, auch hier endlich etwas mehr Klarheit erlangte, durch Suchen und richtiges Lesen. Die Geschichte der Vater-Familie wird durch das genaue Lesen der Briefe von Johannes, meinem Vater, etwas erklärbarer, verständlicher und deutlicher.

Es ist sogar möglich, anhand der im Ordner gesammelten Dokumente und Briefe, den genauen Lebenslauf meines Vaters zu erstellen, der mir vorher eigentlich weitestgehend unbekannt war. Es wurden zwar manchmal in aller Kürze einige Fetzen davon preisgegeben, wie sich im Verlauf meiner Nachforschungen herausstellte, war aber auf einmal der wahre Hintergrund der mütterlichen Familien-Geschichte gravierend - und leider nicht im positiven Sinn. Daher wird dieser Teil meiner Geschichte nun doch mehr Raum einnehmen müssen, als geplant, denn es ist wichtig, heute endlich hinter die Schleier der Schattenfamilien schauen zu können.

Kapitel 2 - Die mütterliche Familie

Familienoberhaupt und Vater war Herbert D., geboren 1888 in Frankfurt/Oder. Direkt vor und während des Krieges sei er Bankdirektor gewesen; das wurde uns so erzählt, er genoss angeblich ein sehr hohes Ansehen. Das war ein merkwürdiger beruflicher Aufstieg, der nach seiner vorherigen beruflichen Laufbahn nicht zu erwarten gewesen war. Er war im Ersten Weltkrieg als Leutnant der Reserve im Einsatz und wurde mit nicht ausgeheiltem Lungenschuss in ein Genesungsheim in Garmisch eingewiesen. Er wollte Berufsoffizier werden, wurde aber als „Dienstuntauglich wegen Verwundung" abgelehnt. Anschließend war er erst „stellungsloser" Buchhalter, „dem jede nennenswerten Beziehungen zur Förderung eines beruflichen Aufstiegs fehlten", später, 1916, hatte er dann eine Stellung als „Buchhalter bei der Deutschen Orientbank in Berlin". 1915, in Garmisch, lernte er dann Annamaria S., die 1888 in London geboren wurde, kennen.

Annamaria, die Tochter eines Pfarrers, war damals eine junge Rote-Kreuz-Schwester. Sie machte in Garmisch einen kurzen Urlaub, hatte von dem Kriegslazarett, in dem sie ehrenamtlich tätig war, eine Freifahrtkarte dritter Klasse erhalten. Angekommen in Garmisch „bestieg sie ohne jedes Training eilenden Fußes den 1700m hohen Berg ‚Wank'. Noch am gleichen Abend tanzte sie nach dem Abendessen in Garmisch." (Zitate aus Herbert's „Festrede 40. Hochzeitstag")

Dabei musste sie Herbert irgendwann über den Weg gelaufen sein und ihn schwer beeindruckt haben. Die Hochzeit mit Annamaria erfolgte 1916 in Potsdam, sie bekamen neun Kinder, sechs Söhne, drei Töchter. Meine Mutter, Gabriele, geboren 1927, war die jüngste.

Im Zweiten Weltkrieg, ab wann genau wird nicht berichtet, ist Herbert dann offenbar zum Bankdirektor aufgestiegen, das wurde uns jedenfalls so übermittelt.

Die Wohnsituationen der Familie wurden uns wie folgt berichtet: Sie lebten erst im Rheinland, dann in Wien und in Berlin jeweils in einer großen Villa; in Berlin in direkter Nachbarschaft zur damals sehr bekannten Schauspielerfamilie Heinrich George, was häufig erwähnt wurde. Nach dem Krieg begab sich Herbert auf Wohnortsuche an die Ostsee, da hatte bei ihm offensichtlich ein nicht unerheblicher Statuswechsel stattgefunden, denn er soll zu dieser Zeit eine Tätigkeit als Vertreter ausgeübt haben. Ich stellte mir die Frage, ob dieser Mann, mein Großvater, sich vielleicht verstecken musste oder wollte. Weiterhin wurde erzählt, dass drei Söhne der Familie im Krieg „gefallen" waren, Jahrzehnte später stellte sich heraus: Nur zwei der Söhne starben tatsächlich im Krieg.

Anlässlich des Brief-Projektes kam es auch noch einmal zur genaueren Durchsicht alter Unterlagen aus der mütterlichen Familie, dabei erschienen einige Dokumente, die ich teilweise vor längerer Zeit schon einmal gelesen, aber wieder vergessen hatte, teilweise aber auch nicht, denn ich hatte damals eine Scheu davor, alles zu genau anzuschauen. Einige dieser, die mütterliche Familie betreffenden, Besonderheiten müssen ausführlicher dargestellt werden. Es sind Dinge dabei, die ich zum ersten Mal bewusst erfahren habe, wie zum Beispiel etliches über den Großvater Herbert, aber auch über den Erwerb des Grundstückes in dem Ort an der Ostsee, den Bau des Hauses dort, denn das ist immerhin das Haus, in dem ich einen Großteil meiner Kindheit verbracht habe.

40 „glückliche" Jahre als Ehepaar

Die Hochzeit der Großeltern mütterlicherseits fand 1916 statt, dann kamen die insgesamt neun Kinder, von denen meine Mutter Gabriele die Jüngste war. Es gab also ab 1918 bis 1927 jährlich eine Geburt, so ungefähr. Anlässlich ihres 40. Hochzeitstages, im Oktober 1956, hatten Herbert und Annamaria ihre persönlichen Erinnerungen im Bezug auf ihre Ehe schriftlich formuliert, in einer Art Festrede. Da gibt es erhebliche Unterschiede in der Sichtweise, der Darstellungsart und der Verarbeitung.

Annamaria, meine Großmutter, schreibt in ihrem Rückblick auf vierzig gemeinsame Jahre mit Herbert: „ Habicht (Herbert) und Stieglitzin (Annamaria) flogen ins rheinische Land und richteten sich ein Nest in einer Tanne ein. Der Habicht lag nun seinem Beruf des Mäuse- und Häschenfangens ob, und da er geschickt war und anderen Mitinteressenten viel aus den Fängen riss, so war immer etwas zum Knabbern im Nest. Der dumme Stieglitz aber, saß im Nest, guckte nicht rechts und nicht links, legte geduldig jedes Jahr ein Ei und wartete geduldig bis die kleinen Habichtskinder herauskrochen. So ging es neun Jahre lang. Alle kleinen Habichtskinder waren wohlgebildet, gesund und klug. Nun hätte alles okay sein können, aber nein, der hübsche, elegante, von der Arbeit nicht verbildete Habicht entdeckte, dass ihm viele süße, lockere Vögel nachflogen, wohin er wollte. Und so kam es, dass ... Na, Moos drüber. Die dumm-harmlose, ich sage fast dämliche Stieglitzin saß ja fest auf ihren Eiern oder im Nest. Sie hätte ihren Schnabel gebrauchen sollen, so glättete sie nur täglich liebevoll die Federn der zerzausten kleinen Habichte damit."

Herbert hatte anscheinend in fremden Nestern gestöbert, sprich, seine Frau betrogen, die sich nun endlich dafür rächen konnte, indem sie es allen offiziell mitteilte. Es zeigt sich aber auch eine Art von Heiler-Familien-Welt, welche mit dem Ausdruck „Moos drüber" wieder passend gemacht wird.

Mein Großvater, Herbert, verfasste anlässlich des 40. Hochzeitstages ein etwas längere ,Festrede': „Die frühere Zeit, von der ich zu erzählen begann, liegt lange zurück, so dass ich mich auf die Vorgänge nicht mehr genau besinnen kann, zumal die Tagebücher, Notizen und Briefe von damals im Zweiten Weltkrieg verloren gingen. Aber es mag schon sein, dass die erste bergsteigerische Leistung des jungen Mädchens mich auf sie besonders aufmerksam gemacht hat.

Nur begreife ich heute noch nicht, was sie veranlasste, sobald schon auf meinen Vorschlag einzugehen, uns zu verloben. Nach dem Gesetz der reinen Vernunft bestanden kaum irgendwelche günstigen Voraussetzungen für einen vertretbaren Bund fürs Leben. Das junge Mädchen, das ihr heute als eure Mutter verehrt, war die zweitälteste Tochter einer siebenköpfigen Pfarrer-Familie. Die Verwundung des Verlobten führte nicht nur zur Feststellung seiner völligen Dienstuntauglichkeit, sondern ließ auch gesundheitliche Gefahren für seine

Zukunft befürchten. Man entließ ihn zwar mit voller Leutnants-Pension, aber mit seinem Plan, Berufsoffizier mit schneller Beförderung zu werden, war es aus. Außerdem stand es dahin, ob er jemals wieder eine vollwertige Buchhalterstelle mit Entwicklungschancen bekommen und ausfüllen werde. Der Patient erholte sich wieder und fand eine Ausgangsposition bei der Deutschen Orientbank in Berlin Dann begann der Betrieb bei der Orientbank zu veröden. Der Bräutigam (Herbert) setzte alles daran, eine andere Stellung zu bekommen. Es fand sich eine vorteilhafte in Köln. So konnte dann, ein Jahr nach der Verlobung, die Hochzeit in Potsdam im Hotel Einsiedel begangen werden (1916).

Über diesen Tag sind nunmehr vier Jahrzehnte vergangen, eine Zeitspanne wechselvollen Geschicks. Glückliche und erfolgreiche Jahre wurden unterbrochen durch Rückschläge und schweres Leid. Der Zweite Weltkrieg nahm uns unsere drei Söhne Wilfried, Stephan und Harald, auf die wir so große Hoffnungen setzen konnten. Bei Ausgang des Krieges war die ganze Familie auseinander gerissen und jeder einzelne wurde auf den primitivsten Lebensstand zurückgeworfen. Indessen wandte sich auch dieses Geschick. Wir alle haben neue Aufgaben gefunden und uns gegenseitig geholfen. Die drei uns verbliebenen Söhne arbeiten in befriedigenden Stellungen. Unsere drei Töchter haben Schwiegersöhne geheiratet, die genauso wie die uns von Kurt zugeführte Schwiegertochter mehr und mehr mit der Familie verwuchsen."

Der Großvater könnte sich, seiner Rede nach, nicht mehr genau auf lange zurückliegende Ereignisse besinnen. „Glückliche und erfolgreiche Jahre", Nationalsozialismus inklusive, wurden „unterbrochen durch Rückschläge und schweres Leid", es ging alles im Zweiten Weltkrieg verloren.

Das war ein typisches Zeitphänomen der 50er und 60er Jahre, in denen die Erwähnung des Zweiten Weltkrieges nur in Bezug auf den Verlust der Söhne, sowie der mit dem Ausgang des Krieges einhergehende Verlust des gewohnten Lebensstandards stattfanden. Die Söhne hätten „befriedigende Stellungen" erreicht, natürlich: „Gut" oder „sehr gut" konnte es nach dem persönlichen Prestige-Rückgang durch den Krieg nicht mehr sein. Die Töchter hätten bestimmungsgemäß geheiratet, das wären ihre „Stellungen". Der Sprach-Modus von Herbert ist noch geprägt vom Zweiten Weltkrieg, denn dort gab es „militärische" Stellungen, z.B. „Die „Hardenberg-Stellung war Teil des deutschen Verteidigungssystems im Endkampf um Berlin ab 16 April 1945 ."[3]

Diese Großeltern Herbert und Annamaria habe ich nicht wirklich kennengelernt, an den Großvater gibt es gar keine Erinnerung, er starb, als ich vier Jahre alt war, da ist kein Bild vor meinen Augen, rein gar nichts. Die anderen Cousinen und Cousins sprachen von „Öpchen", was sich nett anhört, vielleicht war er oberflächlich nett.

Die Großmutter, sie wurde „Ömchen" genannt, erinnere ich genauer, obwohl ich erst neun Jahre alt war, als sie starb. Meine Mutter erhielt die Nachricht vom Tod ihrer Mutter am Telefon, aber sie zeigte keinerlei Regung, keine Gefühle von Trauer und weinte auch nicht. Diese Großmutter war vom Grundsatz her eher missgestimmt, es erweckte den Eindruck, dass ihre Enkelkinder ihr auf die Nerven gingen und sie diese nicht unbedingt um sich haben wollte, allerdings gab es wohl ein bis zwei Lieblinge, mit denen sie besser zurecht kam. Durch ihre neun Kinder war wohl ihr Vorrat an Geduld, Mitgefühl und Freude aufgezehrt worden, so erschien es mir, sie hatte anscheinend die Nase voll und wollte mit Babys, Kleinkindern oder auch größeren Kindern, nichts mehr zu tun haben oder besser gesagt, sie nur noch aus der Entfernung wahrnehmen.

Es gab einen Nachmittag im Garten des Hauses an der Ostsee, an dem Fotos gemacht werden sollten von Ömchen mit ihrer Enkelschar, es war gerade ein Neugeborenes dazu gekommen. Diese „Fotosession" verlief äußerst angespannt, es existieren Fotos der Großmutter, die mit bitterbösem Gesicht ein Enkelkind ermahnt und wegschiebt, so dass nicht von einer liebevolle Atmosphäre die Rede sein konnte, man fühlte sich wieder mal ungezogen und überflüssig.

Bei den Großeltern väterlicherseits habe ich auch keine Erinnerung an den Großvater, die Großmutter hingegen war noch recht lange bei uns, denn sie wohnte zuerst im selben Haus wie wir, nur eine Wohnung unter unserer, sie war die liebe Oma schlechthin, von ihr kam nie ein böses Wort, sie lächelte und freute sich, wenn wir zu ihr kamen.

Die Familienlügen

Es gab in der mütterlichen Familie sechs Söhne, die alle im Zweiten Weltkrieg eingezogen wurden, drei sollen dann „gefallen" sein: Wilfried, Harald und Stephan, so schreibt es jedenfalls Herbert noch 1956 in seiner Hochzeitsrede. Der älteste Sohn Wilfried wurde im Alter von vierundzwanzig Jahren, im Kriegsjahr 1942, erschossen, er hätte „den Heldentod gefunden", so nennen es seine Eltern.

In der Todesanzeige für den „gefallenen" Sohn Wilfried vom September 1942 steht: „Uns traf die tiefschmerzliche Nachricht, dass unser liebevoller Sohn, der Älteste von neun Geschwistern, Gerichts- referendar, stud. chem. Wilfried D., Leutnant u. Kompanieführer ei- ner Krad-Schützenkompanie, Inh. des EK I und des Panzerkampfab- zeichens, bei den schweren Kämpfen in Russland im Alter von 24 Jahren den Heldentod gefunden hat. Bei ausgeprägter Begabung für Kunst und Wissenschaft kennzeichnete ihn vor allem unermüdliche Einsatzfreudigkeit daheim und draußen. Den letzten Winter durch- stand er in Lappland unter Bedingungen, deren Schwere uns erst nachträglich bekannt wurde. Seit drei Monaten an der russischen Südfront eingesetzt, schrieb er: ‚Als Kompanieführer verlebe ich trotz des schrecklichen Krieges die glücklichste Zeit meines Lebens, weil ich für alles sorgen muss. Die Herzen meiner Leute sind mir zugetan, wir finden vollste Anerkennung'. Aufgeschlossenheit und Frohmut in Verbindung mit größter Selbstlosigkeit schufen ihm einen großen Freundeskreis und begründeten die treueste Liebe und Verehrung seiner Geschwister zu ihm. Den Eltern erschien er als Krönung ihres Lebens. In tiefer Trauer, Herbert D., Präsident der Werke des GG in Krakau und Frau Annamaria, Wien".

Der Sohn hat also den „Heldentod gefunden", so, als wenn er danach gesucht hätte, auch das angebliche oder wahre Zitat aus dem Brief des Sohnes, welches besagt, er habe „trotz des schrecklichen Krieges die glücklichste Zeit" seines Lebens „an der russischen Südfront" verlebt, lässt einen heute erschauern und leicht fassungslos werden. Weiterhin enthält dieser Text eine Information über die berufliche Tätigkeit von Herbert, aber die Bezeichnung „Werke des GG in Krakau" sagte mir erst einmal nichts, wichtig war, dass mein Großvater Präsident dieser Werke gewesen war.

Krakau - im deutsch besetzten Gebiet Polens, assoziiert Vertreibung, Massenmord, Judenvernichtung. „GG" steht für „Generalgouvernement, die deutsch besetzten Gebiete in Polen". Das waren für mich neue Tatsachen, Herbert war zu der Zeit nicht Bankdirektor gewesen, sondern ein im Auftrag der Nationalsozialistischen Machthaber eingesetzter Präsident der Werke des Generalgouvernements in Krakau. Verständlich, dass davon nach dem verlorenen Krieg keiner mehr etwas wissen wollte. Es wurde erforderlich, genauere Informationen über das Generalgouvernement in Krakau einzuholen.

„Das Generalgouvernement entstand am 26. Oktober 1939 in Polen, nach der Invasion durch das nationalsozialistische Deutschland. Die sogenannten Einsatzgruppen der Sicherheitspolizei und des SD verfolgten gezielt die einheimischen Spitzen aus Politik, Wissenschaft, Kultur und Kirche und ermordeten bis Frühjahr 1940 in ganz Polen über 60.000 Menschen. In der Folge entwickelten die Nationalsozialisten zwei Ziele für das besetzte Gebiet: Wirtschaftliche Ausbeutung und die Germanisierung. Während ersteres die Indienstnahme für die eigene Kriegswirtschaft, und die völlige Ausbeutung der Einheimischen bedeutete, lief das zweite auf Vertreibungen und Massenmord hinaus. Opfer der deutschen Rassenpolitik waren insbesondere die Juden. Sie wurden in 342 Ghettos gezwungen, dort unterlagen sie einer Politik gezielter Enteignung und Aushungerung.

In den auf dem Territorium des GG errichteten Konzentrationslagern Belzec, Treblinka, Majdanek und Sobibor, in denen sie etwa 1,8 Millionen der insgesamt 2,2 Millionen jüdischen Opfer des GG ermordeten. Nur wenige der deutschen Verantwortlichen wurden vor

Gericht gestellt, einige wenige begingen Selbstmord, die meisten lebten unbestraft in Deutschland. Prominente Ausnahmen sind der Generalgouverneur Hans Frank (1900-1946), der 1946 im Nürnberger Hauptkriegsverbrecherprozess zum Tode verurteilt und hingerichtet wurde. " [4]

Die Rolle, die Herbert D. als Präsident der Werke des GG in Krakau, ausübte, wird nicht mehr klar rekonstruierbar sein. Das Wort „Werke" hörte sich sehr allgemein an, ich wusste nicht, um was es sich dabei gehandelt hat, das empfand ich als unbefriedigend und fing an, im Internet zu recherchieren. Nach langem Suchen habe ich eine Quelle gefunden, in der der Begriff „Werke des Generalgouvernements" erläutert wird. Daraus der folgende Auszug: „ Der Aspekt der ‚Eindeutschung' des Generalgouvernements stand bei der Erfassung polnischen und jüdischen Eigentums zunächst nicht im Fokus der Treuhandstelle. Vielmehr spielte die Weitervermittlung konfiszierter Vermögenswerte im Generalgouvernement insofern eine geringe Rolle, als insbesondere für die größeren und bedeutenderen Unternehmen praktisch nur das Generalgouvernement und seine nationalsozialistische Regierung sowie die von ihr im Oktober 1940 gegründete Holdinggesellschaft ‚Werke des Generalgouvernements' selbst als Interessenten in Frage kamen.

Aufgabe der ‚Werke des Generalgouvernements' sei es, so Hans Frank, (der Generalgouverneur, „der Schlächter von Juden und Polen", 1939-1945) der Gefahr vorzubauen, dass für die Gesamtwirtschaft des Generalgouvernements wichtige Unternehmen ‚in die Hände kapitalistischer Großschieber fallen'.

Wie schon in den eingegliederten Gebieten wurde auch im Generalgouvernement ein weitläufiges System von Treuhändern bereits vor der Bildung einer Treuhandstelle als zentrale Verwaltungsinstanz geschaffen. Diese Treuhänder mussten bis Mitte März 1940 von den Treuhandaußenstellen, die in den Wirtschaftsabteilungen der Distriktschefs gegründet worden waren, bestätigt werden. Im Unterschied jedoch zu den eingegliederten Gebieten konnten im Generalgouvernement auch Polen als Treuhänder über polnische und jüdischen Betriebe und Unternehmen fungieren.

In Ermangelung geeigneter deutscher Kräfte griffen die Behörden des Generalgouvernements in diesem Falle, zumeist bei kleineren und mittelständischen Unternehmen bzw. allgemein an Stellen, die die Deutschen für unwichtig hielten, auch auf Polen zurück. Dass man auch auf Seiten der deutschen Besatzer den Status des Generalgouvernements für problematisch hielt, zeigen die umständlichen Erklärungsversuche, mit denen die völkerrechtswidrigen Eingriffe in die staatlichen sowie die nichtstaatlichen Eigentumsstrukturen der indigenen Bevölkerung rechtfertigen wollte. "[5]

Aufarbeitung von Familiengeheimnissen

D ie „Werke des Generalgouvernements" war also eine Holdinggesellschaft der Nationalsozialisten, die dafür sorgen sollte, dass wichtige Unternehmen nicht in die Hände „kapitalistischer Großschieber" fielen.

Die Tätigkeit eines Präsidenten dieser Gesellschaft kann im Nachhinein nicht wirklich beurteilt werden, jedenfalls nicht von mir.

Es gibt weitere Informationen über die Werke im GG, in einer Dissertation „Führungsverhalten und Handeln reichsdeutscher Unternehmer/Manager und deren Verstrickung in den NS-Terror im Generalgouvernement der besetzten polnischen Gebiete (GG) 1939 bis 1945" von Dieter Herrmann (2012), aus denen ersichtlich wird, dass die Zielsetzung der GG-Wirtschaftspolitik sowohl in der Ausnutzung vorhandener Industriebetriebe vor Ort, vor allem zu Rüstungszwecken, als auch in der Enteignung von Polen und Juden, der wirtschaftlichen Ausbeutung, sowie Zwangsarbeit, Ghettoisierung und am Ende der Vernichtung von Juden bestand. Daraus folgende Zitate: „ Zur Erfassung des nunmehr in das Eigentum des Generalgouvernements übergegangenen Industriebesitzes wurde am 1. Oktober 1940 die ‚Werke des Generalgouvernements Aktiengesellschaft' gegründet. Sitz der Gesellschaft, deren Aktienkapital sich zu 100 v.H. im Besitze des Generalgouvernements befindet, ist Krakau.

In Führungspositionen im GG - ob in Verwaltung, bei der Polizei, im Handel und in der Industrie - wurden vorrangig überzeugte Nationalsozialisten berufen. Das sollte sicherstellen, dass an den jeweiligen Schaltstellen Verantwortliche saßen, die sich nicht scheuten, bei der Ausbeutung des Landes, der Versklavung der Polen und der - wenn auch nicht sofortigen, so dann doch langfristig geplanten - Ausschaltung der Juden mitzuwirken." [6] In dem gut recherchierten Bericht werden eindeutige Belege dafür genannt, dass die Personen, die im Generalgouvernement in Leitender Funktion tätig waren, Mitglieder der NSDAP gewesen sind und an den dort ausgeübten Verbrechen beteiligt gewesen sind, auch wenn sie „nur" davon gewusst haben. „Auch auf dem Gebiet der Wirtschaftspolitik folgten die Verantwortlichen in der GG Regierung zunächst den von Hitler vorgegebenen Weisungen, nach denen das GG rücksichtslos ausgeschlachtet werden sollte: Abtransport wichtiger Rohstoffe und Maschinen, umfassender Einsatz polnischer Arbeitskräfte im Reich, Beschränkung der Lebenshaltung auf das notwendigste Minimum. Die materiellen Schäden in Polen (eingegliederte und besetzte Gebiete) – bezogen pro Kopf der Bevölkerung – die höchsten unter den Kriegsgegnern Deutschlands waren.

Luczak geht davon aus, dass die polnische Wirtschaft infolge der totalen Ausbeutung und die durch Kriegseinwirkungen verursachten Schäden materielle Verluste in einer Größenordnung von 49,2 Milliarden Vorkriegsdollar erlitt. Auf heutige Verhältnisse übertragen, entspricht diese Summe der Kaufkraft von 1.300 bis 1.500 Milliarden €." [6a]

Mein Großvater Herbert, der zur damaligen Zeit stolz auf seinen hohen beruflichen Stand im besetzten Polen war, ist beteiligt gewesen am Unrechtsregime. Er war seit 1937 Mitglied der NSDAP (Mitgliedsnr. 5380081), das ist belegt durch eine Auskunft vom Bundesarchiv vom Februar 2017, nach einer beantragten Recherche bezüglich Zugehörigkeit zur NSDAP. Eine weitere Anfrage bezüglich einer Personalakte Herbert D., die aus dem „NS-Archiv" des Ministeriums für Staatssicherheit der DDR (MfS) zuständigkeitshalber an das Historische Institut der Deutschen Bank abgegeben wurde, ergab, dass Herbert D. tatsächlich für die Deutsche Bank tätig gewesen war, insgesamt von 1916 bis 1943: unter anderem beim Schaafhausen'scher Bankverein, in Krefeld als Direktor und bis 1939 in der Zentrale Berlin als Stellvertretender Direktor, Abteilung Kreditbüro.

Erwähnt werden Funktionen außerhalb der Deutschen Bank, wie die Lehrzeit von 1907 bis 1909 bei der Darmstädter Bank, Frankfurt/Oder, sowie Tätigkeiten bei anderen Banken in Hamburg, Breslau und Berlin von 1909 bis 1916. Ab Kriegsbeginn 1939 dann: Funktion als Reichskommissar für die Behandlung feindlichen Vermögens, mit Posten als Direktor/Vorstandsmitglied bei einer österreichischen Metallwaren-Firma (Gebr. Brünner) bis 1940. Von Januar 1941 bis August 1941: Vorstand und kaufmännische Gesamtleitung Howaldtswerke. Ab August 1941 bis September 1943: Vorsitzender Vorstand der Werke des Generalgouvernement AG in Krakau".

Es gab im Gebiet des Generalgouvernements vier Konzentrationslager. Das sollte einem Präsidenten der Werke des GG auf keinen Fall unbekannt gewesen sein.

Höchstwahrscheinlich hätte er aber nach dem Krieg auf entsprechende Fragen mit dem Hinweis auf seine vollständige Unkenntnis reagiert. Ob andere Familien-Nachkommen diese Informationen übermittelt bekommen haben, Bescheid wussten, ist mir nicht bekannt. Es ist möglich, dass einige meiner älteren Cousinen und Cousins etwas davon gewusst haben, aber auch zum Schweigen verurteilt waren.

Richtig ist, dass Herbert D. von 1927 bis 1939 Bankdirektor war. Es herrschte allerdings ein stillschweigender Konsens darüber, was den Nachkommen an Informationen gegeben wurde über die Tätigkeit des Großvaters als unbescholtener Bankdirektor, auch während des Zweiten Weltkrieges, mit dem damit verbundenen Ansehen, gesellschaftlichem Status, großartigem Lebensstil der Familie in mondänen Villen mit Personal und allem, was das Leben angenehm macht. Ungerechtfertigter Weise alles durch den unverschuldeten Krieg verloren - so lautete die Botschaft an alle Familienmitglieder. Man muss wohl davon ausgehen, dass nach dem verlorenen Krieg kein Umdenken, keinerlei Eingestehen von Schuld stattgefunden hat, nicht bei den Großeltern und den anderen daran beteiligten älteren Verwandten.

Ein weiterer Verwandter erinnerte sich, von unserer Mutter gehört zu haben, dass ihr Vater Herbert mit dem angesehenen Bankier Herrmann Josef Abs, der 1901 geboren und 1994 gestorben ist, befreundet gewesen sei. Dazu folgende Informationen: „Hermann Josef Abs war ein deutscher Bankier und von 1957 bis 1967 Vorstandssprecher sowie von 1967 bis 1976 Aufsichtsratsvorsitzender der Deutschen Bank AG. Als „Finanzdiplomat" arbeitete Abs als Ratgeber sehr eng mit Konrad Adenauer zusammen." [7] „Mittlerweile ist auch mehr über seine Rolle während der Nazi-Zeit bekannt geworden. Herrmann Josef Abs kollaborierte mit dem Hitler-Regime, ihm gelang im Nazi-Reich eine rasante Karriere, er saß sogar nach dem Krieg 90 Tage in Untersuchungshaft. Doch zu einer Verurteilung in Deutschland kam es nicht. Abs war sogar Aufsichtsratchef eines Unternehmens, das von Herbst 1944 an in der Nähe von Leipzig einige bisher weitgehend unbekannte KZ-Außenlager betrieb." [8]

Herbert D. war genauso am Unrechtsregime beteiligt, wie etliche andere „hochrangige" reichsdeutsche Manager/Führungskräfte. Interessant ist, dass es möglich war, im Nachkriegsdeutschland ungestraft davon zu kommen, denn „in der BRD (wurde) die Verfolgung der NS-Verbrecher eingeschränkt: Das Straffreiheitsgesetz von 1949 amnestierte alle vor dem 15. September 1949 begangenen Taten, die mit Gefängnis bis zu sechs Monaten bzw. bis zu einem Jahr mit Bewährung geahndet werden konnten. 1950 folgte die Empfehlung des Bundestags, die Entnazifizierung zu beenden." [9] Es war also möglich, dass die NS-Täter und hochrangige NS-Unterstützer sozusagen ungeschoren davonkommen konnten, denn sie waren ja alle noch da, saßen dann wieder in Justiz und Behörden, wo entsprechende gesetzliche Regelungen getroffen werden konnten. Sie bauten ihre neue berufliche Existenz ungehindert erneut auf, siehe Hermann Josef Abs und andere deutsche Manager in Spitzenpositionen. Herbert, mein Großvater, lebte als unbescholtener Bürger in der Provinz an der Ostsee, wo ihn wohl auch keiner von früher her kennen konnte. Wir Kinder wurden in diese Schattenfamilie hineingeboren, die Schatten umgaben uns als undurchdringbare Mauer aus Schweigen und farbenprächtigen Lügengeschichten. Es verwundert nicht, dass unter dem Mantel des Verdeckens für uns nicht identifizierbare Unsicherheiten entstanden, die man mit sich alleine auskämpfen musste und letztendlich die Zweifel an sich selbst bewirken musste; nach über sechzig Jahren erst die ganze Wahrheit zu erfahren, bewirkt ein ganz neues Lebensgefühl, in dem Lügen keinen Platz mehr haben sollen.

Es ist wichtig, dass wir lernen mit diesen Informationen richtig umzugehen, denn wir als Nachkommen sind nicht schuldig. Wir wurden zwar belogen, aber sind nicht verantwortlich für das, was Familienmitglieder getan haben, bevor wir geboren wurden. Vielleicht bin ich, oder auch andere meines Alters, naiv gewesen, aber es liegt außerhalb unserer Verantwortung, was diese in gewisser Hinsicht verantwortungslosen, fehlgesteuerten Menschen damals getan haben. Das zeitliche Aufarbeitungs-Programm fortzuführen, ist für jeden Betroffenen eine gute Maßnahme.

In der mütterlichen Familie gibt es eine sehr frühe Lüge über den Tod von Sohn Stephan, der angeblich auch im Krieg gefallen war, wie seine beiden Brüder Wilfried und Harald. Stephan starb aber erst nach dem Krieg, am 12. Juli 1946. Es war sehr wahrscheinlich Selbstmord, anscheinend verübt in wohl tiefer Verzweiflung sowohl über den Tod seines Freundes Steward R. acht Tage zuvor, eines britischen Leutnants, der erst an der Ostsee und dann in Hamburg stationiert war, als auch über das Bewusstwerden der Nicht-Akzeptanz von Homosexualität in seinem gesellschaftlichen und familiären Umfeld.

Ein Haus und ein Grundstück an der Ostsee zu kaufen, beruhte offensichtlich auf Stephans Plänen, denn er arbeitete zum damaligen Zeitpunkt als Sekretär für Lieutenant Steward R. in dessen britischer Dienststelle, die sich in dem Ostsee-Ort befand.

Der verlorene Sohn Stephan

Es gab dort, im Dorf an der Ostsee, 1946 offensichtlich einen Stützpunkt der britischen Militärregierung, in dem Stephan als Dolmetscher tätig war. Sein Vorgesetzter war der o.g. Lieutenant Steward R.

Die britische Militärregierung war seit Mai 1945 in Schleswig-Holstein als Teil der britischen Besatzungszone eingesetzt, denn: „Als die Briten im Mai 1945 in Schleswig-Holstein einrücken, haben sie die neue Rolle der Besatzungstruppen inne. Für den politischen Wiederaufbau in dieser Ecke des chaotischen und zerstörten Deutschlands sollen sie Sicherheit und Ruhe schaffen. Es gibt genug zu tun." [10]

„Kontakte zwischen Briten und Deutschen gibt es zunächst fast ausschließlich auf offizieller Ebene. Es gilt das Fraternisierungsverbot. Briten dürfen privat nicht mit Deutschen sprechen, keine Deutsche heiraten, keine Geschenke verteilen oder Einladungen von Deutschen annehmen. Ab Sommer 1945 lockern die Befehlshaber allmählich die Regeln. Gespräche zwischen Besatzern und Besetzten sind nun erlaubt, Beziehungen zwischen britischen Soldaten und deutschen Frauen stehen nicht mehr unter Strafe." [11]

Zum Zeitpunkt der Korrespondenz zwischen Stephan und der restlichen Familie, Februar bis Mai 1946, waren die Kontakte zwischen britischen Besatzungs-Soldaten und der deutschen Bevölkerung schon üblich und vielfältig.

Besonders häufig betraf das Kontakte zwischen Soldaten und deutschen Frauen, denn „ den Briten ist von Beginn an klar, dass sich Kontakte zwischen ihren Soldaten und deutschen Frauen nicht vermeiden lassen werden. Offiziell werden zwischen 1946 und 1950 in Hamburg 760 uneheliche Kinder einer deutschen Mutter und eines britischen Vaters geboren. 15 Monate nach Kriegsende erlaubt die britische Regierung ihren Soldaten schließlich, deutsche Frauen zu heiraten." [12] Gleichgeschlechtliche Beziehungen fallen zu jener Zeit nicht unter ein Toleranz-Gebot.

In den Unterlagen meiner Mutter finden sich Kopien von zwei Briefen, die ihr Bruder Stephan verfasst hatte. Der erste ist an alle anderen Familienmitglieder gerichtet, der zweite direkt an seine Schwester.

Ich denke, es ist wichtig, dass auch diese Briefe gelesen werden, denn Stephan schien ein aufrichtiger, liebevoller Mensch gewesen zu sein und ich hätte ihn sehr gerne kennengelernt. Es wurde später, als ich ein Kind war, nichts über diesen Bruder erzählt, es gab lediglich die Information „im Krieg gefallen" und das war dann eigentlich alles.

Mein zweiter Bruder wurde nach ihm benannt, ein anderer Bruder meiner Mutter benannte ebenfalls seinen Sohn nach ihm, so dass davon auszugehen ist, dass er ihnen sehr viel bedeutet haben muss. Ihre Art, weiterhin an ihn zu denken, war, einem eigenen Sohn seinen Namen zu geben, diesen aussprechen zu können, auch wenn sie über den toten Bruder selbst nicht sprechen konnten oder durften.

In den wenigen Unterlagen, die meine Mutter über ihre Familie aufgehoben hat, fanden sich zwei sehr ausführliche Briefe von Stephan, die meiner Mutter wichtig gewesen sein müssen, sonst wären sie wohl längst vernichtet worden.

In diesen Briefen erfährt man sehr viel über Stephans Charakter, seine Fürsorge und seine Ideale. Der erste Brief wurde von Stephan am 8. Februar 1946 geschrieben, unter der Überschrift: „Neue Pläne und Ideen, Aufgaben und Hoffnungen. Allen mir nahestehenden und lieben Menschen - unserer Familie - will ich in aller Kürze von dem berichten, was mir wieder neuen Auftrieb gegeben hat und was, wie ich hoffe, vielleicht von einiger Bedeutung für uns alle sein kann. Dass dies dabei in aller Kürze geschieht, brauchte ja eigentlich in unserem Kreis keiner besonderen Erwägung, da ich ja als schreibarmer Zweifüßer (Dietmars zoologische Studien färben auf mich ab) jenen zweifelhaften Ruf innehabe.

Wie ich schon einem Teil von uns schrieb, beabsichtige ich hier in dem Badeort an der Ostsee als Eigenheimler in einer Baracke ‚Onkel Toms Hütte' auf 600-800 qm ansässig zu werden, um den noch umher schwirrenden Familienmitgliedern ein möglichst baldiges Zusammenleben wieder zu ermöglichen, mich dabei der Geschichte erinnernd, die Paps uns von dem Vater erzählte, der sechs Söhne hatte und ihnen ein lehrreiches Beispiel gab, was den Wert des Zusammenhaltens veranschaulichen sollte. Er nahm sechs Reisigstäbe in die Hand und mit Leichtigkeit gelang es ihm, jeden Einzelnen zu brechen, während er die sechs zusammengeschnürten Reisige trotz aller Anstrengungen nicht zerbrechen konnte.

Ganz abgesehen von den größeren Möglichkeiten, die ein Zusammensein bieten würde, ist ja jedem von uns der Wunsch umeinander zu sein, so sehr ausgeprägt. Da ich von jeher optimistisch veranlagt war, brauche ich wohl eigentlich nicht noch hinzu zu fügen, dass ich bisher weder Land noch Baracke in den Händen habe, doch aber erfolgversprechende Vorstöße in dieser Beziehung schon zu verzeichnen habe.

Im Ort habe ich besonders das unter dem Namen ‚Schuttabladeplatz‘ bezeichnete Gelände aufs Korn genommen, wobei ich zugebe, dass auch mich zunächst der Name als solcher abgestoßen hat, später als ich die günstige Lage des Geländes besichtigt hatte, drang sich bei mir der Gedanke durch und fand auch Bestätigung durch einen alten Gärtner, dass der Boden des mit Abfall gesäten Platzes durch Verwesung (Anm.: Ich hoffe, er meint Verrottung) besonders fruchtbare Humuserde darstellen wird. Auch könnten die umherliegenden Kochtöpfe einer nochmaligen Verwendung zugeführt werden und dem im Wachsen begriffenem Hausstand nützlich sein. Den Ort selbst halte ich in Bezug auf Ernährungslage, Landwirtschaft und See (Fischerei und Seehandel), Sommerfrische (Ostseebad), günstigen Verbindungen und schließlich auch durch die politische Lage für einen durchaus aufbaufähigen Ansiedlungsort. Ganz abgesehen, dass die Nähe der See in jedem Fall ihre Vorteile hat. Der Ausbau dieses Planes nahm bisher mich in Anspruch. Gestern nun hat mich mein erster Vorgesetzter wieder aufgesucht. Den meisten von uns ist er auch schon kein Unbekannter mehr, zumal er sich sehr hilfreich und freundschaftlich zugetan gezeigt hat. Er war mit neuen, fruchtbaren Ideen erfüllt, denn er sieht auch die jetzige Lage nicht nur in Deutschland, sondern in ganz Europa als eine wahnsinnige an, die uns unerbittlich, wenn nicht die Vernunft vorherrscht, in den Abgrund reißt.

Zwei Tage und Nächte haben wir durch geschwatzt - (Anm.: Das ist eigentlich schon ein deutlicher Hinweis, auf die besondere Beziehung der beiden) bevor er wieder nach Hamburg gefahren ist, wohin er mir angeboten hat, ihm zu folgen. Welche Aufgaben mir weiter als Dolmetscher gegeben sein werden, konnte er mir noch nicht sagen, doch ich habe zugesagt, mir dabei bewusst, dass vieles meinen Erwartungen nicht entsprechen wird und dass ich dort meine persönliche Freiheit sehr werde in den Hintergrund rücken müssen. Dabei weiß ich aber auch, dass ich an vielen Besprechungen teilnehmen werde, interessante Menschen kennenlerne und vielleicht bei manchen Fragen doch einen Einfluss haben werde, wobei ich hoffe, dass ich in meinen Anschauungen richtig liege und mir meine Unvoreingenommenheit, die Ursprünglichkeit und der Mut der Entscheidung erhalten bleibt. Nach außen hin wird diese Zeit ein natürlich viel lichtvolleres Aussehen haben und eine beneidenswerte scheinen. Dadurch hoffe ich eben auch, Euch allen noch behilflich sein zu können.

Meine Uniform (Anm.: Marine Uniform) hätte ich jetzt doch in diesen Tagen ablegen müssen, was mir im Übrigen außerordentlich schwer fällt. Mein Dienstantritt in Hamburg wird in etwa einer Woche sein, aber zwischendurch werde ich sicherlich auch des Öfteren nach H. fahren. Trotz dieser bevorstehenden Hamburg-Zeit will ich in jedem Falle meine Villenpläne aufrechterhalten."

Der Brief endet mit Seite zwei. Ohne Gruß, ohne Unterschrift. Sein anderer Brief endet mit „Mit sehr herzlichen Grüßen, dein Stephan". Es ist davon auszugehen, dass noch eine weitere oder mehrere Seiten im Original existiert haben, aber nicht kopiert und aufbewahrt wurden, aus welchem Grund auch immer.

Den zweiten Brief schrieb Stephan am 27. Mai 1946 an seine Schwester „Elchen" (Gabriele), sie ist damals neunzehn Jahre alt, aus Hamburg: „Mein liebes Elchen! Für deinen lieben Brief zu meinem Geburtstag, den ich nach meinem vierzehntägigen Urlaub hier vorfand, möchte ich dir von Herzen danken, auch wenn ich ein wenig verwundert bin über deinen strikten und etwas bitteren Ton. Aber du musst wohl Gründe haben, die mir zwar unverständlich sind, wenn du schreibst, dass vielleicht ich als Einziger dich verstehen könnte. Mein liebes Elchen, glaubst du wirklich, dass uns alle die trennenden Jahre so fremd gemacht haben, wo du doch zu Hause als Jüngste stets diejenige gewesen bist, auf die wir uns besonders gefreut haben? Und erinnere dich weiterhin an unser stets nettes Zusammensein, wenn wir auf Urlaub uns von dir umsorgt wussten! Aber ich vertraue da deinem gesunden Gefühl, dass auch bald diese Stimmungen vergehen werden, denn wir ziehen ja alle wieder an einem Strang.

Niemand ist voneinander abhängig, aber ein jeder kann sich auf den anderen verlassen, wo es ihm angebracht erscheint, dass er die Wege mithelfen könnte zu ebnen, ohne sich etwas zu vergeben. Du verstehst sicher, was ich meine, ja ich bin überzeugt davon, dass, wenn uns die Gelegenheit gegeben sein sollte, gemeinsame Stunden zu verbringen, wir die allerschönsten hätten.

Mein liebes ‚Krakehlchen‘, du weißt gar nicht, wie sehr uns allen daran gelegen ist, mal wieder mit dir zusammen zu sein. Im jetzigen Urlaub verbrachte ich zehn Tage mit Kurt (Bruder) und Hedwig (seine Frau), die wegen ihrer beiden Kinder und der Verpflegungslage ja doch große Sorgen haben. Greta, mein kleines Patenkindchen, war ganz besonders reizend, sie kannte uns alle beim Namen, obgleich sie viele noch gar nicht einmal gesehen hat. Jeden Morgen kam sie zu mir ans Bett, wünschte mir guten Morgen und fragte, ob ich gut geschlafen hätte. Sie hat von Kurt einen entschiedenen Ordnungssinn geerbt, der ja auch Dietmar so eigen ist, und sie hasst jede Unordnung, ja sogar kleine kriechende Tiere, wie Maikäfer. Sie ist ganz reizend, sehr zärtlich und weiß einen rührend zu unterhalten. Auch das andere Töchterchen liegt stets mit lachenden Augen in ihrem Bettchen und sie ist der Sonnenschein der Familie, auch wenn sie sich große Sorgen machen, weil sie noch so dünn ist und anscheinend nicht recht vorwärts kommt. Kurt sieht selbst gut aus und versucht jetzt als Dolmetscher beschäftigt zu werden.

Bertram, den ich anschließend besuchte, hatte gerade die Blinddarmoperation hinter sich. Er sieht mager und farblos aus. Anna ist zu seiner Welt geworden. Bertram beabsichtigt jetzt sowieso etwas aus dem Haus herauszukommen und so kommen ihm die Pläne, den Aufbau des neuen Hauses in die Hand zu nehmen und eventuell auch mal einen Fischkutter zu übernehmen, ganz gelegen.

Am 5. Juni kommt er deshalb nach Hamburg, um nach einer nochmaligen Rücksprache an die Ostsee weiter zu fahren. Natürlich nimmt er Anna mit und das ist auch sehr gut so. Der Aufbau wird sich natürlich noch einige Zeit hinziehen und die Schwierigkeiten anfangs schienen unüberwindlich, aber wir werden es schon schaffen. Mams, die ich auch in Essen antraf, da sie unseretwegen dort hingekommen war, macht sich natürlich große Sorgen um euch Berliner. Sie darf niemals das Gefühl bekommen, dass sie nicht mehr von uns benötigt wird, denn sie wird ja tatsächlich jetzt mehr denn je benötigt. Das Alleinsein ist ihr das Schlimmste und so ist es gut, dass Paps zu ihr fährt, auch wenn nicht vorauszusehen ist, was er machen kann.

Das Wichtigste ist erst einmal, dass wir uns mehr und mehr zusammentun. Darin wird dann auch eine Stärke liegen. Jeder von uns ist natürlich sich selbst verantwortlich und so ist es gut, wenn jemand glaubt zu wissen, was er tun muss.

So sehe ich auch bei dir den Gedanken, eine abgeschlossene Ausbildung zu erhalten, als sehr gut an, aber eine gewisse freiere Bewegung solltest auch du dir lassen, dich nicht zu sehr verschließen. Jede gutgemeinte Handlung kann sich zum Schlechten auswachsen, wenn sie zu extrem getan ist. Sich nur vom Verstande beherrschen zu lassen, ist genauso verkehrt, wie sich durch die Gefühle verleiten zu lassen.

Sich bemühen, seiner Natur nach zu leben, wird persönlich richtige Einstufung und damit Befriedigung bringen und ist wohl ein lohnenswerter Grundzug. Sich selbst oder die Natur in sich zu finden, wird wohl am besten durch das Elternhaus oder durch Verwandte vermittelt, da sie stets bemüht sein werden, jedem seiner Veranlagung nach zu beraten und eben diese mithelfen zu finden.

Liebes Elchen, die Kriegsereignisse mit ihren Folgen haben auch dich weit früher auf eigene Füße gestellt, als erziehungsmäßig beabsichtigt war. Dies hat sich bestimmt auch günstig auf deine Selbstständigkeit ausgewirkt, aber vertraue ihr auch nicht zu sehr, sondern sei dankbar, jeden gutgemeinten Rates und du kannst dir dessen sicher sein, dass alles, was dir von Eltern und Geschwistern gesagt ist, bestimmt von Herzen gut gemeint ist und wirst du überdenken; auch wenn selbstverständlich nicht immer erwartet werden kann, dass jeder mit der Lage des anderen vollkommen vertraut ist.

Die Stunden meines Urlaubes, die ich mit Dietmar (Bruder) zusammen verbringen konnte, waren besonders schön. Er ist ein sehr angenehmer und gutherziger Gesellschafter, dabei einfallsreich und humorvoll, so dass wir auch viel Spaß zusammen hatten. Fast eine ganze Nacht haben wir wach gelegen und uns über alte Zeiten unterhalten und natürlich auch alles andere, was uns jetzt bewegte.

Wir alle hätten auch dich so sehr gerne wieder einmal inmitten unter uns und es wäre gut, wenn du einen Urlaub hier verbringen könntest, was aber nur in Frage kommt, wenn ein sicherer Hin-und Rückweg, vielleicht durch meine holländischen Bekannten, gewährleistet ist. Schließe dich vertrauenswürdigen Menschen an. Ich bin sicher, dass es die noch gibt und immer geben wird.

Wenn nun Gerlinde (Schwester) hierher kommt und du mit deiner freien Zeit nichts Rechtes anzufangen weißt, besuche auch Dieter C., der dir gerne immer zur Seite stehen wird. Vielleicht aber verlässt auch er bald Berlin, denn es fällt ihm schwer, mit allem dort fertig zu werden. -

Mündlich wirst du ja genügend über meine Verhältnisse unterrichtet sein, sicher aber hast du noch nicht gehört, dass ich im Augenblick beim dänischen Pastor wohne, einem sehr netten jungen Ehepaar, die ein zweijähriges Mädchen haben. Ich erhielt sehr viel Hilfe, als sie hörten, dass es Bertram schlecht ginge. Aber auch zu mir sind sie immer sehr nett, was wohl im Zusammenhang steht, dass St.R. (= Stewart R.), von dem du wohl gehört hast, auch dort wohnt.

Ich wünsche nun für dich, dass du glücklich und natürlich leben kannst. Grüße alle recht sehr und sei aber auch du nochmals von ganzem Herzen gegrüßt. Hast du manchmal daran gedacht oder besser, habe ich es dir schon manchmal gesagt, wie schön durch dich stets mein Wiener Urlaub gewesen ist. In aller Herzlichkeit Dein Stephan

P.S.: Eben um 19:00 Uhr wurde die große Schiffswerft ‚Blohm + Voss' gesprengt. Es war ein Jammer, die in den Himmel ragenden großen Masten zusammen sinken zu sehen. ‚Robert Ley' und ‚Wilhelm Gustloff' und ich glaube die ‚Europa' sind dort gebaut worden."

Mit diesem Brief wird klar, dass Stephan daran glaubte, „dass man sich bemühen sollte, seiner Natur nach zu leben, denn das wird einem die persönlich richtige Einstufung und damit Befriedigung bringen und ist ein lohnenswerter Grundzug. Sich selbst oder die Natur in sich zu finden, wird wohl am besten durch das Elternhaus oder durch Verwandte vermittelt, da sie stets bemüht sein werden, jedem seiner Veranlagung nach zu beraten und eben diese mithelfen zu finden".

Darin hatte er sich, in Bezug auf sich selbst, sehr getäuscht. Diese Briefe sind wichtig, sie sind es wert, hier wörtlich wiedergegeben zu werden. Und mehr als das: Ich möchte ihm, diesem Onkel, den ich nie kennenlernen durfte, damit posthum meine Anerkennung aussprechen und wünschte, er hätte nicht dieses ungerechtfertigte Schicksal erleiden müssen. Diesem in seinem Wesen missachteten, auch verratenen und letztendlich in den Tod getriebenen Sohn hier zu Wort kommen zu lassen, seine teilweise menschlich bewundernswerten und anrührenden Überzeugungen zu dokumentieren, ist wichtig, denn die Wahrheit zählt, die vorherigen Lügen gehören nun auf „einen Schuttabladeplatz" und sollen dort „verrotten".

Interessant ist Stephans Adresse im Ostsee-Ort, denn er wohnte in einem Haus in der Straße nahe dem Strand, das 1905 von August Theo L. (Kapitän, geboren 1849, gestorben 1927) gebaut wurde. Er war ein Bruder des Großvaters meines Vaters, also ein Großonkel meines Vaters Johannes. Das Haus gehörte später, auf jeden Fall nach Kriegsende, der Familie meines Vaters. Es handelte sich um ein Mehrfamilienhaus, das aus zwei Doppelhausähnlichen Hälften bestand, mit drei Etagen. Der linke Hausteil, gehörte meinem Großvater Ernst, später dann meinem Vater.

Stephan wohnte also an der Ostsee in einer Wohnung, die meiner großväterlichen Familie gehörte, was ein merkwürdiges Zusammentreffen, vielleicht auch eine frühe Verbindung zwischen der mütterlichen und der väterlichen Familie darstellt. Eventuell ist damals schon ein Kontakt zwischen meinem Vater und meiner Mutter entstanden. Ich kann allerdings niemanden mehr nach einem Zusammenhang fragen, es sind alle, die etwas dazu sagen könnten, verstorben. Die Frage ist, ob sie sich überhaupt dazu hätten äußern können oder wollen, höchstwahrscheinlich hätte ich keine Antworten bekommen, es hätte sich wohl keiner mehr „erinnert" oder erinnern wollen.

Da ist es wieder, dieses weitverbreitete Phänomen der Sprachlosigkeit, mit denen fast alle, die sich in vergleichbaren Situationen mit familienhistorischer Nazi-Aufarbeitung befassen, konfrontiert werden und wurden.

Stephans Verhängnis

Nur zwei Monate nach seinem Brief an seine Schwester Eli ist Stephan gestorben, das war im Juli 1946, also über ein Jahr nach Kriegsende. Er soll einem, nicht näher benannten, „Unglück" zum Opfer gefallen sein, wie in der Todesanzeige vom Juli 1946 zu lesen ist: „Innerhalb weniger Jahre nahm Gott nun auch unseren dritten Sohn, unsern geliebten, tapferen und warmherzigen Sohn Stephan, im Kriege Oberleutnant zur See, Inh. des EK I u. II , am 12. Juli 1946 in Hamburg im Alter von 24 Jahren infolge eines Unglücksfalles zu sich in sein Reich des Friedens. Im Namen aller Angehörigen Herbert und Annamaria D., Derental. Die Beisetzung findet am 18. Juli 1946 auf dem Krieger- Ehrenfriedhof in Hamburg-Ohlsdorf statt."

Stephan ist am 8. Mai 1922 geboren. Er war zum Zeitpunkt seines Todes als Sekretär von Lieutenant Stewart R. tätig, dieser starb sieben Tage vorher.

Den Namen "Stewart R." konnte ich entdecken in einer namentlichen Liste der Todesfälle in der Britischen Marine mit dem Titel: "1945-2008 - Casualty Lists of the Royal Navy and Dominion

Navies, Researched & compiled by Don Kindell. May-August 1946 -
in date, ship/unit & name order: Friday, 5 July 1946, 'Princess Augusta'; illness; STEWART-R., James, Lieutenant; RNVR, died.
Übersetzung: = ‚Gefallenen/Opfer Listen der Königlichen Kriegs-
und Regierungsmarine, erforscht und zusammengestellt von Don
Kindell. Zeitraum Mai-August 1946 - in der Reihenfolge
Schiff/Einheit & Name: Freitag, 5. Juli 1946, Princess August;
Krankheit; Stewart-R., James; Freiwillige Reservekraft der Royal
Navy; gestorben'." [13]

Der dort erwähnte James Stewart-R. muss der Freund von Stephan gewesen sein, denn Datum und Name stimmen überein, das wäre schon ein sehr merkwürdiger Zufall, wenn es sich hier um einen anderen „Stewart R." handeln sollte. Auch hier wird als Todesursache „Krankheit = illness" angegeben. Wenn der Todestag von Stewart R., laut dieses Archivs, Freitag der 5. Juli 1946 war, dann hat sich Stephan genau eine Woche später, am Freitag, den 12. Juli 1946, das Leben genommen, „verunglückte" er.

Am 23. Juli 1946 schreibt Vater Herbert, an Tochter Gabriele einen ausführlichen Bericht von der „feierlichen" Trauerzeremonie und der Beisetzung seines Sohnes Stephan.

Es waren nicht alle Familienmitglieder dabei, denn Gabriele erhielt von ihrem Vater einen Brief: „Im Zuge nach Altona, 23. Juli 1946: Mein liebes Elchen, soeben habe ich mich von Bertram verabschiedet, der kaum geschlafen hat, um mit mir in aller Frühe mit dem Dampfer los zu fahren und mir bis zum Zuge das Geleit zu geben. Er sprach noch von dir und hält es für das einzig Richtige, wenn du bald übersiedelst.

Die Familie soll näher zusammen sein. Mams ist äußerst schonungsbedürftig. Sie hat sich am Tage nach ihrem Geburtstag ins Bett gelegt. Es ist nun doch Diphterie, wie Kurt auf seiner Reise über Derental nach Hamburg uns vom Arzt nach Untersuchung des Abstriches mitteilte. Besonders ihr Herz ist in Mitleidenschaft gezogen. Sie bekommt Digitalis, braucht aber Stärkungsmittel, Kaffee und Alkohol. Es war sehr gewagt von mir, ihr den Tod von Stephan mitzuteilen, doch hätte ich es kaum verschweigen können.

Am Samstag, 13. Juli 1946 traf die Depesche ohne Unterschrift ein, Stephan sei nach kurzer schwerer Krankheit verschieden, sofortige Reise nach Hamburg wäre notwendig. Beisetzung erfolge voraussichtlich Dienstag. Mit Mams und Gerlinde fuhr ich in der Nacht zum Montag nach Hamburg, voller Bitterkeit gegen Stewart R.

Familie Pastor Boos erwartete uns mit den nächsten Freunden und sagte uns zu unserem Erstaunen, dass Stewart R. bereits am 5. Juli verstorben wäre! Stephan hätte sich danach gut gehalten und wäre auch mit der neuen Anstellung, die …(eine Seite fehlt!)

Es geht weiter mit: (Seite drei) „Seine Beisetzung fand am Donnerstag, dem 18. Juli um ein Uhr mittags unter starker Beteiligung unter allen äußeren Ehren statt. Ein Dutzend Autos war gekommen und die Marine hatte mit Genehmigung des Military Government einen Autobus zur Verfügung gestellt, da bei den weiten Entfernungen zum Friedhofseingang und bis zum Ehrenfriedhof von Ohlsdorf die zahlreichen Mittrauernden nicht anders hätten hinkommen können. Der Sarkophag in der Kapelle neun war von unten bis oben mit herrlichen Kränzen bedeckt. Auch für dich hatten wir einen Kranz besorgt.

Der dänische Pastor sprach ihm das Nachwort, das alle tief beeindruckte. ‚Stephen‘ (so hieß er bei jedem) ‚hat in einer Zeit‘, so sagte Boos, ‚in der so viele seiner Landsleute kriechen, aufrecht bis zum letzten Tage den deutschen National-Sozialismus vertreten. Wir konnten nicht seiner Ansicht sein, aber er wurde unser Freund und erwarb sich das Ansehen, den Respekt der Besatzungsbehörde. Seine Freundestreue zu Stewart R. und seine Anhänglichkeit an seine Familie waren unübertrefflich, und es kam vor, dass er keinen Bissen herunterbrachte, bei dem Gedanken, dass seine Angehörigen darben mussten. ‘

Träger in alter hamburgischer Tracht nahmen den Sarg feierlich auf. Zum offenen Grabe kam jeder in dem Wunsch, den Eltern die Hand zu drücken, nachdem Blumen und Erde den sterblichen Überresten Stephans nachgeworfen waren. Am Schluss traten auch die englischen Offiziere einmal zu uns.

Ich schildere dir dies alles, um dir eine gewisse Vorstellung zu ermöglichen, welche liebevolle Freundschaft sich Stephan erworben hatte. Die Marine hatte für unsere Unterkunft gesorgt. Mit Kurt, Bertram, Anna, Dietmar, waren wir Familienangehörige. Für unsere Besprechungen und Besuche wurden uns Autos zur Verfügung gestellt. Mams fuhr am Freitag mit Gerlinde, Kurt, Dietmar nach Derental zurück, während ich mit Bertram und Anna zur Ostsee fuhr, um die dortigen Angelegenheiten Stephans zu regeln.

Es sollte dort ein neues Familienheim entstehen. Mit Stephans und Stewart R.s Hilfe wäre es gut und rasch gegangen. Wir haben uns alle entschlossen, nach Kräften zu versuchen, seinen Gedanken zur Ausführung zu bringen. Bertram hofft, in diesen Tagen eine Baugenehmigung zu erhalten. Anfang August werde ich Bertram ablösen. Ein weiterer Brief folgt bald. Dein Paps"

Interessant ist, dass die zweite Seite des Briefes fehlt. Ich meine aber, ich hätte irgendwann auch diese Seite des Briefes gelesen, in dem Vater Herbert zu erklären versuchte, dass sein Sohn Stephan versehentlich zu viele Tabletten genommen hätte. Der Brief ist in Kopie aufgehoben worden. Irgendjemand hat da wohl selektiert und die Seite zwei vernichtet oder entfernt. Die Ungereimtheiten in diesem Brief sind unübersehbar, Stephan sei „nach kurzer schwerer Krankheit verschieden", in der Todesanzeige wird daraus „ein Unglücksfall".

„Blumen und Erde wurden den sterblichen Überresten Stephans nachgeworfen" - gefühlvoll oder traurig klingt das nicht gerade. Wieso war Herbert „voller Bitterkeit gegen Stewart R."? Sehr zweifelhaft ist auch die Vorstellung, dass der dänische Pastor Boos in seiner Trauerrede Stephan dahingehend würdigte, dass er „in einer Zeit, in der so viele seiner Landsleute kriechen, aufrecht bis zum letzten Tage den deutschen National-Sozialismus vertreten" hat.

Dass Stephan die NS-Unrechtstheorien „aufrecht" vertreten hat, ist sehr unwahrscheinlich, besonders im Zusammenhang damit, dass er doch mehr als nur ein gutes Verhältnis zu dem britischen Leutnant Stewart-R. hatte, der ihm so viel bedeutete, dass er kurz nach dessen Tod auch „verunglückte". Des Vaters „Bitterkeit" gegenüber Stewart

R. lässt nur den Schluss zu, dass er von der Beziehung der beiden jungen Männer gewusst hat.

Homosexualität war in der NS Ideologie gleichbedeutend mit Todesstrafe, bzw. KZ.: „ Die Partei-Ideologen der NSDAP vertraten die Ansicht, dass Homosexualität inkompatibel mit dem National-Sozialismus sei, weil Lesben und Schwule sich nicht fortpflanzten und somit an der Reproduktion der „Herrenrasse" nicht teilnahmen.

1936 schuf der Reichsführer SS Heinrich Himmler die Reichszentrale zur Bekämpfung der Homosexualität und Abtreibung.

Die nationalsozialistische Verfolgung schwuler Männer vollzog sich primär über die 1935 erfolgte entgrenzende Verschärfung des Paragraphen 175 des Reichsstrafgesetzbuches (RStGB). Im Gegensatz zur preußisch-kaiserlichen Version aus dem 19. Jahrhundert, die nach ständiger Rechtsprechung des Reichsgerichts ‚beischlafähnliche Handlungen' für eine Strafbarkeit voraussetzte, reichten nach dem Willen der NS-Gesetzgebung bereits „begehrliche Blicke" für eine Strafverfolgung. Im ‚Dritten Reich' wurden über 100.000 Männer polizeilich erfasst (Rosa Listen), 50.000 Urteile ergingen aufgrund von §§ 175 und 175a RStGB, eine unbekannte Zahl wurde in psychiatrische Anstalten überwiesen. Hunderte schwuler Männer wurden auf gerichtliche Anordnung hin kastriert.

Homosexuelle Frauen wurden vom NS-Regime in Deutschland nicht systematisch verfolgt.

Der § 175 des deutschen Strafgesetzbuches (§ 175 StGB) existierte vom 1. Januar 1872 (Inkrafttreten des Reichsstrafgesetzbuches) bis zum 11. Juni 1994. Er stellte sexuelle Handlungen zwischen Personen männlichen Geschlechts unter Strafe. Am 1. September 1935 verschärften die Nationalsozialisten den § 175, unter anderem durch Anhebung der Höchststrafe von sechs Monaten auf fünf Jahre Gefängnis. Darüber hinaus wurde der Tatbestand von beischlafähnlichen auf sämtliche ‚unzüchtigen' Handlungen ausgeweitet. Der neu eingefügte § 175a bestimmte für „erschwerte Fälle" zwischen einem Jahr und zehn Jahren Zuchthaus.

Die Zahl der Männer, welche wegen homosexueller Vergehen verurteilt wurden, stieg ab 1935 rapide an bis zum Kriegsbeginn

1939. Häufig wurden sie nach Verbüßung der ihnen verhängten Gefängnisstrafe, manchmal aber auch, ohne dass sie gerichtlich verurteilt worden waren, von der Gestapo in Konzentrationslager verschleppt. Sie mussten dort den Rosa Winkel tragen.

Schwule, die sich nicht anpassten und ihre sexuelle Orientierung unterdrückten, sollten in Konzentrationslager geschickt werden, um sie durch Arbeit umzuerziehen oder zu vernichten.

Die Schätzungen hinsichtlich der Zahl der schwulen Männer, die während der Zeit des Nationalsozialismus in Konzentrationslagern ihr Leben lassen mussten, variieren erheblich. Die wohl verlässlichsten Zahlen stammen bis heute von Rüdiger Lautmann, der eine Zahl von 10.000 bis 15.000 in Konzentrationslager verschleppte homosexuelle Männer schätzte, von denen etwa 53 % ums Leben kamen. "[14]

Es ist davon auszugehen, dass James Stewart-R. und Stephan sich der Ausweglosigkeit ihrer Situation bewusst wurden und nur noch die Konsequenz eines selbst gewählten Todes sahen. Die Brüder meiner Mutter, Wilfried und Stephan, waren beide erst vierundzwanzig Jahre alt, als sie sterben mussten, der eine im Zweiten Weltkrieg 1942, der andere ein Jahr nach diesem Krieg 1946.

In der Todesanzeige wurde angegeben, dass Stephan auf dem Ohlsdorfer Friedhof in Hamburg beigesetzt wurde, am 18. Juli 1946, auf dem Krieger-Ehrenfriedhof.

Da wir lange Zeit in Hamburg gewohnt haben und jetzt im Hamburger Umland, sollte es mir möglich sein, herauszufinden, ob diese Grabstätte noch existiert. Auf der Homepage des Ohlsdorfer Friedhofes sah ich, dass es dort Soldaten-Friedhöfe gibt, für die Opfer des Ersten und Zweiten Weltkrieges, es gibt natürlich nicht mehr die Bezeichnung „Krieger-Ehrenfriedhof".

Nach einigen Telefonaten, Suche vor Ort und Gesprächen mit Mitarbeitern der Verwaltung erhielt ich die Information, dass sich Stephans Grabstelle tatsächlich bei den Soldatenfriedhöfen befindet, in der Grab-Lage Planquadrat Z 42/501. Der Grabstein ist in einer großen Anlage, in einer langen Reihe von Grabsteinen, dort konnte ich ihn ausfindig machen, der Stein war etwas zugewachsen, verwittert und bemoost, also befreite ich ihn vom gröbsten Schmutz und machte zur Sicherheit Aufnahmen davon. Stephans letzte Ruhestätte befindet sich also auch heute noch auf diesem Soldatenfriedhof bei den „Deutschen Soldatengräbern 1939-1945", in einem Bereich, in dem auch Soldaten, die nach 1945 starben, beigesetzt wurden.

Das war der Wille seines Vaters, seiner Eltern, Stephan selbst hatte darauf keinen Einfluss. Sein Tod wurde zuerst als „Unglücksfall" bezeichnet, später war er dann einfach nur noch ein Opfer des Krieges.

Es stellt sich natürlich die Frage, wie er genau gestorben ist und ob ihm seine „Schuld" bewusst war. Sein Freund Stewart war sieben Tage vor Stephans Tod ebenfalls einem „Unglück", einer „Krankheit", zum Opfer gefallen. Stephans einzige Konsequenz aus dieser Tragödie mit ihrer Ausweglosigkeit, gerade in der damaligen Zeit und mit einem von der NS-Ideologie überzeugten Vater, war, sich selbst das Leben zu nehmen. Es war nicht mehr lebenswert, in so einem System, ohne Freund, ohne Rückhalt.

Als späte Wiedergutmachung empfand ich meine Suche nach seiner Grabstätte. Sie gefunden zu haben, erfüllt mich mit einem Glücksgefühl, aber auch mit Trauer über diesen sinnlosen Tod eines nahen, nie kennengelernten Verwandten.

Die Anlage der Deutschen Soldatengräber 1939-1945

Bodenplatte Mauso-
leum:
„1939 Sonne und
Sterne seht ihr nicht
mehr ihr Geopferten
aber Ihr lebt in den
Herzen derer die
glauben 1945"

James Stewart-R. ist eine Woche vor Stephan gestorben. Wenn es möglich war, Stephans Grabstelle zu finden, sollte es auch machbar sein, die Grabstätte des britischen Lieutenants herauszubekommen

Erneute Nachforschungen ergaben Genaueres zu seiner Identität und auch darüber, wo er bestattet wurde. Über die Friedhofsverwaltung des Ohlsdorfer Friedhofes erhielt ich Einsicht in die dort vorhandenen Listen der britischen Soldaten, die auf dem Friedhof Hamburg-Ohlsdorf in der Anlage der „Britischen Soldatengräber" von 1939-1945 bestattet sind. Der als „Stewart R." bezeichnete britische Lieutenant hieß tatsächlich „James Stewart-R." und gehörte zur britischen Marine als „Freiwillige Ersatzkraft". Da er in Hamburg gestorben ist, lag die Vermutung nahe, dass er vielleicht auch hier bestattet wurde und nicht in England. In den umfangreichen Namenslisten der auf dem Hamburger Friedhof beigesetzten britischen Soldaten fand ich folgenden Eintrag: „Lieutenant Stewart-R., James, R.N.V.P, HMS Princess Augusta, 5th July 1946. Age 40. Son of David R. and of Lilian Edith R. (née G.), husband of Doris Stewart-R. (née G.) of Edinburgh." Seine Grabstätte liegt im Bereich 3 A, C 8, der Britischen Soldatengräber.

Grabstelle Stephan D., *8.5.1922 gest.12.7.1946

Das Ergebnis meiner Recherche bestätigt die Vermutung, dass Stephan und James Stewart-R. eine enge Freundschaft gehabt haben müssen. Im Sterberegister wird das Alter von James Stewart-R. mit vierzig angegeben, seine Eltern werden erwähnt, sowie seine Ehefrau. Tatsache bleibt, dass er am fünften Juli 1946 gestorben ist, offiziell an einer Krankheit. Die müsste aber sehr plötzlich ausgebrochen sein, da Stephan nichts davon in seinem Brief vom Mai 1946 erwähnt. Wenn die beiden Männer mehr füreinander empfunden haben, als bloße Freundschaft und einer der beiden sogar verheiratet war, so ist diese Beziehung in der damaligen Zeit zum Scheitern verurteilt gewesen. Stephan ist „krank" geworden, seelisch krank, durch den Tod seines Freundes.

In der Sichtweise des britischen und deutschen Militärs war eine homosexuelle Beziehung „krank", allein die Unterstellung könnte gereicht haben für James Stewart-R. Man muss davon ausgehen, dass auch sein Tod ein Suizid war.

Er ist nicht nach England überführt worden, sondern in Hamburg auf dem Britischen Soldatenfriedhof beigesetzt worden. Auch hier kann man eine Vertuschung vermuten, denn er liegt bei den Kriegsopfern.

Friedhof Hamburg-Ohlsdorf:

Grabanlage „Britische Soldaten"
1939- 1945

Grabstelle Lieutenant J. Stewart R.,
gest. 5.7.1946

Das Vermächtnis - Die „Baracke"

Großvater Herbert kümmerte sich um die Hausbau- Angelegenheiten, die sein „fehlgeleiteter" Sohn Stephan anscheinend erfolgreich angeschoben hatte. Es ging darum, den von Sohn Stephan organisierten Kauf des Grundstückes, des als „Schuttabladeplatz" bezeichneten Geländes und den Bau eines Hauses, entstanden aus einer ursprünglichen „Baracke" umzusetzen. Es war Stephans Plan gewesen, den er aufgrund seiner guten Kontakte zur britischen Militär-Dienststelle, die damals an der Ostsee stationiert war, also eigentlich zu James Stewart-R., umzusetzen hoffte.

Großvater Herbert verfasste im Jahr nach Stephans Tod, also 1947, einige Schreiben, die meine Mutter ebenfalls in ihren Unterlagen aufbewahrte.

Das erste Schreiben war an das Oberfinanzpräsidium, Vermögensverwaltung, gerichtet. Schreiben Nummer zwei ging an die „Militärregierung 312 - Property Control." Weiterhin gibt es einen Brief an die Gemeindeverwaltung des Ostseeortes aus dem Jahr 1948, in dem sich Herbert vehement gegen die zusätzliche Aufnahme von Flüchtlingen in seinem Haus ausspricht. Wenn man diese Briefe liest, ist schon eine weiterhin bestehende Selbstgefälligkeit, bis hin zur Überheblichkeit spürbar.

Herberts Schreiben an das Oberfinanzpräsidium vom 19.6.1947 beinhaltet den „Antrag auf käuflichen Erwerb von Resten einer Baracke. - Meinem Sohn Stephan, Sekretär von Lt. Steward R., später Hamburg, ist, mit Befürwortung des Naval House in Hamburg eine Baracke zugewiesen worden, damit unsere evakuierte Familie, die aus zwei Eltern und neun Kindern bestand und in verschiedenen Orten zerstreut war, eine gemeinsame Zukunft an der Ostsee finden konnte. Die Baracke stammt aus Fehmarn und sollte vor Ort am Landhausweg errichtet werden. Baugenehmigung wurde im vorigen Jahr erteilt. Leider verstarb danach mein Sohn in Hamburg durch einen Unglücksfall, acht Tage nachdem auch der Lt. Steward R., der sich sehr für den Barackenaufbau für die Familie eingesetzt hatte, ebenfalls in Hamburg gestorben ist.

Nun legte mir der damalige Bürgermeister des Ortes nahe, die Hälfte der Baracke, die ursprünglich hundert qm Fläche haben sollte, an die Gemeinde abzugeben, damit diese keine neuen Einwendungen wegen des Zuzuges der Familie nach dem Tode meines Sohnes macht. Ich stimmte dem zu. Es wird aber nun unmöglich, einen Mietvertrag über die Baracke zwischen mir und der Gemeinde abzuschließen, weil die Eigentumsverhältnisse zwischen den Barackenteilen und dem eigenen Baumaterial nicht mehr auseinander zu halten sind, zumal ein Drittel der etwa zehn Jahre alten Baracke schon durch das frühere wiederholte Abreißen und durch den Transport gefehlt hat. Eine im September vorigen Jahres vorgenommene Schätzung der verbliebenen Barackenteile durch einen Baumeister kommt zu einem Gegenwartswert von 1.520,-Mark. Die von meinem Sohn bezahlten Transport- und Stapelungsspesen sind ungefähr ebenso hoch. Ich beantrage unter Neueinschätzung dieser durch die Witterung sehr mitgenommenen und noch auf freiem Land liegenden Barackenteile mir ausnahmsweise die Genehmigung zum käuflichen Erwerb zu erteilen. Das zuständige Finanzamt befürwortet diese Regelung, ebenso wie der Bürgermeister des Ortes, um die Angelegenheit zu entwirren."

Der Brief an die Militärregierung 312, Property Control, erfolgt am 30. Juni 1947: „Durch die Vermittlung der englischen Dienststelle, die 1945 an der Ostsee stationiert war, habe ich z.Zt. eine alte Wehrmachtsbaracke erhalten.

Die Baracke stand früher in Fehmarn und sollte zur Unterkunft meiner durch den Krieg zerstreuten großen Familie (neun Kinder) dienen. Durch das Abreißen der Baracke in Fehmarn und den Transport gingen wesentliche Teile verloren, so dass sie sich in der alten Form nicht wieder aufstellen ließ. Außerdem wünschte die dortige Gemeinde die Überlassung von Material dieser Baracke, um damit auch einer anderen Flüchtlingsfamilie helfen zu können, die unter Verwendung eigenen Baumaterials sich ebenfalls ein kleines Wohnheim schaffen wollte. Es ist mir bekannt, dass das Finanzamt Baracken nicht verkaufen, sondern nur vermieten darf. Für den vorliegenden Fall lässt sich jedoch ein Mietvertrag nicht abschließen. Zu einem Wiederaufbau der Baracke ist es nicht gekommen und die Teile haben zwei verschiedenen Familien mit zwei verschiedenen Bauvorhaben mit eigenem Material gedient. Es ist aber durch das Gutachten eines Bauunternehmers damals festgestellt worden, welche Teile jeder bekommen hat, so dass sich die Preise hierfür errechnen lassen. In Anbetracht dieses Sonderfalles bitte ich die Genehmigung zu erteilen, dass diese Barackenteile vom Finanzamt an beide Familien verkauft werden. Herbert D."

Das Schreiben an die Gemeindeverwaltung des Ostsee-Ortes vom 8. September 1948 beinhaltet Empörung über die in Aussicht gestellte Möglichkeit dort „Untermieter", also wahrscheinlich aus den ehemaligen Ostgebieten geflüchtete oder ausgebombte Menschen, mit aufzunehmen: „Betrifft Haus D. Über die Ausbaumöglichkeit des Hauses für Untermieter hat niemand vom Wohnungsamt mit mir gesprochen. In dem erst kürzlich bezogenen Haus stehen uns vorläufig nur zwei Wohnräume und Küche zur Verfügung. Den Ausbau betreibe ich selbst für eigene Berufszwecke und unsere Familien. Fremde Untermieter kommen dafür nicht in Betracht.

Meine große Familie gehört selbst zu denjenigen, die vom Flüchtlingselend und von der Wohnraumnot betroffen worden. Wir sind heimat-, berufslos und mittellos geworden und alle Vorsorge in einundvierzigjähriger Berufsarbeit für Kinder und Lebensabend ist vernichtet worden. Nur in mühseliger, langjähriger Gemeinschaftsarbeit gelang es uns indes, endlich ein Eigenheim zu errichten, das für unsere Zwecke bestimmt ist. Für Fremde sind dadurch, die uns bisher zugewiesenen zwei Zimmer nebst Küche in Derental und ein Zimmer im Ostsee-Ort frei geworden, so dass wir bereits einen beachtlichen praktischen Beitrag zur Steuerung der allgemeinen Wohnraumnot geleistet haben. Herbert D."

Aus Herberts Sicht ist es natürlich völlig unangemessen gewesen, ihnen zuzumuten, dort noch andere Leute mit unterzubringen. Schließlich sind sie ja selbst eine „große Familie mit neun Kindern", tatsächlich sind es aber nur noch sechs erwachsene „Kinder". Die große Familie ist nach Herberts Definition „heimat-, berufslos und mittellos geworden und gehört selbst zu denen, die von Flüchtlings-elend und Wohnraumnot betroffen sind", wie so viele andere - und natürlich völlig unverschuldet.

Was „seine Berufszwecke" waren, ist auch nicht ganz klar. Uns wurde mal vage etwas von „Vertreter" erzählt, was genau, war anscheinend nicht so wichtig. Sie haben es dann tatsächlich geschafft, das von Stephan organisierte Bauvorhaben fortzuführen und für den Rest der Familie zu nutzen, immer mit dem Hinweis, dass der Stephan das so gewollt hätte. Ich finde es traurig, dass man darüber früher oder besser gesagt, bis heute, so rein gar nichts erfahren hatte. Denn es wurde später niemals wieder davon gesprochen, wie es zum Bau des Hauses an der Ostsee kam. Der letzte Brief, von 1948 an die Gemeindeverwaltung, ist gekennzeichnet von den inzwischen verinnerlichten Lebenslügen. Da fühlt sich jemand im Recht, die Wirklichkeit zu seinen Gunsten zu verdrehen und auszublenden, was tatsächlich geschehen ist.

Herbert starb 1959 im Alter von 71 Jahren. Annamaria, seine Frau, starb 1964, im Alter von 76 Jahren. Der letzte überlebende Onkel hat erst kurz vor seinem Tod mir gegenüber zugegeben, nachdem ich mich endlich getraut hatte, ihn vorsichtig zu fragen (nur am Telefon, da muss man sich nicht anschauen): „Wie war eure Haltung während der Zeit des Nationalsozialismus, wart ihr eher systemkonform?" „Ja, die Familie war eher systemkonform." Das war es dann aber auch schon, weitere Informationen kamen nicht. Interessant, wie viele Jahre man alles, was einmal war, so offensichtlich ausblenden kann.

Das neunte Kind - Gabriele

Das neunte und jüngste Kind dieser Familie war meine Mutter Gabriele, geboren 1927. Zum Zeitpunkt des Kriegsausbruchs war sie zwölf Jahre alt, bei Kriegsende dann achtzehn.

Über diese Zeit hat sie nie etwas erzählt. Sie muss 1946 in Berlin gelebt haben, das kann man dem Brief ihres Bruders Stephan jedenfalls entnehmen und dass sie früher auf eigenen Beinen stehen musste, als „erziehungsmäßig" beabsichtigt war. Es kann sein, dass sie in Berlin als Schwesternhelferin in einem Krankenhaus tätig war.

Damals kam es im Nachkriegsgeschehen in Deutschland zu Vergewaltigungen durch die Besatzungssoldaten. Auch das war jahrelang ein Tabuthema, schließlich hatten im Krieg bereits Vergewaltigungen durch alle beteiligten Militäreinheiten stattgefunden.

Ob die damals achtzehnjährige Gabriele davon betroffen war, ist mir nicht bekannt, allerdings hat ihre Schwester, die damals neunzehn Jahre alt war, Jahrzehnte später ihrer Schwiegertochter gegenüber offenbart, dass sie in dieser Zeit vergewaltigt worden ist. Diese Schwester war auf jeden Fall in Berlin im Krankenpflegebereich tätig gewesen.

Wenn uns Kindern etwas von früher erzählt wurde, waren es Geschichten aus Vorkriegszeiten, die von einer glücklichen Kindheit in einer gut situierten Großfamilie berichteten. Da gab es fast nur lustige Anekdoten, Sprüche, die von uns übernommen wurden, weil sie meistens originell und witzig waren.

Dazu fallen mir zwei Beispiele ein, wohl auch, weil sie immer und immer wieder zum Besten gegeben wurden. Erstens: Ein Gast schneidet sich beim Spargelessen die Spargelspitzen ab, legt sie auf seinen Teller mit den Worten: „Die mag ich am liebsten!" Haha, Gelächter. Oder zweitens: „Ledder deeehnt sick, Ledder zieht sick zammen"! (Schuhverkäufer auf die Frage, ob der Schuh passt, klar - Leder dehnt sich oder zieht sich zusammen, passend zum Fuß.) Fanden wir als Kinder oder Jugendliche witzig, weil die Geschichten jedes Mal sehr überzeugend als absolut authentisch dargeboten wurden.

Den Zweiten Weltkrieg aber gab es nur im Zusammenhang damit, dass die Familie aus Berlin weg musste, ausgebombt wurde. Im Krieg waren drei Brüder gefallen. Mehr kam nicht zur Sprache.

Es gibt aber ein wichtiges, lange verdrängtes Thema, das heute erst aufgearbeitet wird, es handelt sich dabei um die Ausübung sexueller Gewalt während und nach dem Zweiten Weltkrieg.

Sexuelle Gewalt im und nach dem Zweiten Weltkrieg

Auch dieses Thema wurde lange Zeit nicht beachtet, kam nicht zur Sprache. Inzwischen gibt es glaubwürdigere Untersuchungen und Bücher dazu, denn Wissenschaftler und Autoren beschäftigen sich endlich ausführlicher damit. Ich habe mir, ehrlich gesagt, auch erst recht spät diese Fragen in Bezug auf meine weiblichen Verwandten, sei es meine Mutter oder ihre Schwestern, gestellt. Es gibt zu diesen an Frauen begangenen Verbrechen mittlerweile einige Veröffentlichungen: „ Sexualverbrechen und Vergewaltigungen durch Soldaten der Wehrmacht blieben bis Ende der 1990er Jahre weitgehend unerforscht. Der Militärhistoriker Wolfgang Petter wies 1999 darauf hin, dass ein Befehl des Oberkommandos des Heeres vom 5. Juli 1940 letztlich darauf hinauslief, bei Vergewaltigungen ‚den schonendsten Straftenor zu wählen‘. Dass die Wehrmacht häufig kein Interesse daran hatte, sexuelle Gewalt gegen Zivilisten zu verfolgen und zu dokumentieren, habe daran gelegen, so die Historikerin Birthe Kundrus im gleichen, vom Militärgeschichtlichen Forschungsamt herausgegeben Band, dass ‚im Rahmen des rassenideologisch motivierten Eroberungs- und Vernichtungskrieges die Demütigung der Bevölkerung einen festen Bestandteil der Kriegsführung darstellte‘.

Beim Vormarsch der Roten Armee auf das Gebiet des Deutschen Reiches vergewaltigten Rotarmisten massenhaft deutsche Frauen, besonders bei und nach der Schlacht um Berlin. Barbara Johr schätzt, dass dabei an die zwei Millionen Frauen und Mädchen Opfer sexueller Gewalt wurden, etwa 1,4 Millionen bei Flucht und Vertreibung aus den deutschen Ostgebieten, 600.000 in Berlin und der späteren Sowjetischen Besatzungszone. Etwa 10.000 vergewaltigte Frauen starben an den Folgen, vielfach auch durch Suizid. Ilko-Sascha Kowalczuk und Stefan Wolle gehen von 110.000 bis 800.000 Fällen in Berlin im Jahr 1945 aus. Schätzungsweise 40 Prozent der Opfer wurden mehrfach vergewaltigt. Bis 1947 vergewaltigten Rotarmisten in der SBZ geschätzt bis zu zwei Millionen Frauen. Norman M. Naimark betont, dass all diese Zahlen auf Schätzungen und Hochrechnungen beruhen:

‚Es ist hochgradig unwahrscheinlich, dass Historiker jemals wissen werden, wie viele deutsche Frauen von sowjetischen Soldaten in den Monaten vor und den Jahren nach der Kapitulation vergewaltigt wurden. ‘

Auch die Konstanzer Historikerin Miriam Gebhardt hält es für unmöglich genaue Zahlen zu ermitteln, erachtet aber die Zwei-Millionen-Angabe für deutlich zu hoch gegriffen. Sie geht von je ungefähr 4.300 aufgrund von Vergewaltigungen durch alliierte Soldaten in den Gebieten der späteren Bundesrepublik wie auch der kleineren SBZ/DDR geborenen Kindern aus, also zusammen ca. 8.600 Kindern von Vergewaltigungsopfern und errechnet auf dieser Basis eine Zahl von insgesamt 860.000 Vergewaltigungsopfern auf deutschen Gebieten, wonach die Soldaten der Roten Armee ungefähr die Hälfte dieser Vergewaltigungen begangen hätten.

Zeugen und Beteiligte haben vielfach solche Vergewaltigungen beschrieben, darunter auch solche von Jüdinnen, die aus einem KZ oder einem Versteck befreit worden waren, in dem sie der Deportation entronnen waren. “ [15]

Gerade in Berlin war die Anzahl vergewaltigter Frauen anscheinend besonders hoch. Das traumatisiert auf jeden Fall. Dass die Betroffenen meistens nicht darüber gesprochen haben, ist bekannt.

Fazit ist: Die Möglichkeit von erfahrener sexueller Gewalt ist in Betracht zu ziehen. Es könnte auch meiner Mutter passiert sein, vielleicht auch nicht, aber sie würde wahrscheinlich nicht darüber reden wollen, selbst wenn man sie dazu noch fragen könnte.

Irgendwann später muss Gabriele an die Ostsee zu ihrer dort inzwischen sesshaft gewordenen „Großfamilie" gezogen sein. Es können aber nicht allzu viele Mitglieder der Familie gewesen sein. Der eine Bruder lebte mit Familie in Niedersachsen, die ältere Schwester in Hessen und die jüngere Schwester wohnte mit ihrem Mann, der 1947 aus der Kriegsgefangenschaft zurückkam, in Baden-Württemberg. So blieben eigentlich nur zwei Brüder, die sich dort aufgehalten haben könnten.

Angeblich haben sich Hans, mein Vater und Gabriele, meine Mutter, bei der täglichen Fahrt mit einem Fahrgastschiff zu ihren jeweiligen Ausbildungsstätten kennengelernt. Sie befand sich in einer Ausbildung zur Medizin Technischen Assistentin und Hans studierte Medizin. Jahre später hat meine Mutter eher beiläufig erwähnt, dass sie eigentlich auch lieber Medizin studiert hätte, als nur diese Ausbildung zu machen. Es war ihr aber nicht vergönnt, bzw. gestattet.

Wann dieses Kennenlernen genau stattfand, weiß ich nicht. Hans' Eltern waren anfangs anscheinend gegen diese Verbindung, dennoch fand die Verlobung im Frühjahr 1952 und die Hochzeit am 30. August 1952 statt.

Kapitel 3 - 60 Jahre nach Kriegsende

Die mütterliche Familie hielt sehr viel von gegenseitigen Besuchen. Nach dem Ableben beider Familienoberhäupter, des Patriarchen Herbert und seiner Frau Annamaria, entwickelte einer der jüngeren Onkel eine neue Tradition großangelegter Familientreffen, der Nachkommen sozusagen. Also, der Kinder bzw. Enkel mit Familiennachwuchs.

Es gibt bei mir allerdings einige unangenehme Erinnerungen an Besuche bei der Familie eines Onkels oder an beleidigende Vorkommnisse bei deren Besuchen in unserem Domizil. Dabei entstand immer ein Gefühl von: „Es stimmt etwas nicht, wahrscheinlich mit dir", bei den verschiedensten Anlässen.

Zu einem bevorstehenden Treffen der Nachfahren der mütterlichen Familie im Juni 2003, machte ich mir daher meine besonderen Gedanken und hielt sie fest in einem längeren Text, den ich „Familienbande" nannte:

„Wieder haben sich alle Familienmitglieder der weitgestreuten Ursprungsfamilie D. aufgemacht, um sich an einem malerischen Orte in deutschem Lande zu versammeln, zu treffen, fröhlich zu sein, sich auszutauschen. Auch ich habe mich aufgemacht mit Mike, meinem angetrauten Manne und unseren Kindern Tausendschön, Blondlocke und Unerschrocken. Tausendschön in ihrem achtzehnten Lebensjahre, Blondlocke in seinem dreizehnten und Unerschrocken im mutigen siebten.

Wir sind gespannt bis gelangweilt bzw. ich bin es. Ich weiß nicht, ob ich mich darauf freuen soll, darf oder muss. Eigentlich bin ich hin- und hergerissen in meiner Unentschlossenheit. Natürlich muss ich hinfahren und freuen wäre auch das Natürlichste von der Welt, zumal im letzten Jahre dieses Treffen in unserem schönen Orte unter meinen Fittichen stattfand. Die Organisation war aufwendig, aber dies bereitete mir tatsächlich Spaß. Das Treffpunkt Lokal war nicht wirklich der Knaller, der Wirt erwies sich als unseriöser Gernegroß.

Die Familienmitglieder unterhielten sich dennoch gar wunderbar. Eine große Freude, lange nicht gesehene, verwandte Menschen Aug in Aug vor sich zu haben und die neuesten Neuigkeiten aus den jeweiligen Leben zu erfahren. Es war alles in allem sehr angenehm.

Es erging der Beschluss, dieses Treffen im nächsten Jahre erneut stattfinden zu lassen. Nun erscheint mir der Abstand doch als viel zu kurz. Die ganze Angelegenheit wird zumindest übernachtungstechnisch für einen einzigen Tag bzw. Nacht ziemlich teuer für uns.

Ich rede um den heißen Brei herum, denn mich bewegen andere Bilder in meinem Kopf, Bilder, die diese Familie und mich eingebunden in diese Familie zeigen, Bilder aus der Vergangenheit und der Gegenwart. Schon des häufigeren verdrängte ich diese Ahnungen, Schemen, Belastungen immer wieder. Ich möchte sie beim Namen nennen, aber weiß nicht, wo ich anfangen soll, denn es fällt mir schwer, mein Herz fühlt sich an wie Blei und am liebsten würde ich es doch sein lassen. Ich werde eine Pause einlegen und noch einmal nachdenken, dann gibt es kein Zurück und ich werde mich überwinden.

Knall, knall, klatsch, immer draufgeschlagen auf das ungezogene, widerspenstige, bockige Mädchen, das hat sie nun davon. Keine Ahnung, was ich gemacht habe, aber es muss wohl etwas irrwitzig Schlimmes sein, dumm nur, dass ich mich nicht das geringste Bisschen erinnern kann, was der Anlass gewesen ist; freche Widerworte allein können es doch wohl nicht gewesen sein. Die Züchtigung fand im Kinderzimmer statt, mit der Hand, es hätte auch mit dem Rohrstock, der immer parat lag, auf der Flurgarderobe, sein können. Das war halt so zu dieser Zeit, man dachte eben, ohne körperliche Bestrafung kann die Erziehung nicht funktionieren.

Die wussten es ja nicht besser, sie sind in schwierigen Zeiten aufgewachsen, sind selbst noch härter erzogen worden. Und dann der Krieg, das muss man erlebt haben, wie soll man das verarbeiten. Aber bloß nicht zu viel darüber reden, auch über den Tod sprechen wir lieber nicht, als wenn es ihn nicht gäbe. Wir können nicht darauf vorbereitet sein, wir können nicht etwas verstehen, das nie zur Sprache kommt, am Ende bleibt die Erkenntnis, dass man nicht alles verstehen muss.

Das war auch so eine der Erziehungs-Maximen, zu denen auch die Tabuthemen gehörten, es gab so viele und man ahnte es nicht einmal. Erst viel später, als es fast zu spät war, denn worüber man nichts erfährt, davor kann man auch nicht gewarnt sein. Es entsteht im Inneren eine Wut, die man nicht genau einordnen kann, denn geschlagen zu werden bedeutet auch, gedemütigt zu werden, aber das galt als völlig normal, so war das eben damals, sie haben es doch gut gemeint. Es ist im Großen und Ganzen zu entschuldigen, so schlimm wird es schon nicht gewesen sein, du neigst sowieso zu Übertreibungen, zur Hysterie, man kann auch alles dramatischer machen, als es wirklich war. Es existierte eine bestimmte Art von Heuchelei, die ich gefühlt habe, aber dachte, bei mir stimme etwas nicht, meine Gefühle seien nicht stimmig.

Der Onkel aus H. kommt zu Besuch, mit Ehefrau und den erwachsenen Töchtern. Sie kommen aus der Großstadt, um uns zu besuchen, in unserem großen Garten, dem schönen Haus, im idyllischen Dorf, Ostseebad an der Förde, mit goldgelbem Strand, Katzensprung von Garten und Haus entfernt.

Der Garten ist ein Paradies für uns Kinder, eine freudige Mühsal für die Eltern mit unzähligen Obstbäumen, die Äpfel, Birnen, Zwetschgen, Pflaumen, Kirschen tragen. Es gibt Erdbeerbeete, Johannisbeer-Büsche, Himbeeren, Brombeeren, jede Jahreszeit ist ausgefüllt mit Pflege oder Ernte. Zwei große Birken stehen vor und hinter dem Haus, wir klettern hinauf, so hoch wie wir es schaffen können. Dichte Büsche ziehen sich die Grundstücksgrenze entlang, es gibt fünf direkte Nachbarn, deren Gärten unser Grundstück begrenzen.

Zwischen den Obstbäumen hinter dem Haus sind zwei Rasenflächen mit Rosenbeeten am Rand, ebenso eine Rasenfläche vor dem Haus mit viel Platz für eine Tischtennisplatte. Betritt man durch das schmiedeeiserne Tor, angefertigt nach des Hausherrn Entwürfen, den Fußweg aus grauen Platten, sieht man vor sich das nette, alte Haus, Baujahr 1947, Front inzwischen aus rotem Strukturklinker, linker

Hand die Garage, rechts entlang des Weges der Rasen. Direkt hinter dem Tor steht zur Rechten eine mächtige Linde, geht man an ihr vorbei, kann man zum Spielgerüst mit Schaukel, Reck und Kletterstange laufen, daran anschließend ein kleines Gehölz, wunderbar zum Klettern und sich darin verstecken. Gegenüber der Haustür an der linken Seite des Gebäudes steht der knorrige, alte Kirschbaum, der so einmalige, zuckersüße, schwarz-rote Kirschen trägt. Wie herrlich sie schmecken und wie lästig die elende Pflückerei ist, denn man muss sich beeilen, bevor die Stare alles mopsen. In diesem Garten lassen sich aufregende Versteckspiele veranstalten, besonders in der Dämmerung mild-warmer Sommerabende.

Natürlich kommen die mütterlichen Verwandten nur im Sommer zu Besuch, wenn es selbstgebackene Obsttorten – je nach Jahreszeit Erdbeer-, Brombeer- oder Himbeertorte, – gibt, wenn man schön trausam im Garten sitzen und die Sonnenstrahlen genießen kann. Die Mutter bereitet alles vor, die Mädchen decken auf, wie gut schmeckt der köstliche Johannisbeer-Saft aus eigener Ernte. Aber erst einmal werden die eintreffenden Gäste herzlichst begrüßt: Laut muss es sein, Umarmungen mit geziemendem Abstand, Kinder was seid ihr wieder groß geworden, Freude auf allen Seiten.

Dennoch habe ich ein angespanntes Gefühl in meinem Inneren und meine auch, die Freude nicht wirklich bei meiner Mutter spüren zu können. Jahre später erfahre ich, dass sich die Mutter als Jugendliche in ihr Zimmer zurückzog, wenn mehrere junge Gäste im Hause waren. Da sie Jahrgang 1928 war, konnte das aber eigentlich nur in Kriegszeiten oder in der Nachkriegszeit gewesen sein. Ich spüre eher Abstand, als enge Familienbande und Herzlichkeit, gleichwohl drehen sich die geschwisterlichen Gespräche pausenlos um Familiengeschichten, meist längst geschehene, lustig sind sie zumeist, ironische Späße sind das Salz in der Suppe der Familienunterhaltung.

So geht der Nachmittag dahin, zum Strand gingen die Verwandten eigentlich nie, sie kamen immer nur für einen Nachmittag, niemals länger als ein paar Stunden und mussten auch stets recht- und frühzeitig wieder aufbrechen. Wieder Jahre später erfahre ich, dass eine der drei Töchter dieses Bruders meiner Mutter an einer unaussprechlichen Krankheit leidet, den Namen der Krankheit nennen mir andere Verwandte, nachdem weitere Jahre ins Land gegangen sind: Epilepsie.

Genauso wenig wird weitergegeben was mit Stephan, einem der sechs Brüder, geschehen ist, gefallen im Krieg, hieß es, solange ich mich erinnere. Einige Jahre nachdem meine Mutter gestorben war, sah ich persönliche Schriftstücke, Briefe von ihr durch, darunter war auch ein Briefwechsel zwischen ihr und ihrem Vater, der in vorsichtig umschreibender Weise, aber dennoch eindeutig, ausdrückte, dass der erwachsene Sohn sich kurz nach dem Krieg wohl mit Tabletten das Leben nahm. Selbst in diesem Brief dokumentiert sich wieder eine Selbsttäuschung durch das Behaupten, Vermuten einer versehentlichen Einnahme. Stephan schien dies aber aus enttäuschter Liebe zu seinem Freund und Mitbewohner getan zu haben, wie ich trotz verschleiernder Worte zwischen den Zeilen lesen konnte. Dies sind nur zwei Beispiele für enttarnte Geheimnisse, die im Nachhinein vielleicht sogar verständlich und verstehbar sind, aber es besteht weiterhin, diese ungute Gefühl im Magen.

Verschwiegenheit ist, bei aller oberflächlichen Gesprächigkeit, mit Riesenlettern ins Hirn sämtlicher Angehörigen dieser Familie gebrannt. Verschwiegenheit, wenn es um Peinlichkeiten, unaussprechliche Krankheiten, Ehebruch oder Tod geht. Heuchelei wird zur Lebensmaxime, wir sind eine große, glückliche Familie, die stets zusammenhält, wir werden uns nicht entzweien, schon gar nicht durch Ehrlichkeit."

Fazit - Perfekte Verschleierungstaktik

Es ist schon frappierend, dass die „Familiengeheimnisse" so gesichert waren, sie sind erst nach über sechzig Jahren „aufgeflogen". Das liegt aber auch daran, dass diese Familie so perfekt in ihrem Schattendasein etabliert war, dass die damals Verantwortlichen bzw. Beteiligten sich ihre eigene Wahrheit zusammen basteln konnten, die sie dann letztendlich selbst geglaubt haben. Es gibt einige Aufzeichnungen, die meine mütterliche Großmutter einem ihrer Söhne, meinem Onkel, im Jahr 1948 diktiert hat.

Unter der Überschrift „Familiengeschichtliches - von meiner Mutter im Jahre 1962 auf ein Tonband gesprochen" hat derselbe Onkel aufgezeichnet, wie seine Mutter es schafft, eine umfassende Glorifizierung ihrer Herkunftsfamilie vorzunehmen, die für sie selbst anscheinend sehr wichtig war, wichtig zur Selbstbehauptung, zur Rechtfertigung. Ihre Familie bestand demnach nur aus ganz großartigen Persönlichkeiten, alle hochintelligent, hochmusikalisch, wohlhabend, seriös und weltoffen. Etliche waren zum Beispiel „Rittergutsbesitzer" in Ostpreußen gewesen. Geistliche, über jeden moralischen Zweifel erhaben, gehörten ebenfalls dazu.

Was unter einem Rittergut zu verstehen ist, muss erst einmal nachgelesen werden: „ Ein Rittergut war ein Landgut, mit dessen Besitz durch Gesetz oder Gewohnheitsrecht Vorrechte des Grundherrn, insbesondere Steuerbefreiungen und die Landtagsfähigkeit, verbunden waren. Während ursprünglich nur ein Adliger Rittergutsbesitzer sein durfte, konnten später auch Bürgerliche Rittergüter erwerben. Der wirtschaftliche Betrieb des meist weit ausgedehnten Grundbesitzes eines solchen Gutes erforderte bestimmte Gebäude. Diese bestanden meist aus einem Herrenhaus oder Verwaltergebäude, Stallungen verschiedener Art und Größe, Scheunen, einer Brennerei, Molkereigebäuden sowie den nötigen Wohnungen für die Arbeiter. Bei der Anlage der Güter herrschte der Grundsatz, dass Aufbau und Unterhaltung aus den Erträgen des Gutes zu beschaffen waren und die Ertragsgrenzen demnach nicht überschritten werden durften. " [16]

Folgende Zitate aus Großmutters Erinnerungen belegen aufschlussreich ihre selektiv geordneten Familiengeschichten: „Meine Vorfahren mütterlicherseits waren in Ostpreußen Großgrundbesitzer gewesen, richtige Feudalherren und väterlicherseits Pfarrer aus langen Generationen, hoch geistige Leute, musikalisch, für alles Schöne aufgeschlossen und vor allen Dingen kluge Leute, die mit Herz und Verstand ausgerüstet waren. Ich selber war in London aufgewachsen, war gerne in der wundervollen Stadt, die voller Tradition ist." „ Der Vater meiner Mutter hatte vier Brüder, die alle Rittergüter hatten." „Meine Mutter Hedwig machte heimlich ihr Lehrerinnen-Examen, bereitete sich allein abends vor und bestand in Königsberg das Examen mit sehr gut. Dann nahm sie eine Stellung in England an, lernte dort meinen Vater, einen Pfarrer, kennen und heiratete ihn."

Es folgen Beschreibungen der verschiedensten Verwandten. Die Frauen bekommen oft ein „chen" an den Namen gehängt, wie „Lieschen", „Klärchen", „Cilchen" und „Tonchen".

„Meine Tante Maria machte ihr Lehrerinnen-Examen und nahm eine Stelle bei einem Lord Mazarin in Irland an. Lord Mazarin war ein unehelicher Abkomme des berühmten Kardinals Mazarin." „Meine Cousine Hiltrud heiratete mit 17 Jahren den Rittergutsbesitzer Gutzeit auf Gross Gnie bei Insterburg. Es war ein großes und sehr gepflegtes Rittergut, der Haushalt wurde sehr herrschaftlich geführt mit Dienern, Gouvernanten, Hauslehrern usw."

„Cousine Lena heiratete mit 25 Jahren den Domänenpächter Walter L. auf Derben bei Magdeburg. Meine jüngsten Kinder waren im Kriege bei ihr wochenlang zu Besuch und genossen das Landleben sehr. Ihre Söhne hießen Konrad und Willy, das Mädchen Maria - Willy fiel im Kriege, Maria starb auf der Flucht vor den Russen. Als die Russen kamen, sind sie erst im letzten Augenblick geflohen, weil sie es für unmöglich hielten, dass die Russen bis zur Elbe vordringen würden."

Der Begriff „Domänenpächter" bedarf auch einer Erläuterung: „Eine besondere Bedeutung besaßen die Domänenpächter bzw. Amtmänner, die seit dem ersten Drittel des 18. Jahrhunderts, zuerst in Ostpreußen, später im Gesamtstaat, als Pächter der königlichen Domänen fungierten und denen die Einkünfte gegen ein Fixum überlassen wurden. Die Domänen waren ursprünglich das fürstliche Kammer- und Krongut. Angesichts des bedeutenden Umfangs des Domänenbesitzes (rund elf Prozent des gesamten Grund und Bodens) war ihre Zahl beachtlich. Durch die von den Generalpächtern praktizierten Unterverpachtungen gab es um 1800 allein in der Mark Brandenburg rund 720 Pächter, im gesamten preußischen Staat, zusammen mit denen adliger und korporativer Güter, etwa 2000. Nur begüterte

Bürgerfamilien konnten pachten. Ihre Familien waren häufig Magistratsmitglieder, wohlhabende Brauer und Handwerker, Gastwirte, Lokalbeamte, aber auch begüterte Bauern. Die Generalpächter - gleichgestellt mit Funktions- und Berufskategorien wie mittlere Beamte, Verlags- und Manufakturunternehmer oder auch Oberkaufleute - waren durch das Reglement von 1792 dem oberen Bürgerstand zugerechnet worden und damit selbst wie auch ihre Söhne vom Militärdienst befreit. Seit der Mitte des 18. Jahrhunderts setzte sich eine Art Erbfolge in der Verpachtung durch. Die Domänenpächter gehörten zu den wohlhabenden bürgerlichen Unternehmern und bildeten auch eine wesentliche Quelle für den preußischen Beamten- und Offiziersstand." [17]

Weitere Familien-Infos von Großmutter Annamaria: „Onkel Alfons kam nach Kriegsende (Erster Weltkrieg) aus dem Felde wieder. Er verkaufte sein Gut in Ostpreußen für sehr viel Geld. Er fragte meine Mutter, was er mit dem Geld machen sollte. Die riet ihm, Zinshäuser in Königsberg zu kaufen, weil das viel Geld bringen würde, und zwar Häuser mit kleinen Wohnungen. Das tat er auch und war wieder sehr wohlhabend geworden. Leider ist er im letzten schrecklichen Krieg in Königsberg verschollen. Man hat von ihm nichts mehr gehört."

Auch bei der Großmutter Annamaria wird alles, was mit dem Zweiten Weltkrieg zu tun hat, ziemlich konsequent ausgeblendet und nur notgedrungen, sehr kurz nebenbei erwähnt.

Es gibt ein Leben vor dem Krieg und nach dem Krieg, vom Leben im Krieg „hat man später auch nichts mehr gehört", jedenfalls nicht von dieser Großmutter oder anderen involvierten Verwandten, es gab lediglich die Information, dass man ausgebombt wurde, fliehen musste und drei Söhne verloren hatte.

Kapitel 4 - Die väterliche Familie

Johannes, mein späterer Vater, wurde am 26. September 1918 geboren. Sein Vater war der Schiffsbau-Ingenieurs Ernst L., (geboren 1885, gestorben 1957 im Alter von 72 Jahren), seine Mutter hieß Wary Antonie Magdalena, (geboren 1892, gestorben 1920). Die Hochzeit fand im Januar 1914 statt. Der Vater war erst bei den Deutschen Werken in Kiel-Friedrichsort tätig, später machte er sich selbstständig.

Johannes ist das zweite Kind, er hat eine ältere Schwester, geboren 1915. Eigentlich war er das dritte gemeinsame Kind, denn in alten Stammbaum-Unterlagen der Familie stand der Hinweis, dass es einen weiteren Bruder gegeben hatte, der im September 1914 geboren wurde und traurigerweise im Dezember 1914 gestorben ist, drei Monate nach der Geburt. Dieser Junge hatte auch den Namen „Johannes" bekommen.

Im Jahre 1920, als mein Vater Johannes zwei Jahre alt ist, stirbt seine leibliche Mutter. Sein Vater Ernst heiratete erneut, Johanna, geboren 1886. Sie bekommen zusammen zwei Söhne, Ernst, genannt Enne, wird 1922 geboren, drei Jahre später, 1925, folgt Jochim genannt Jochi.

Johannes ist zwar in den zwanziger Jahren aufgewachsen, aber „Goldene Zwanziger" können es für ihn nicht gewesen sein, denn er hat im Alter von zwei Jahren, 1920, seine leibliche Mutter Antonie, die erst achtundzwanzig Jahre alt war, verloren.

In diesem Alter seine Mutter zu verlieren, muss für ihn eigentlich traumatisch gewesen sein. Vielleicht war er auch noch zu klein, um das alles zu realisieren, wahrscheinlicher ist aber, dass diese frühen Verlust-Erinnerungen ins Unterbewusstsein abgeschoben wurden.

Sein Vater heiratete recht schnell wieder, 1921, Johanna, sie ist fünfunddreißig Jahre alt, es war dann also eine Ersatzmutter zur Stelle, aber da war der kleine Johannes schon drei Jahre alt. Zwei Brüder dazu zu bekommen, wird ihm viel bedeutet haben. Sie waren vier und sieben Jahre jünger als er und er muss ein sehr enges Verhältnis zu ihnen gehabt haben. Es fiel ihm schwer über sie zu reden, er hat es eigentlich gar nicht getan. Wir wussten nur, dass sie existiert hatten, weil im Wohnzimmer unserer Großmutter Johanna zwei Soldaten-Fotos der beiden „gefallenen" Söhne Ernst und Jochim auf der Kommode standen. Ich habe diese Ereignisse erst recht spät erfahren, ich glaube als Heranwachsende.

Bis dahin hielt ich die mir bekannte Großmutter Johanna wie selbstverständlich für die leibliche Mutter meines Vaters, es war einfach unsere Oma, mehr wurde dazu nicht gesagt. Interessanterweise habe ich meinen zweiten und dritten Vornamen, Antonie Johanna, nach der leiblichen Mutter und der Stiefmutter meines Vaters erhalten, es war also wohl nicht vergessen für ihn.

Es gab im Dorf Verwandte, Onkel und Tante mit drei Kindern, also unser Cousin und unsere Cousinen. Die hatten einen anderen Nachnamen als wir, so wie die verstorbene leibliche Mutter. Das wussten wir als kleine Kinder aber nicht. Irgendwann wurde es dann doch noch aufgeklärt, von den Cousinen oder der Tante, so ganz genau weiß ich es nicht mehr, aber ich fürchte, mein Vater war es nicht.

Es gibt einige Fotos aus dem Nachlass der Großmutter:

Johannes(Hans) mit Schwester und den Brüdern Jochim und Ernst, ca. 1928

Jochi, Hans und Ernst, ca. 1935

Seine Brüder waren ihm jedenfalls sehr wichtig, das wird aus den Briefen, die er nach Hause geschrieben hat, deutlich, der Verlust dieser geliebten Menschen muss ihn tief getroffen haben, aber er hat darüber geschwiegen. Mein Vater hat überhaupt sehr wenig über sich selbst erzählt, weder über seine Kindheit noch über die Kriegszeiten.

Johannes wird im April 1925 in die Volksschule eingeschult. Ab 1929 besucht er erst eine Private Realschule und dann die „Deutsche Oberschule" in Kiel, bis er Ostern 1936 den Abschluss der „Obersekundarreife" erwirbt.

Bilder aus Kindheit und Jugend 1931-1936:

Hans und seine Brüder beim Burgenwettbewerb, 1931

Vater Ernst und Sohn Hans, ca.1935

Hans, Jochi, Ernst und Cousin Peter, in den damals üblichen Uniformen, wohl Hitlerjugend, ca.1936. Begeistert sehen sie nicht gerade aus.

Direkt nach dem Schulabschluss wird Hans eingezogen zum Reichsarbeitsdienst, Abteilung Neustadt, an der Ostsee. Dort ist er vom 9. April 1936 - 30. September 1936 tätig. Hans ist zu diesem Zeitpunkt achtzehn Jahre alt, er arbeitete dann insgesamt sechs Monate in Neustadt. Während dieser Zeit hat er vierzehn Briefe und drei Karten an seine Eltern und Geschwister geschrieben. Alle diese Berichte sind lebendig und ausführlich von einem aufgeweckten, jungen Mann in einem nahezu lockeren, aber auch bestimmenden Ton verfasst worden.

Für ihn stellte sich das Ganze wohl als ein großes Abenteuer dar. Der erste Brief, verfasst vom 9. bis 13. April 1936, erstreckt sich über insgesamt sechs Seiten. Damit beginnt die Reise in die Vergangenheit eines sehr jungen Mannes, der zur Zeit des Nationalsozialismus gerade seine Pubertät hinter sich hatte.

Briefe - Lebensbeschreibungen - Stationen eines Lebens

Beim Lesen dieser Briefe stellte sich mir ein völlig anderer Mensch dar, der wenig mit dem gemeinsam hatte, den ich als meinen Vater kannte. Zuerst dachte ich, unvorstellbar, dass sie von der gleichen Person geschrieben wurden, mit der ich meine Kindheit und einen Großteil meiner Jugend verbracht hatte. Das Familienoberhaupt, das keinen Widerspruch duldete, nichts von sich selbst erzählte und unantastbar war.

Aber dann entdeckte ich doch einige Gemeinsamkeiten wieder, zum Beispiel den Humor, den er sich sein Leben lang bewahrt hatte, denn er konnte so herzliche und ausgiebige Lachanfälle bekommen, wenn er sich über etwas amüsierte, daher machte ich es mir in späteren Jahren häufig zur Aufgabe, ihn zum Lachen zu bringen. Zum Beispiel indem ich ihm ungewöhnliche, selbst gebastelte Geschenke verpasste. Zu einem seiner Geburtstage häkelte ich ihm einen „Knieschoner" aus Wolle, den er sich als Schutz um sein Knie binden konnte. Der Hintergrund war, dass er sich häufig beim Aufstehen vom Sofa das Knie an der Kante vom Wohnzimmertisch stieß, um dann zu rufen: „Autsch, verdammt noch mal, mein Knie." Als er mein Geschenk erblickte und es von mir erklärt bekam, fand er es tatsächlich ziemlich lustig. Ich hatte mein Ziel erreicht, vielleicht glich das die häufig praktizierten Ungerechtigkeiten etwas aus, auch die für ihn anscheinend völlig natürliche Art der Bestrafung körperlicher Natur bei seinen Kindern. Das hatten seine Eltern ihm so vorgelebt, wie aus einigen Briefen an sie deutlich wird: „Ihr habt eure Kinder mit vieler Mühe und Prügel großgezogen." (Brief vom 6. März 1942) und „Hin und wieder kann eine anständige Tracht Prügel gar nicht schaden."(Brief vom 28. Januar 1945). Diese Erziehungsregeln hat er anscheinend nicht in Frage gestellt, denn sowohl meine Brüder als auch ich bekamen sie zu spüren.

Mein Vater war geprägt durch seine Kriegserlebnisse und den Verlust seiner Brüder, beides hat er so gut wie nie erwähnt. Dennoch muss er irgendwann seinen Humor wiedergefunden haben, den er bereits in jungen Jahren durch einen wirklich besonderen Erzählstil in den Briefen bewiesen hat. Aber es wird durchaus Zeiten gegeben haben, in denen es, auch für ihn, nichts zu beschönigen oder lustig zu reden gab.

Im April 1936 jedenfalls wird auch für den jungen Johannes die Welt noch in Ordnung gewesen sein. Er ist achtzehn Jahre alt und erhält, direkt nachdem er die „Deutsche Oberschule" abgeschlossen hat, eine Einberufung zum Reichsarbeitsdienst (R.A.D.), den er in Neustadt an der Ostsee /Lübecker Bucht, abzuleisten hat.

Kapitel 5 - Pflichten - Der Reicharbeitsdienst

Auch über den Reichsarbeitsdienst benötigen wir Informationen, weil eigentlich nicht genau klar ist, wozu dieser Dienst damals nötig war: „Der Reichsarbeitsdienst (abgekürzt RAD) war eine Organisation im nationalsozialistischen Deutschen Reich. Das Gesetz für den Reichsarbeitsdienst wurde am 26. Juni 1935 erlassen. § 1 (2)lautete: Alle jungen Deutschen beiderlei Geschlechts sind verpflichtet, ihrem Volk im Reichsarbeitsdienst zu dienen. § 3 (1) lautete: Der Führer und Reichskanzler bestimmt die Zahl der jährlich einzuberufenden Dienstpflichtigen und setzt die Dauer der Dienstzeit fest. Zunächst wurden junge Männer (vor ihrem Wehrdienst)für sechs Monate zum Arbeitsdienst einberufen. Vom Beginn des Zweiten Weltkrieges an wurde der Reichsarbeitsdienst auf die weibliche Jugend ausgedehnt. " [18]

Arbeitsdienst-Abt.5/73 „Carl Hans Lody", Neustadt, Holstein

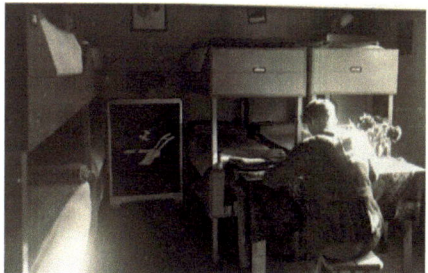

Speisesaal

Fleissig Briefe schreiben, in der 8-Bett Schlafkammer

Johannes, genannt Hans, bekam wohl von seinen verantwortungsbewussten Eltern mit auf den Weg, sich sofort zu melden, wenn er in Neustadt angekommen war und sie regelmäßig mit Briefen zu versorgen. Daran wollte er sich natürlich halten, aber es gab nicht übersehbare, von ihm logisch dargelegte Einschränkungen bei der Umsetzung der ununterbrochenen Informationsübermittlung.

Sein erster Brief wurde von ihm über fünf Tage hinweg verfasst. Hans hat sich auch von zu Hause seinen Fotoapparat nachschicken lassen und in Neustadt zahlreiche Aufnahmen angefertigt.

So viele Briefe aus Neustadt

Hans hat wirklich eifrig nach Hause geschrieben, ungefähr alle zehn Tage einen Brief. Der erste Brief, vom 9. April 1936, ist tatsächlich sehr ausführlich, wie gesagt, über mehrere Tage hinweg geschrieben worden: „Liebe Eltern und Geschwister! Endlich komme ich einmal dazu euch einen Brief zu schreiben. In Neustadt bin ich gut angekommen, die Bahn war voller junger Leute, die fast alle nach Neustadt zum Arbeitsdienst wollten. Das ganze Lager besteht nur aus neuen Arbeitsmännern. Wir wohnen in einer ehemaligen Schweinemästerei. Es ist aber sehr schön, nur nachts ist es ziemlich kalt. Am Dienstag kam unser Gruppenführer, der im Rang eines Oberarbeitsführers steht. Jeden Einzelnen fragte er nach Beruf, wann er geboren und was er werden will. Natürlich bin ich einer der Jüngsten.

Sicherlich werdet ihr denken: Der schreibt ja alles durcheinander! Aber lässt sich augenblicklich nicht ändern, denn ich habe furchtbar wenig Zeit und muss schreiben, was mir gerade einfällt, denn sonst könnte ich zehn Bände voll schreiben. Ich habe gerade so viel Zeit, dass ich mich gerade umziehen kann, und umziehen müssen wir uns alle Augenblicke. Jetzt wird schon wieder zum Abendessen gepfiffen und ich habe noch nicht einmal etwas geschrieben.

<u>10. April 1936</u>: Heute durften wir bis um sieben Uhr schlafen, während wir sonst um fünf Uhr aufstehen müssen, und der Frühsport fiel aus. Vormittags machten wir einige Ordnungsübungen und nachmittags hatten wir einige Stunden Freizeit.

Ich hatte mir vorgenommen, euch einen ordentlich langen Brief zu schreiben, aber Prost Mahlzeit. Gestern haben wir unsere gute Uniform bekommen und nun muss ich die Armbinde und das Abteilungsabzeichen annähen und ebenfalls einige Knöpfe.

Und dann, wir haben vier Uniformen und die müssen alle instand gehalten werden: Da ist erst mal der ‚Sträflingsanzug‘, unser Arbeitszeug, dann der Exerzieranzug, und noch ein Exerzieranzug und dann die gute Sonntagsuniform. Wir haben überhaupt alles, was wir brauchen, hier bekommen. Ich will einmal aufzählen: Vier Uniformen, zwei Paar Schaft-Stiefel, ein Paar Schnürstiefel nur für Sonntags, ein Paar Pantoffeln, ein Paar Turnschuhe, Essgeschirr bestehend aus ein Teller, eine Kumme (Anm.: norddt. für Schüssel), Löffel, Teelöffel, Gabel, Messer; zwei Braunhemden, zwei Unterhosen, zwei Unterhemden, zwei Paar Strümpfe, drei Paar Fußlappen, Turnhose und –hemd und Badehose. Aber ich möchte doch Strümpfe von zu Hause und Hemden und Hosen behalten. Wenn meine Privat Wäsche schmutzig ist, schicke ich sie nach Hause.

Gleich ist meine Zeit zu Ende, denn die Frauenschaft von Neustadt will unser Lager besichtigen. Ostern schreibe ich weiter, denn morgen ist Revierreinigung und da habe ich keinen Moment Zeit.

<u>12.4.1936 Ostersonntag</u>

Gestern Morgen war ich zum ersten Male in der Stadt und zwar zum Pakete holen. Ihr könnt euch denken, wie groß meine Freude war, als ich mein Paket darunter fand. Wir waren mit vier Mann zur Post. Zu Mittag, um halb zwei Uhr kamen wir wieder zurück, drei Stunden waren wir ungefähr fort.

Wir liegen mit 140 Mann im Lager, und ihr könnt euch ungefähr denken, was für eine Menge Pakete wir auf dem Wagen hatten, wenn der Abteilungsführer meinte, er hätte bis Pfingsten genug, wenn er aus jedem Paket ein Osterei nähme! Die Führer fanden unser Marschieren natürlich recht kümmerlich; aber bei der Bevölkerung haben wir, glaube ich, doch einen ganz guten Eindruck hinterlassen. Eigentlich dürfen wir nach so kurzer Zeit noch gar nicht auf die Straße.

Hier denke ich gerade an Urlaub. Nach sechs Wochen dürfen wir zum ersten Male allein auf die Straße. Jetzt ist Mittag und ich habe Tischdienst und muss machen, dass ich rauskomme. Also heute Abend weiter.

Heute haben wir wirklich einen schönen Tag gehabt. Heute Morgen habe ich erst mein Paket geöffnet. Ich habe mich sehr gefreut. Der Kuchen verschwand natürlich sofort in elf Mägen. Ursprünglich waren wir fünfzehn Mann, aber vier Mann erwiesen sich als Dienstuntauglich. Während des Essens erhielt ich deinen Brief, lieber Vater. Als ich die erste Seite gelesen hatte, saß mir das Herz sehr tief in der Hose, und ich dachte: ,Es folgen noch drei Seiten, das kann ja noch viel schlimmer werden.' Also steckte ich ihn erst einmal stillschweigend weg. Aber jetzt habe ich ihn ganz gelesen und bin ganz beruhigt.

Heute Nachmittag machten wir einen Ausflug zu dem vier km entfernten ,Bad' Pelzerhaken. Zum Baden wird es dort ja sehr schön sein, aber Strand - nicht die Bohne. Das ,Bad' besteht aus drei Gasthäusern und einem Wohnhaus.

Der Abteilungsführer erklärte die Umgebung, es ist ein ähnliches Bild wie bei uns. Dann stürmten wir eine Strandhalle und der ganze Lohn ging natürlich flöten. Für eine Tasse Kaffee und zwei Stück Puffer mussten wir sechzig Pfennig bezahlen.

Wir sangen einige zackige Lieder und der Chef spielte Klavier. - Eigentlich habe ich gar keine Lust mehr zum Schreiben, denn augenblicklich ist es sehr lustig im Tagesraum: Solotänze, Handstand auf Stühlen und Tischen, Saltos und so weiter, aber es hilft ja nichts... - Also, schließlich zogen wir dann weiter. An der Küste entlang nach Neustadt. Die Yachtschule liegt ja sehr schön. Mit Gesang gingen wir wieder durch die Stadt. Jetzt haben wir unser Abendbrot intus und ich schreibe meine Lektion. Morgen geht es zu unseren Arbeitsplätzen, wo wir Dienstag anfangen werden. Heute Morgen bekam jeder zwei Eier, sogar Ostereier. Die Frau des Feldmeisters hatte die ganze Nacht gestanden, um die Eier zu färben.

Ach, ihr glaubt gar nicht, wie viel ich euch erzählen möchte, so unendlich viel, aber leider, leider ist es ja nur zu einem geringen Teil möglich! (Anm.: handschriftlich doppelt unterstrichen!)

Liebe Eltern, dass ihr jeden Sonntag einen Brief bekommt, wird leider nicht möglich sein, da ich sonnabends überhaupt wenig Zeit habe, denn da haben wir Revierreinigung und alle Hände vollauf zu tun. Aber jede Woche werde ich doch schreiben. Wenn ihr in einer Woche mal keinen Brief bekommen habt, dann macht man nicht gleich Hokuspokus, ‚schreiben tue ich euch schon‘!! -

Aber, aber meine Füße, ich habe sehr viel Pech mit den Turnschuhen gehabt. Als ich sie einmal angehabt hatte, hatte ich die Zehen kaputt. Und ihr könnt euch ja denken, dass es schlecht heilt, wenn ich jeden Tag die großen Stiefel anhabe. Selbstverständlich habe ich die Schuhe umgetauscht. Wenn wir vernünftig Sport getrieben hätten, wäre das auch nicht passiert, aber ‚Sport‘ haben wir getrieben, dass selbst die besten Sportsleute an den nächsten Tagen vor Muskelkater nicht ordentlich gehen konnten; aber jetzt geht es schon.

Ordnungsübungen (Exerzieren) machen wir jeden Morgen und ebenfalls nachmittags. Zwischendurch haben wir staatspolitischen Unterricht oder von der Geschichte der Abteilung. Unser Abteilungsführer Kahnblei wiegt eben so viel wie die ganze Abteilung. Fast zwei Meter groß ist er.

Hans, stehend ganz rechts, mit seiner Gruppe „Arbeitsmänner"

Der Trupp in „Sträflingskleidung" =Arbeitszeug, mit dem Truppführer

Lieber Vater, ich hoffe ja, dass ihr da auf dem Platz einen ordentlichen Kasten hinsetzen werdet. Und das mir das Haus ordentlich wird und nicht nach den Meinungen sämtlicher Verwandten gebaut wird!! Hoffentlich ist es fertig, wenn ich mal auf Urlaub komme.

Liebe Mutter, wenn du Zahnschmerzen hast, dann gebe ich dir den gesunden Rat: ‚Geh' zum Zahnarzt! ' Ich habe mich ja sehr zu eurem Paket gefreut, aber eins muss ich euch doch sagen: ‚Lasst die Fresspakete zu Hause! ' Ich weiß gar nicht, wann ich das aufessen soll. Besonders die Heringe und ähnliche Scherze, sie schmecken ja ganz gut, aber lasst das bitte zu Hause. Wir haben hier nämlich wirklich gut und reichlich zu essen. Ich glaube, ich esse dreimal so viel wie zu Hause. Dann möchte ich noch erwähnen, dass ihr das Besuchen doch bitte einstweilen an den Nagel hängen möchtet. Erstens bin ich erst kaum anderthalb Wochen hier und noch nicht einmal richtiger Arbeitsmann. Zweitens wünscht der Abteilungsführer es noch nicht, erstens aus demselben Grunde, und zweitens weil das Lager noch nicht auf Besuch gerichtet ist. Ich werde euch schon schreiben, wann ihr mal kommen könnt oder sonst benachrichtigt mich bitte vorher. Aber fürs erste bitte noch nicht! ‚Besuchszeiten' gibt es bei uns überhaupt nicht. Wir haben ja fast gar keine Minute Freizeit.

13. April 1936 Ostermontag

Heute war fast genau derselbe Tagesplan wie gestern. Heute Nachmittag waren die einzelnen Trupps fort und besichtigten ihre Baustellen. Ich bin in Trupp Fünf. Trupp Vier und Fünf, also auch ich, müssen einen Bach regulieren. Das wird natürlich eine feuchte Angelegenheit, dauernd im Wasser zu stehen. Unser Trupp ist mit Rädern ausgestattet. Lauter nagelneue, stabile Räder, denn unsere Baustelle liegt sechs km entfernt.

Nagelneue
Fahrräder für
alle

Da haben wir natürlich Glück gehabt. Morgen früh um viertel vor sieben geht es zum ersten Male an die Arbeit. Im Übrigen geht es mir ganz gut. Grüßt bitte alle. In Gedanken bin ich bei euch. Nun ist mein Handgelenk schon vollkommen ausgeleiert und ich kann nicht mehr schreiben. Nochmals alles Gute. Viele Grüße, Euer Hans,,

In seinem nächsten Brief aus Neustadt, vom 19. April 1936, berichtet Hans von den Arbeiten, die sie dort auszuführen haben: „Liebe Eltern und Geschwister! Gestern habe ich euer Paket und Brief erhalten. Übrigens, wir haben einen neuen Truppführer bekommen. Und das ist ein Truppführer! So vom Typ der preußischen Unteroffiziere. Lest seinen Namen bitte richtig: Er heißt Krumrei. Vom Rang her ist er Obervormann. Das Schönste ist ja, dass er auch noch bei uns schläft. So, nun möchte ich etwas von unseren Baustellen erzählen. Die ganze Abteilung ist auf vier Baustellen verteilt. Ein Trupp arbeitet in ‚Bad' Pelzerhaken beim Straßenbau. Zwei andere Trupps sind ebenfalls hier in der Nähe beim Straßenbau. Dann buddeln noch einige im Morast. Und dann kommen wir. Wir regulieren einen Bach, und das ist die scheußlichste Arbeit. Den ganzen Morgen stehen wir im Wasser und haben immer nasse Füße. (Ich weiß ja wieder einmal so unendlich viel zu erzählen und weiß gar nicht, wo ich anfangen und wo ich aufhören soll!). Erkältet habe ich mich natürlich auch, aber das ist nicht so schlimm, andere leiden viel mehr darunter. Freitag haben wir das scheußlichste Wetter gehabt. Als wir um sieben Uhr ausrückten, war es noch trocken, aber als wir so eine Stunde an der Arbeit waren, fing es langsam an zu regnen - und dann ging es ja los, Bindfäden regnete es den ganzen Tag.

Und steh du mal im Regen bis um halb zwei. ‚Ünner nat un boben nat!' (Anm:'Unten nass und oben nass') Die Stiefel sind natürlich nicht dicht. Und dann den schweren Lehm und Ton auf die Böschung werfen. Der Mist klebt ja so am Spaten. Und dann die Heimfahrt! Wegeverhältnisse sind hier! Ihr könnt es euch ungefähr ausmalen, wenn uns der Abteilungsführer einmal erzählte, dass hier in der Nähe früher einmal ein Schild gestanden hat, mit der Aufschrift: ‚Bis Kiel 40 km, bis Deutschland 1000 km!'

Unsere Wege, die wir fahren, sind noch sehr gut, aber trotzdem schaukelt man da im Lehmmorast hin und her, um nicht in den Dreck zu segeln. Habe ich euch im vorigen Brief eigentlich mitgeteilt, dass wir der einzige Trupp sind, der mit Rädern ausgerüstet ist? Alles nagelneue Dinger. Ihr könnt euch ja denken, wie sie nach dieser Fahrt aussahen.

Nun möchte ich euch erzählen, weshalb wir diesen Graben regulieren: Er heißt ‚Mühlenbach' und ist der Abfluss des Mühlenteiches am Gut Sierhagen. Dieses Gut gehört der Gräfin Plessen und besitzt ungeheure Ländereien und Vieh.

Unsere ganze Arbeit haben wir ebenfalls vom Gut, das heißt, wir beenden nur die Arbeit, angefangen wurde damit im Dezember 1935.

Also, jetzt passt auf: Vielleicht wisst ihr das schon, was ich erzählen will, aber dann hört ihr es eben noch einmal: Im Herbst, genau wie bei uns früher die Auwiesen, überschwemmt das ganze Gebiet und fließt sehr schwer wieder ab, da nur zwei kleine Bäche für den Abfluss sorgen, der Mühlenbach und der Lachsbach. Die beiden Bäche sind nun sehr schmal und haben sehr viele Schleifen. Der Lachsbach geht noch, aber der Mühlenbach! Sein ganzes Durchflussgebiet ist wirtschaftlich unbrauchbar. Wir legen den Bach nun möglichst gerade, damit das Wasser schnell wieder abfließt und das bringt gleichzeitig einen ziemlich großen Landgewinn mit sich.

Harte Arbeit am Mühlenbach, in Wasser und Matsch

In fünf Jahren soll sich die ganze Arbeit schon bezahlt gemacht haben. Unsere Arbeit geht folgendermaßen vor sich: Erstens wird der Bach einmal so weit wie möglich durch einen Damm abgestaut, in den Röhren eingelassen sind, wo das Wasser hindurch fließt. Diese Röhren werden nun einfach durch runde Bretter verschlossen. Dann wird die Sohle des Baches um zwei Spatenstiche tiefer gelegt und die Sohle auf zwei Meter verbreitert oder neu gegraben. Trotz der Abstauung steht das Wasser immer bis überm Knöchel und fließt langsam.

Arbeitsmänner mit „Schaufel-Helmen"

Pause!

Ein bisschen Spass muss sein: Verkleidete Arbeitsmänner

Unser einziges Vergnügen sind die Fische. Diese kleinen Bäche sind sehr fischreich. Wir fangen alle möglichen kleinen Fische mit den Händen: Aale, Neunaugen, Barsche, kleine Schleie und Rotaugen. Die meisten kennen natürlich alle diese Fische nicht. Im Lachsbach werden während der Laichzeit Lachse gefangen. Im letzten Jahr haben sie einen von fünfunddreißig Pfund gefangen. An und für sich ist es ja verboten, während dieser Zeit Lachse zu fangen.

In den letzten Tagen habe ich an einer grässlichen Krankheit gelitten, ich dachte schon ich hätte die Pest im Leib. Und wisst ihr, was das war? Das habe ich mein Lebtag noch nicht gehabt, ich konnte es vor Schmerzen nicht aushalten. Ich meinte, der Magen käme mir zum Halse heraus, solche Schmerzen hatte ich. Ich ging zum Kurpfuscher, fragte ihn. Mit einem Achselzucken meinte er: Sodbrennen. ,Na, Sodbrennen! dachte ich, also, das ist das vermaledaite Sodbrennen, worüber hier so viele klagen. Und zwar kommt es vom frischen Schwarzbrot. Als ich ihn fragte, was ich dagegen machen könnte, hatte er nur ein Achselzucken. Ihr müsst nämlich wissen, dass man hier so ungefähr halbtot sein muss, ehe man ein Heilmittel bekommt. Na, ich habe dann meinen Truppführer gebeten, ob er mir etwas Natron von der Stadt mitbringen möchte, und da hat er mir Bullrich-Pastillen mitgebracht und die sind sehr gut. Das war die Geschichte von meinem Magen, der dauernd 'nen Brand hat.

Wenn wir morgens zur Arbeit fahren, wir fahren ungefähr eine viertel Stunde, fahren wir immer durch die Verrücktenanstalt. Was das für ein Gebäude ist, und die Anlagen! Und dann die Idioten! Ach so: Es gibt auch außerhalb der Anstalt Idioten, denen man tatsächlich nicht ansieht, dass sie Idioten sind!

Hier denke ich gerade an unseren Längsten und Kürzesten. Der Größte ist zwei Meter und der Kleinste ein Meter dreiundfünfzig. Den Kleinen kannte ich schon aus dem K.M.T.V. in Kiel. Hier in Neustadt und Umgegend ist augenblicklich überhaupt ganz groß was los. Eigentlich darf ich euch das ja gar nicht schreiben, aber passt auf und erzählt es bitte nicht weiter, es ist nämlich tatsächlich geheim. In Pelzerhaken ist alles abgesperrt und die Marine ist hier kräftig am Bauen und Neustadt soll U-Bootshafen werden, aber werdet ihr wohl wissen, obwohl es geheim ist.

Nun muss ich bald Schluss machen. Ich schicke euch noch eine Karte mit unserem gesamten Lager. In dem linken, langen Gebäude sind die Unterkunftsräume und der Tagesraum. Im rechten Gebäude ist die Exerzierhalle, für schlechtes Wetter, und die Wohnräume der Führer. In dem einzelnen Haus wohnt der Abteilungsführer. Viel mehr brauche ich, glaube ich, nicht zu erklären, dass es bei Neustadt ist, wisst ihr ja.

Was macht Peter (Cousin) eigentlich? Ich finde, er könnte ruhig mal schreiben. Lieber Enne und Jochi, war's schön im Zirkus? Dir, lieber Enne, möchte ich nur sagen: ,Ich habe mich sehr zu deinen Zeilen gefreut, aber du sollst mir keine Aufsätze schreiben, schreibe wie du sprichst! Dann habe ich mehr Freude daran, den Brief zu lesen und es klingt viel vertraulicher! ' Also, lieber Enne!! Dann habe ich noch eine Bitte an dich: „Grüß doch bitte Rolf B. von mir (OII b) und sage ihm, Truppführer Dunglau hätte mir den Gruß bestellt. Er soll doch mal etwas von sich hören lassen, meine Adresse weiß er ja. S.O.S !! Schickt den Knipskasten! Im nächsten Brief mehr! Grüßt bitte alle! Es grüßt euch Euer Hans"

Fahrrad-Ausflug zur Ostsee,1936

Karte Neustadt, 2016

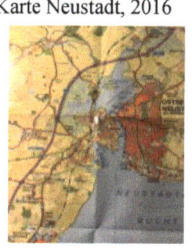

Gut Sierhagen, mit Mühlenbach

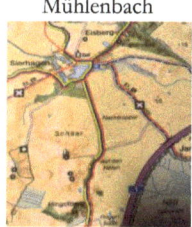

Teil des Mühlen-baches, 2017

Kurz vor Ende des Arbeitsdienstes ziehen für Hans drohende Wolken auf und er schreibt in seinem Brief vom 30. August 1936: „Lieber Vater! Nun muss ich dir doch ganz schnell einmal einen Brief schreiben. Gestern hörte ich von unserem Unterfeldmeister, dass diejenigen, die 1916 geboren sind, und die, die siebzehn und achtzehn sind, ein halbes Jahr länger im Arbeitsdienst dienen müssen, wenn sie nicht anschließend (also jetzt zum Oktober) zur Wehrmacht gehen. Und das trifft ja nun bei mir zu. Der Jahrgang 1916 soll ja schon ein Jahr im Arbeitsdienst dienen. Amtlich ist das alles allerdings noch nicht, aber was können uns diese Wochen noch alles bringen!

Du glaubst gar nicht, lieber Vater, wie niedergeschlagen ich bin. Ein halbes Jahr noch im Arbeitsdienst und dazu noch im Winter, und dann noch in Neustadt! Dazu kommen noch zwei Jahre Wehrdienst! Du kannst dir ja denken, was mir das für einen Strich durch die Rechnung macht. Ich hatte mich so gefreut, dass ich meine Arbeitsdienstzeit herum hätte und ins berufliche Leben eintreten könnte, aber nun kommt vielleicht noch dieser Mi… dazwischen.

Es wäre ja ganz etwas anderes, wenn ich auf ein Jahr gezogen wäre oder auch freiwillig. Dann stellt man sich gleich von vornherein darauf ein, aber so habe ich mich darauf gefreut, dass ich am 25. September wieder herauskomme - und nun die große Enttäuschung!

Du kannst dir gar nicht denken, lieber Vater, wie mich das ganze Lagerleben und alles was da so drum und dran ist, jetzt plötzlich anwidert. Etwas, wo ich früher Freude dran hatte, ekelt mich jetzt plötzlich an. So geht es mir auf Schritt und Tritt. Ich kann es dir einfach nicht in Worten sagen, wie mir zu Mute ist. Kurz und nüchtern ausgedrückt: ‚Ich habe einfach keine Lust mehr, im Arbeitsdienst zu sein!‘ Eine Hoffnung habe ich ja allerdings noch, dass diese Verfügung noch nicht herauskommt. Jedenfalls werde ich mich noch einmal genau danach erkundigen. So, lieber Vater, nun fort von diesen Gedanken. Wie weit ist es mit dem Hausbau? Ich werde es mir Sonntag mal ansehen. Es wünscht euch allen gute Gesundheit und dir, lieber Vater, viel Glück und Erfolg im Geschäft und keine Sorgen! Euer Hans"

Hans ist durchaus in der Lage, sich kritisch zu den angeordneten Maßnahmen zu äußern. Anscheinend wurden seine Briefe auch nicht kontrolliert, denn sie sind so, wie sie geschrieben wurden, auch zu Hause angekommen. Hans sieht nicht ein, dass „ihm ein Strich durch die Rechnung gemacht werden soll", denn er will ins Arbeitsleben, in das richtige, von ihm selbst ausgewählte, eintreten. Das ganze „Lagerleben ekelt ihn an", er hat „einfach keine Lust mehr im Arbeitsdienst zu sein". In einem weiteren Brief berichtet er, dass am 15. September 1936 das Abschiedsfest in Neustadt stattgefunden hätte.

Ende September ist für Hans dann die Arbeitsdienstzeit in Neustadt überstanden, seine Befürchtungen, dass er eventuell ein ganzes Jahr dort zubringen muss, haben sich nicht bewahrheitet.

Ausbildung - Studium

Nachdem Hans den Arbeitsdienst überstanden hat, absolviert er vom 1. Oktober 1936 - 30. September 1938 eine Lehre als Maschinenbauer bei den „Deutschen Werken" in Kiel. Während der Lehre erfolgt für Hans die Vorbereitung auf die Ablegung der Reifeprüfung als Fremdprüfung. Am 23. März 1939 legt er die Reifeprüfung vor einem Staatlichen Prüfungsausschuss ab. Das ist, jedenfalls aus heutiger Sicht, ungewöhnlich. Am 24. März 1939 bewirbt sich Hans an der Technischen Hochschule Berlin-Charlottenburg, für den Studiengang „Schiffsmaschinenbau".

Aus dem Bewerbungsschreiben an die Technische Hochschule: „Im Sommer 1936 habe ich dann als ‚vorzeitig-freiwillig Dienender' meine Arbeitsdienstpflicht abgeleistet. Daran anschließend habe ich dann als Maschinenbaupraktikant zwei Jahre auf den Deutschen Werken Kiel, Werk Friedrichsort, gearbeitet und während dieser Zeit habe ich mich auf die Reifeprüfung vorbereitet. Am 23. März 1939 habe ich die Prüfung bestanden und möchte nun die Fachrichtung eines Maschinenbauingenieurs einschlagen."

Im April 1939 beginnt er das Studium Schiffsmaschinenbau, an der Technischen Hochschule, in Berlin-Charlottenburg. Die Aufnahmebedingungen für ein Studium zum damaligen Zeitpunkt sind unter anderem auch die Mitgliedschaft in der Hitler-Jugend, sowie die arische Abstammung. Hans zieht also im April nach Berlin, zusammen mit seinem Cousin Peter, der dort anscheinend auch ein Studium aufgenommen hat.

Hans bewohnt mit Cousin Peter ein Zimmer und muss seinem Vater genau Rechenschaft ablegen, wie viel Miete sie dafür bezahlen. Natürlich ist alles erst einmal anstrengend, dazu noch „wahnsinnig heiß", sage und schreibe „23° im Schatten". Da können wir nur noch von träumen, bei den heftigen Temperaturschwankungen von 35° auf 18° und umgekehrt.

Hans berichtet am 13. April 1939 aus Berlin von seiner Wohnsituation und von der Hochschule: „Liebe Eltern! Ihr habt sicher schon von Onkel Theodor gehört, dass wir gut angekommen sind. Peter hatte für mich mit unterschrieben, weil ich meine Sachen verstaute. Um zehn Uhr dreißig lief der Zug erst am Lehrter Bahnhof ein, also eine halbe Stunde Verspätung.

Unsere Unterkunft scheint ganz gut zu sein, Wanzen, deren es hier in Berlin stellenweise sehr viele geben soll, habe ich jedenfalls noch nicht bemerkt. Mit der Wirtin, Frau Röhrig, haben wir uns folgendermaßen geeinigt: Peter und ich, wir beide, bewohnen gemeinsam ein großes Zimmer (acht Meter mal vier Meter). Es kostet für jeden dreißig Mark, also zusammen sechzig Mark. Das ist wirklich sehr billig, denn die Zimmer kosten hier im Durchschnitt vierzig Mark bis sechzig Mark und siebzig, achtzig oder hundertzehn Mark. Zimmer für zwei Personen waren nicht unter achtzig Mark auf dem Anschlag in der T.H. (= Technische Hochschule). Diese Regelung ist nicht vorläufig, sie gilt für immer, das heißt, ich bleibe also auch hier wohnen.

Heute Morgen habe ich die erste Vorlesung gehört. Ihr müsst nicht glauben, dass das Semester schon angefangen hat. Einer der Professoren beginnt zum Beispiel erst am 15. Mai mit seinen Vorlesungen. Einen endgültigen Stundenplan haben wir auch noch nicht.

Aber das Schlimmste sind die Papiere, die man ausfüllen muss und in Ordnung bringen muss. Heute Morgen habe ich zwei Stunden Schlange gestanden und bin trotzdem nicht mehr drangekommen.

Nebenbei bemerkt ist es hier wahnsinnig heiß, gestern und heute hatten wir 23° im Schatten. Schickt mir bitte meine beiden Schublehren, ich brauche sie nachher beim Modellzeichnen. Die Ab- und Anmeldeformulare schickt mir auch bitte gleich, weil die Zimmerfrage ja jetzt endgültig geregelt ist. Hoffentlich hast du das Gesuch schon an das Wehrbezirkskommando geschickt, Vater!

Sobald ich die Papiere hier habe, melde ich mich auch in Eutin um, weil ich einen abgestempelten Anmeldeschein beifügen muss. Sonst geht es uns gut. Meine Adresse lautet: Hans L., Berlin NW87, Klopstockstrasse, bei Frau R. Ihr wisst jetzt also Bescheid. Es grüßt euch herzlich, Euer Hans und Peter"

Der junge Hans ist also sehr kostenbewusst. Das ist wichtig in der Familie und wurde ihm von seinem Vater vermittelt, der immer sehr genaue Abrechnungen für jede Ausgabe forderte. Später, als er schon selbst Vater geworden war, hat er mir dieses vorrangige Lebensmotto, kurz und präzise formuliert, in mein Poesie-Album geschrieben. Der Spruch lautete: „Spare, lerne, leiste was. Dann haste, kannste, biste was." Das hat sich bei mir eindeutig dauerhaft festgesetzt, denn es fällt mir bei jeder passenden und nicht passenden Gelegenheit wieder ein, damals empfand ich es als einen recht harten Spruch und nicht ganz angemessen für ein Poesie-Album, da es das krasse Gegenteil von Poesie ist.

Hans erhält am 17. April 1939 in Berlin seinen „Bereitstellungschein", er kann jederzeit zum Wehrdienst eingezogen werden:

„ Bereitstellungsschein für Johannes L., geb. 26. September 1918: Sie haben im Falle einer Mobilmachung an Ihrem dauernden Aufenthaltsort einen besonderen Gestellungsbefehl abzuwarten. Eine Meldung als Freiwilliger ist zwecklos und daher zu unterlassen. Dieser Bereitstellungsschein ist sicher aufzubewahren und dem Wehrpass beizufügen. Sein Inhalt ist dem Dienststellenleiter oder Betriebsführer, auf Verlangen auch dem Leiter des Arbeitsamtes, oder deren Stellvertreter mitzuteilen. Bei Übersendung einer Kriegsbeorderung oder einer Wehrpass-Notiz ist dieser Bereitstellungsschein dem unterzeichneten Wehrmeldeamt (Wehrbezirkskommando) umgehend zurückzusenden. Jeden Wechsel Ihres Wohnsitzes haben Sie innerhalb 1 Woche dem für Ihren alten und neuen dauernden Aufenthaltsort zuständigen Wehrmeldeamt (Wehrbezirkskommando) unter Angabe des neuen und dauernden Aufenthaltsortes mitzuteilen. Heil Hitler!"

Der Vater Ernst nimmt sich natürlich sofort der Sache an und erstellt am 30. April 1939 ein Gesuch um Rückstellung vom Wehrdienst an das Wehrmeldeamt VI, Berlin, Woyrschstrasse 26:

„Ich bitte, meinen Sohn Johannes, geb. 26. September 1918, z. Zt. Studierender an der Hochschule Charlottenburg, bis zum Abschluss seines Studiums, vom Wehrdienst zurückzustellen. Johannes hat auf den Deutschen-Werken in Kiel Maschinenbauer gelernt und sich während dieser Zeit gleichzeitig auf die Ablegung der Reifeprüfung vorbereitet und dieselbe vor dem staatlichen Prüfungsausschuss bestanden. Anschließend studiert Johannes an der Hochschule Charlottenburg und soll nunmehr seine Ausbildung gerne, ohne Unterbrechung, erledigen. Ich erlaube mir darauf hinzuweisen, dass ich vier Kinder habe, welche noch alle unversorgt sind. Die beiden jüngeren Söhne besuchen zurzeit noch die Schule. Bei einem späteren Studium meines Sohnes Johannes habe ich dann gleichzeitig zwei oder drei Jungens in der Ausbildung, so dass ich dann die hierdurch entstehenden Kosten nicht aufbringen kann. Eine Befürwortung des Rückstellungsgesuchs durch den Herrn Rektor der technischen Hochschule Berlin liegt bei. Ich bitte um Genehmigung des Rückstellungsgesuches."

Das Rückstellungsgesuch scheint genehmigt worden zu sein, denn Hans hat seinen Stundenplan mitgeschickt.

Stundenplan Hans, Technische Hochschule Berlin:

Zeit	Montag	Dienstag	Mittwoch	Donnerstag	Freitag	Sonnabend
8-9 9-10 10-11 11-12	Mechanik mech. Technologie	Mathematik Physik	Darst. Geometrie Chemie	Masch. Zeichnen Mathematik	Mathematik Physik	Mechanik (Übungen) Volkswirtschaftslehre
2-4 4-5 5-6 6-7	Sport	Mathe. (Übung)	Dienst im A.S.V.	2-5 Masch. Zeichnen darst. Geom.	Sport	Dienst im A.S.V. (Studentenbund)

Dazu schreibt Hans, am 5. Mai 1939: „Liebe Eltern! Im Monat April habe ich im ganzen 188,40 M. bezahlt. Darin sind die Kosten für das Studentenwerk mit eingerechnet (23,80 Mark), da diese schon vorher bezahlt sein mussten.

Im Übrigen könnt ihr ruhig schlafen, ich führe über jeden Pfennig Buch. Ich kann euch doch nicht das ganze Buch schicken, dann müsste ich schon nach einer Woche Konkurs anmelden! Vater kann sich ja mal über den Stand der Dinge überzeugen, wenn er kommt. Das Schönste am Stundenplan ist der Pflichtsport, aber es ist ja sehr wichtig, dass man tüchtig laufen und springen kann.

Darf ich einen Trainingsanzug kaufen? Mich hat heute entsetzlich gefroren auf dem Sportplatz. Liebe Mutter, schicke mir bitte den roten Tonpott mit Wasserkühlung für die Butter. Mir geht es im Allgemeinen gut. Euer Hans"

Allerdings kann er sich nicht sehr lange dem Studium widmen können, denn er wird einberufen zum Landdienst.

Landdienst - Erntehilfe

Unter dem Landdienst hat man folgendes zu verstehen: „ Ein weiteres Konzept, das den studentischen Alltag betraf, war der „studentische Einsatz". Er konnte als Fabrik- oder Landdienst sowie als Ernteeinsatz in den Semesterferien zunächst freiwillig abgeleistet werden. Die Beteiligung war eher mäßig, daher wurde ab 1937 stärkerer Druck ausgeübt und im Sommer 1939 von der Reichsstudentenführung eine allgemeine ‚Erntehilfspflicht für alle Mitglieder der Deutschen Studentenschaft' proklamiert. Hiergegen gab es heftige Proteste und auch Möglichkeiten, sich dieser Anordnung zu entziehen, ohne mit Sanktionen rechnen zu müssen. Davon wurde rege Gebrauch gemacht." [19]

Im Juli 1939 geht es dann los zum Landdienst/Erntehilfe in Krummenfließ bei Flatow/Pommern. („in Uniform des NSD-Studentenbundes"). Der Landdienst dauerte insgesamt zwei Monate, vom 18. Juli - 24. August 1939. Hans, einundzwanzig Jahre alt, schreibt natürlich, kaum angekommen, sofort an seine Eltern und Geschwister mit Brief vom 20. Juli 1939, aus Krummenfließ, p.A. Herrn Dahlke, Bauer in Krummenfließ: „Liebe Eltern und Geschwister! Nun habe ich bereits den ersten Tag auf einem Bauernhof verbracht. Ich habe absichtlich nicht eher geschrieben, damit Ihr gleich meinen ersten Eindruck mitbekommt. Also: Gestern waren wir noch den ganzen Tag in Flatow, wo wir noch Vorträge des Landrats, Kreisbauernführers und Kreisleiters hörten, die sehr vernünftig waren. Es weht hier an der Grenze doch ein anderer Wind als sonst wo. Aber trotz der gespannten Lage sind die Leute hier sehr ruhig. Aber nun möchte ich erst von heute schreiben, von unserer Aufgabe hier später. Ich bin hier bei einem Bauern mit 215 Morgen Land. Es wird fast nur Roggen neben Hafer und Gerste angebaut. Mein Hof liegt circa zwei km außerhalb des Dorfes. Wir sind hier mit drei Mann im Ort und alle drei auf verschiedenen Höfen. Heute habe ich den ganzen Tag Hocken aufgestellt. Es geht immer flott weg.

Die Landschaft gefällt mir hier ganz gut. Sie ist fast wie bei uns zu Hause, nur dass die Knicks fehlen. Der höchste Hügel des ganzen Kreises (208 m) liegt auf dem Grundstück meines Bauern. Dieser Ort liegt zwanzig km nördlich von Flatow. Das Landschaftsbild ist übrigens sehr abwechslungsreich. Bei Flatow war es nämlich noch vollkommenes Flachland ohne Baum und Strauch. Hier ist sogar Wald. Aber die Höfe kann man natürlich nicht mit unseren vergleichen. Die Leute sind sonst sehr gutmütig und bestimmt nicht die schlechtesten Deutschen.

Unsere politische Aufgabe besteht darin: Nach Möglichkeit die Ruhe zu erhalten und ‚Kultur' zu bringen. Z.B. den Leuten den Nutzen der Technik für sie klarzumachen und vor allen Dingen praktischen Nationalsozialismus unter die Leute zu bringen (den sie bestimmt schon haben), Landflucht zu verhindern usw. Wir sind als Landdienst gerade in den Kreis Flatow gekommen, weil hier noch am meisten Polen frei und in natura herumlaufen (ca. zwanzig Prozent). In meinem Dorf ist kein einziger. Ebenfalls sind in diesem Dorf ausnahmsweise alle evangelisch. Die Kulturarbeit, die hier geleistet wird, ist ganz enorm. In Flatow ist eine fabelhafte Volksschule mit allem Drum und Dran. Jede Klasse hat einen Radioapparat. Jedes Dorf hat Schule und Kindergarten usw. Ich kann also heute zu dem Schlussergebnis kommen, dass mein erster Eindruck ein günstiger war.

Lieber Vater, möchtest du bitte meine Miete für August (fünfzehn Mark) etwas früher an Frau T. schicken, da sie am ersten August schon verreist ist. Ich zahle in den Ferien pro Monat fünfzehn Mark. In Berlin habe ich noch sehr viel Geld gebraucht, ich hoffe, dass ich noch auskomme. Habt ihr den Koffer schon? Der andere Weg war mir zu teuer. Schickt auf alle Fälle den Fotoapparat mit!! Nun seid herzlichst gegrüßt von Eurem Hans"

Dieser Brief von Hans, bzw. einige Äußerungen darin, verunsicherten mich beim ersten Lesen, besonders dieses: „Unsere politische Aufgabe besteht darin: Nach Möglichkeit die Ruhe zu erhalten und ‚Kultur' zu bringen. Z.B. den Leuten den Nutzen der Technik für sie klarzumachen und vor allen Dingen praktischen Nationalsozialismus unter die Leute zu bringen (den sie bestimmt schon haben),

Landflucht zu verhindern usw." „Praktischen Nationalsozialismus unter die Leute zu bringen", konnte nur bedeuten, dass er selbst ein überzeugter Nationalsozialist war, so habe ich es jedenfalls zuerst aufgefasst. Nach weiterer Lektüre sollte sich aber herausstellen, dass es nicht so gewesen ist.

Im nächsten Brief, vom 31. Juli 1939, berichtet Hans von den Anstrengungen des Erntedienstes: „Liebe Eltern und Geschwister! Ich hatte gestern schon die Absicht, euch zu schreiben, aber die Ernte geht ja vor. Mein Bauer hat Sonnabend seinen letzten Roggen eingefahren, Gott sei Dank! Und gestern haben wir noch für einen anderen Bauern Roggen gemäht und die Garben aufgesetzt, bei brütender Hitze.

Ich bin heilfroh, dass der Roggen nun drin ist. Die ganze letzte Woche hat das Einfahren gedauert. Welch' ein Genuss! Von morgens um sechs Uhr bis abends um acht Uhr wird geschuftet. Das Leben besteht hier aus Essen, schlafen und schuften, schuften und nochmals schuften. Das Mittagessen schmeckt meistens so, dass es mir ungefähr jedes Mal wieder aus dem Gesicht fallen möchte. Aber jeden Abend nehme ich mein Bad in einem kleinen Stauteich in der Nähe des Hofes.

Habt ihr mein Paket schon bekommen? Den Hut lasst bitte neu aufbügeln in Kiel. Es ließ sich leider nicht anders machen mit dem Ding, da wir in Uniform von Berlin abfuhren und ich den Hut in den Koffer packen musste. Im Mantel hatte ich versehentlich etwas Butter gelassen. Sporthemden braucht ihr nicht zurück zu schicken. Das Paket von euch habe ich noch nicht erhalten. Wenn ihr den Fotoapparat schickt, stopft ihn bitte innen mit Papier aus. Übrigens erwarte ich ihn sehnlichst. Für das Gewehr habe ich keinen Pfennig bezahlt. Ich habe es von einem Kameraden im A.S.V. (=Akademischer Segler Verein) für meinen kleinen Bruder geschenkt bekommen. Ist es möglich, lieber Vater, dass du mir zwanzig Mark schickst? Ich habe nämlich nichts mehr. Ein Paar Schuhe werde ich mir noch kaufen müssen. Das Schuhzeug schleißt hier entsetzlich. In den schwarzen Schuhen habe ich mir schon die Füße kaputt gelaufen. Zurzeit gehe ich in Turnschuhen und Turnhose. Es ist jetzt wieder sehr warm. In der letzten Woche war es dagegen geradezu kalt.

Und wie geht es sonst geschäftlich? Gesundheitlich ist wohl alles in Ordnung, bei mir auch. Nun muss ich schnell Schluss machen, denn die kurze Mittagspause ist zu Ende und es geht wieder aufs Feld. Der Hafer ist gemäht und aufgestellt worden. Gott sei Dank, dass der Bauer einen Selbstbinder hat. Sonst wäre mir schon längst schlecht geworden. Und nun grüßt euch recht herzlich Euer Hans"

Im dritten Brief aus Krummenfließ, vom 06. August 1939, schildert Hans ein paar Details aus dem Landleben: „Liebe Eltern und Geschwister! Recht vielen Dank für das Geld, den Brief und die Karte. Dienstag oder Mittwoch fahre ich nach Flatow und kaufe mir ein Paar Schuhe. Also, diese Woche war sehr viel ruhiger als die vorletzte. Wir haben Hafer gemäht und etwas Roggen gedroschen. Mein Bauer hat einen Selbstbinder, einen Trecker und drei Pferde. Mit dem Trecker macht er natürlich alles. Ich fahre auch ab und zu mal. Gott sei Dank, dass mir ein Motorrad zur Verfügung steht, bei diesen Entfernungen hier. Ich sitze hier auf einem Einzelhof, eine halbe Stunde vom Dorf entfernt. Jetzt kann ich mich aber doch grün ärgern, dass mein Rad nicht in Ordnung ist. Hier ist es unentbehrlich. Man merkt auch sonst, dass man weit weg von Deutschland ist. Die Leute sind ziemlich primitiv und ohne Zweifel an der Weltordnung. Einige ganz verstockte sind aber sehr leicht zu bekehren. Im Übrigen besteht meine ‚Kulturarbeit‘ darin, dass ich mich alle vierzehn Tage rasiere.

Lieber Vater, muss ich die Ausgaben, die ich hier habe, auch anschreiben? Ich habe es bis jetzt noch nicht getan, da ich so gut wie keine habe. Es kommt höchstens mal vor, dass ich mir ab und zu mal einen neuen Kamm kaufen muss, und dass ich mich Sonnabend oder Sonntagabend mal mit meinen Kameraden treffe und ein Glas Bier trinke, um nicht vollkommen zu verblöden. An das Essen gewöhnt man sich. Die Frauen können hier wohl arbeiten, aber nicht kochen. Dafür schmiert man sich dann eben die Wurst und Butter fingerdick auf (wörtlich).Ihr seht also, dass es mir nicht schlecht geht. Ich möchte jetzt Schluss machen, da ich an Herta und Herbert (Schwester und deren Freund) noch einige Zeilen schreiben will. Herzliche Grüße Euer Hans"

Am 7. August 1939 schreibt Hans seinen vierten Brief und äußert seinen Unmut über ein unsinniges Schreiben der Studentenführung: „Soeben erhielt ich euren Brief, liebe Eltern, und will ihn gleich beantworten. Das Schreiben von der Studentenführung hatte ich eigentlich schon erwartet, denn meine Kameraden haben denselben Quatsch bereits in Berlin bekommen. Den armen Irren in der Studentenführung ist eben nicht zu helfen. Zur Aushebung komme ich wahrscheinlich nachher bei euch. In Berlin bin ich abgemeldet zum Landdienst. Sonst ist mir nichts bekannt. Um mich braucht ihr euch keine Sorgen zu machen. Die Arbeit ist wohl schwer, aber doch gesund. Braun genug bin ich auch. Vom Baden in der Ostsee wird es in diesem Jahre wohl nichts mehr. Schreibt mir doch bitte immer so, dass ich am Sonnabend euren Brief habe, da wir uns sonst immer vorbeischreiben (Dauer: drei Tage, nicht zwei). Ich glaube, dass ich nun alles berichtet habe. Mit den Leuten stehe ich mich hier übrigens ausgezeichnet. Auch in diesem Punkt könnt ihr ruhig schlafen. Seid nochmals herzlich gegrüßt, von euerm Hans"

Die „armen Irren" von der Studentenführung hatten ein Schreiben an Hans geschickt, folgenden Inhaltes: „Betr.: Exmatrikulation. Sie haben bisher dem Aufruf zur Erntehilfe der Deutschen Studentenschaft nicht Folge geleistet. Wir nehmen an, dass Sie sich am 1. August 1939 bzw. am 1. November 1939 exmatrikulieren lassen wollen und werden daher Ihre Exmatrikulation vorbereiten. Falls dies nicht zutrifft, ist vorliegendes Schreiben als letzte Aufforderung zur Meldung zu betrachten. Sie haben sich umgehend auf der Studentenführung der Technischen Hochschule Berlin zum Ausfüllen der Meldekarte einzufinden (spätestens Freitag den 14. Juli 39, vierzehn Uhr). Der Rektor der T.H. Berlin, Der Studentenführer."

Darauf antwortet Ernst, der Vater von Hans, am 4. August 1939: „An die Studentenführung der Technischen Hochschule Berlin, Betr. Exmatrikulation. An die Adresse meines Sohnes Johannes erhielt ich ein Schreiben betr. Meldung zur Erntehilfe, welches ich an meinen Sohn weiter gereicht habe. Da Johannes gleich von dort zur Erntehilfe gekommen ist, liegt hier ein Irrtum Ihrerseits vor. Die Adresse meines Sohnes ist: Johannes L., p.a. Herrn Dahlke, Bauer in Krummenfließ, bei Flatow, Pommern."

Dann der fünfte Brief, vom 12. August 1939, aus Krummenfließ. Geld ist wie immer Thema, aber auch die Ernte: „Liebe Eltern und Geschwister! Recht vielen Dank für das Paket und den Inhalt. Als ich den Brief von Ernst und Jochen bekam, traute ich meinen Augen kaum, dass Herta (Anm.: seine vierundzwanzigjährige Schwester) jetzt schon heiraten will. Wie und wann ich nach Hause komme, weiß ich noch nicht, aber zur rechten Zeit jedenfalls. Am Montag muss ich sowieso nach Flatow und dann werde ich gleich beim Studenteneinsatzreferat vorsprechen. Mittwoch war ich in Flatow und habe mir ein Paar schwarze Halbschuhe gekauft (dreizehn Mark siebzig) Ihr habt wohl auch nichts dagegen, wenn ich euch sage, dass ich mir bei der Gelegenheit gleich mal wieder einen vernünftigen, kultivierten Nachmittag gemacht habe. Ich habe jetzt noch zehn Mark, da ich zwei Mark und zehn für die Zahnarztrechnung bezahlen musste. Montag muss ich nun nach Flatow zum Arzt, da ich auf dem Arm eine Flechte bekommen habe. Vor einigen Tagen bemerkte ich einen winzigen Pickel und habe mir nichts dabei gedacht; jetzt sehe ich aber, dass es eine Flechte wird, bzw. ist. Diese Schweinerei hat mir gerade noch gefehlt.

An das Essen, lieber Vater, gewöhnt man sich. Als ich las, dass ich man in einer Wirtschaft essen sollte, musste ich aber doch lachen. Du hast doch noch ziemlich rosige Vorstellungen von den Verhältnissen hier. In den Wirtschaften kann man außer Schnaps höchstens mal ein Glas Bier bekommen; aber höhere Ansprüche darf man auf keinen Fall stellen. Außerdem wäre es mir praktisch ganz unmöglich, da ich mich mit dem Bauern sehr gut stehe und die Leute es hier auch bestimmt gut meinen. Augenblicklich regnet es gerade. Das kann dem Land auch nicht schaden, denn bis jetzt hatten wir immer das herrlichste Erntewetter. Es sind jetzt noch circa zehn Fuhren Hafer draußen, dann haben wir alles drin. Die Ernte hier ist ausgezeichnet und soll noch besser sein als im vorigen Jahre! Ich muss euch natürlich immer etwas von der Ernte schreiben, da sie hier das einzige Gesprächsthema ist. Sonst - ‚gah mi los mit de Landwirtschaft!' Nun seid herzlichst gegrüßt von euerm Hans"

Eine dringliche Bitte wird geäußert auf einer Postkarte vom 16. August 1939, Hans benötigt natürlich weiteres Geld: „Lieber Vater! Ich will mich nicht erst lange bei der Vorrede aufhalten, ich brauche noch etwas Geld. Du wirst sicher schelten, wenn du diese Zeilen liest und denken, dass ich leichtsinnig gelebt habe, aber dem ist nicht so. Ich habe wirklich gespart und nur das Notwendigste ausgegeben. Gestern habe ich in Flatow gegessen und war beim Arzt. Er hat mir eine Salbe gegen die Flechte gegeben. Außerdem ist hier so ein bisschen was los gewesen, und wenn wir Studenten daran teilnehmen, kostet es ja auch etwas. Na, kurz und gut: kannst du mir noch zehn Mark schicken? Ich möchte ja auch nicht ganz ohne Geld auf die Reise gehen. Die Heimfahrt an sich kostet nichts. Ich bekomme eine Karte bis nach Kiel.

Heute habe ich zum ersten Mal einen ganz freien Tag, weil es in Strömen gießt! Herzliche Grüße an alle, Hans"

Der nächste Brief berichtet von einer örtlichen Veränderung und von Hans „Begeisterung" über das Leben als „studentischer Arbeitsesel". Er schreibt am 18. August 1939 aus Friedrichshof: „Liebe Eltern und Geschwister! Ja, Ihr staunt, was? Ich sitze jetzt in Friedrichshof bei Stargard in Pommern. Es ist doch erstaunlich, was man mit uns Student. Landarbeitern so im Handumdrehen macht. Gestern noch in Polen, heute schon wieder im Herzen Deutschlands.

Ja, das ist doch wirklich eine tolle Sache: Mittwochabend bekamen wir Bescheid, dass wir am Donnerstag, um zwölf Uhr in Flatow auf dem Bahnhof sein sollten. Wohin es gehen sollte, wusste kein Mensch. Schließlich erfuhren wir dann, was wir auch alle geahnt hatten: Neuer Einsatz.‚Der deutsche Student ist stets zum Einsatz bereit und lässt sich immer frei und willig als Arbeitsesel behandeln.' So lautet denn auch unsere Parole: Es wird weiter geerntet! -

Von meinem Bauern in Krummenfließ habe ich einen denkbar herzlichen und tränenreichen Abschied genommen (letzterer war nur einseitig). Für die Arbeit habe ich fünfzehn Mark bekommen. Das Meiste, was ich von anderen gehört habe, was sie bekommen haben, waren fünf Mark und zehn Mark sonst nichts. Ihr seht also, dass ich wieder einmal das große Los gezogen habe. Schickt mit bitte sofort 30 Mark telegraphisch! Damit ich Mittwoch, den 23. August fahren kann. Wo diese Idioten vom Kreiseinsatzreferat jetzt stecken, weiß kein Mensch. Dass ich meine Freikarte nach Hause bekomme, halte ich also für so gut wie ausgeschlossen. Aber dass ich Mittwoch fahre steht fest, da hält mich der ganze NS Studentenbund nicht vor zurück. Von unserer Begeisterung von der Erntehilfe könnt Ihr euch wohl ein lebhaftes Bild machen. Eindrücke können uns nicht mehr beeindrucken! Es grüßt euch recht herzlich, Euer studentischer Landarbeiter Hans"

Der Landdienst-Einsatz endet dann am 23. August 1939. Hans ist also knapp dem Krisengebiet entkommen, denn am 1. September 1939 überfällt Hitler Polen. Damit beginnt der Zweite Weltkrieg, der vom 1. September 1939 bis zum 8. Mai 1945 für Zerstörung, Gewalt und Elend sorgen wird.

Berlin - 1939

Im September 1939 kann Hans nach Berlin fahren und tatsächlich sein Studium wieder aufnehmen. Am 16. September 1939 schreibt Hans einen Brief aus Berlin: „Liebe Eltern und Geschwister! Nun muss ich euch wohl doch erst einmal Nachricht geben, dass ich in Berlin gut angekommen bin und auch schon einige Tage hier bin. Allerdings ärgere ich mich, dass ich jetzt hier bin, denn vor dem 1. Oktober fängt hier keine Vorlesung an. Hoffentlich habt ihr meine Zeichnungen schon abgeschickt, damit ich jedenfalls mit den Sachen weiterkomme. Lieber Vater, kannst du mir für diesen Monat noch etwas Geld schicken? Ich habe nämlich einen Teil des Semestergeldes schon bezahlen müssen (fünfundzwanzig Mark Wohlfahrtsgebühren). Sind meine Bilder vom Landdienst direkt aus Flatow gekommen oder vom Bauern aus Krummenfließ? So, nun will ich Schluss mache. Es grüßt euch herzlich euer Hans"

Am 18. September 1939 schreibt Ernst L. an das Wehrbezirks-kommando, Eutin: „Musterungs-Aufforderung für Johannes L. Anliegend reiche ich eine an meinen Sohn Johannes gerichtete Musterungs-Aufforderung vom 15. des Monats zurück und benachrichtige Sie, dass Johannes inzwischen nach Berlin zurück gefahren ist, da der Unterricht an der Hochschule vorverlegt ist."

Am 24. September 1939 meldet sich Hans wieder aus Berlin und macht seinem Vater unmissverständlich klar, dass „er nicht nur wegen des Geldes" nach Hause schreibt. Außerdem erwähnt er den „Feldzug in Polen", von dem der Bevölkerung vermittelt wurde, dass er „ein phantastisches Ergebnis" zeigen würde: „Liebe Eltern und Geschwister! Um gleich auf deinen letzten Brief zu kommen, lieber Vater, muss ich dir sagen, dass ich in einer Stimmung war, als ich ihn gelesen hatte, die man bestimmt nicht als ‚freudig überrascht' bezeichnen kann. Überrascht schon, aber nicht freudig.

Wie du auf den Gedanken kommst, dass ich nur wegen des Geldes geschrieben habe, ist mir nicht ganz klar. Sonst verlangst du von mir, dass ich mindestens alle acht Tage schreiben soll, und nun, wo schon eine Zeit nach meiner Ankunft verstrichen war, als ich euch schrieb, glaubst du, ich hätte nur wegen des Geldes geschrieben. Nee, lieber Vater, das stimmt nicht! Denn dass ich die Wohlfahrtsgebühren jetzt schon bezahlen musste, habe ich doch vorher nicht gewusst. Aber dass ich euch das gleich im ersten Brief schreiben musste, ist doch nur ein unglücklicher Zufall, worüber ich an dieser Stelle mein tiefstes Bedauern ausspreche. Das beginnende Semester ist ein ganz normales. Mit der Ausnahme, dass es früher angefangen hat also auch früher zu Ende ist. Weihnachten ist Schluss und anschließend kommt gleich das nächste Semester. Mitte Januar, nehme ich an, aber bekannt ist darüber noch nichts. Das Ganze würden dann nicht zwei sondern drei Semester im Jahr ergeben.

Vorgestern habe ich meinen Wehrpass zurück bekommen. Bei der Polizei habe ich mich natürlich sofort umgemeldet. Soeben erhalte ich meine Lebensmittelkarten. Das ist ja ein ganzer Arm voll Papier. Jetzt kann man in der Mensa sicher auch nur noch auf Karte essen. Aber im Großen und Ganzen ist diese Regelung ja sehr übersichtlich. Was ich nicht brauche, gebe ich Herta. Ich bin hier bei Frau T. wieder gut untergekommen. (Zimmer sind jetzt in Berlin frei wie noch nie.) Ihre Kinder sind noch kurz vor Toresschluss aus Frankreich zurückgekehrt. Der Feldzug in Polen zeigt ja jetzt ein phantastisches Ergebnis. (Anm.: Das wurde natürlich so dargestellt, von den Nationalsozialisten). Für Oktober schickt doch bitte hundertvierzig Mark, da ich zwei Hosen und eine Jacke reinigen lassen muss. Entschuldigt bitte, dass ich auch in diesem Brief wieder von Geld schreiben muss, aber ich kann Tatsachen doch nicht einfach umgehen, und Geld pumpen kommt doch gar nicht in Frage. So, liebe Eltern, nun habe ich euch, glaube ich, alles geschrieben, was ich weiß und nicht weiß. Herzlichen Gruß, Euer Hans"

Hans hat am 26. September 1939 Geburtstag, er wird einundzwanzig Jahre alt. Seine Eltern hatten ihm ein Paket nach Berlin geschickt, dafür bedankt er sich in seinem Brief vom 28. September 1939. Kuchen und Bohnenkaffee sind die herausragenden Geschenke, über die er sich sehr freut. Ein Schlips als Geschenk kommt dagegen nicht so gut an: „Liebe Eltern und Geschwister! Aber besonders dir, liebe Mutter, danke ich recht herzlich, wie du an meinen Geburtstag gedacht hast. Ich muss schon sagen, dass das Paket meine kühnsten Erwartungen weit übertroffen hat. Das hätte doch nun wirklich nicht nötig getan, dass du mir extra deswegen einen Kuchen gebacken hast. Aber geschmeckt hat er jedenfalls prima. Gefeiert haben wir in meinem Salon. Denn ihr wisst ja, dass ich es von je her gewohnt war, meinen Geburtstag auch in meinem Zuhause zu feiern. Es war jedenfalls sehr schön. Das Paket bekam ich, als ich am 26. abends von der Hochschule kam, und ebenfalls das Geld von Vater, für das ich mich auch gleich an dieser Stelle recht vielmals bedanken möchte. Den Kaffee wollte ich Herta schon geben, aber da sie mir gerade erzählte, dass sie selbst eine große Tüte voll erwischt hätte, habe ich lieber den Mund gehalten. Denn ich glaube, nach diesem schwarzen Abwaschwasser, das ich morgens immer trinke, wird mir Sonntag auch mal eine gute Tasse Kaffee schmecken. Hier gibt es nämlich überhaupt keinen Bohnenkaffee mehr.

Schlipse - werden demnächst bei mir versteigert, aber nur gegen Bezugsschein. Jedenfalls sind beide sehr hübsch. Auch von Herta habe ich einen dunkelblauen bekommen. Für eure Pralinen, lieber Ernst und Jochen, ebenfalls meinen herzlichsten Dank. Sie haben mir sehr gut geschmeckt.

Auf der Hochschule geht alles seinen gewohnten Gang. Es ist nur verhältnismäßig leer jetzt. Ich habe jetzt sehr viel zu zeichnen. Mit der Zeichnung vom Ersten Semester bin ich jetzt fertig und Montag fange ich meinen ersten Linienriss an. Es ist eine Hafenbarkasse. Und in der nächsten Woche werde ich mir auch meine erste Übungsaufgabe für Maschinenelemente holen. Es wird wahrscheinlich eine Schraubwinde oder etwas ähnliches sein. Jedenfalls werde ich mich in diesem Semester ziemlich ranhalten müssen, da wir in diesem Sem. die meisten Vorlesungen und Übungen haben.

Welches U-Boot hat die ‚Courageous' eigentlich torpediert? Es ist ja ein Skandal, dass es gerade der letzte Torpedo war, aber ich nehme an, dass sie mindestens zwei Torpedos bekommen hat. Fliegeralarm habt ihr gestern auch gehabt, ja? D.h. wir hier nicht, im Gegenteil: Hier in Charlottenburg ist die Verdunkelung auf den Straßen zum Teil erleichtert, d.h. die Laternen brennen in beschränktem Umfang. Von Verkehr ist hier überhaupt nicht mehr die Rede. Werden bei euch auch alle Reifen beschlagnahmt? So, liebe Eltern, im Augenblick weiß ich ja eigentlich nichts Rechtes mehr. Eine unwichtige Kleinigkeit: ‚Stud.ing.' wird so geschrieben, es ist richtig. Nun nochmals recht vielen, vielen Dank für euer großes Geburtstagsgeschenk. Euer Hans. Nachsatz: Ab Mitte Oktober werden die Preise für Textilwaren sämtlich um 50% erhöht!! Also - 'Von nun an ist mir mein Wort Gesetz!' Die Prägung stammt von mir, und ist auch (dem Sinn nach) glaube ich richtig."

Nach wie vor besucht Hans seine Vorlesungen, lebt das eingeschränkte Studentenleben in Berlin. Seine Eltern, sowie eine Tante, schicken ihm Lebensmittelpakete. Dieser Antwortbrief datiert vom 16. Oktober 1939: „Liebe Eltern und Brüder! Heute Morgen erhielt ich euren Brief und habe ihn eben erst gelesen. Also, die Birnen im Paket waren noch nicht weich und haben gut geschmeckt. Von Tante

Gertrud erhielt ich Freitag ein Paket. Inhalt: Ca. ein Pfund Speckschmalz, ein Glas Marmelade, etwas Butter und noch einiges. Ich habe mich sehr dazu gefreut. Mit dem Brotaufstrich habe ich keine Not. Statt Butter schmiere ich natürlich Margarine und abends Schmalz. Die Butter schmiere ich mir zweimal in der Woche gut auf, dann habe ich doch jedenfalls den Genuss, zweimal in der Woche fürstlich zu frühstücken. Mit meinem Brot ist es allerdings etwas knapp. Mein Bäcker hat mir in der letzten Woche 500g zusätzlich gegeben, und heute 200g. Ich wäre euch sehr dankbar, wenn ihr mir mal ein Vollkorn schicktet. Könnt ihr das möglich machen? Peter (Cousin) muss es ja sehr schlecht gehen. Seine Eltern schicken ihm die Würste ja meterweise. Von solchen Gaben bitte ich auf jeden Fall abzusehen.

Ich habe jetzt einen Linienriss von einer Hafenbarkasse zu machen, den ich so schnell wie möglich fertig haben will. In ‚Maschinenelementen' habe ich als erste Aufgabe eine Lochstanze zu konstruieren, nach Foto. Denn wenn ich schon eingezogen werde, will ich doch noch möglichst viel fertig bekommen. So, nun schimpft bitte nicht und bedenkt, dass ich nicht nur immer Briefe schreiben kann. Ich schreibe euch genauso viel, wie ihr mir. Herzliche Grüße, Euer Hans"

Die Lebensmittelversorgung in der Großstadt Berlin ist dann gleich zu Beginn des Krieges schwierig und erfolgt über Lebensmittel-Marken. Das nächste Paket enthält dann wieder wichtige Lebensmittel, wie man Hans Antwort-Brief von 26. Oktober 1939 entnehmen kann: „Liebe Eltern und Brüder! Für euer großes und reichhaltiges Paket meinen herzlichsten Dank. Das Schwarzbrot und das Stück Speck erkenne ich als lebensnotwendig an (ebenfalls die Eier), aber das andere ist wirklich Luxus. Die Heringe und das Korinthenbrot schmecken ja sehr gut, aber es wäre doch besser, wenn ihr diese Dinge für euch behaltet. Mir geht es hier wirklich nicht schlecht. Ich habe fast jede Woche Fleischmarken über, so dass Herbert und Herta ein gutes Mittagessen davon haben. Außerdem bekommen sie noch meinen Käse und hin und wieder auch andere Lebensmittel. Also schickt bitte keine Luxusartikel.

Aber nun zu meinem großartigen Paket, dass ich aus Krummen-fließ bekommen habe. Ihr habt sicher schon von Herbert und Herta davon gehört? Es ist doch wirklich sehr nett von Frau Dahlke mir eine ganze Ente und ein großes Quantum Butter zu schicken. Geschmeckt hat die Ente prima. Herta hatte nur stellenweise etwas reichlich Salz aufgeschüttet. Lieber Vater, wie geht es denn geschäftlich? Ich wäre dir auch mal für Einzelheiten sehr dankbar. Wenn du nämlich nur schreibst, dass es gut oder vielleicht weniger gut geht, dann lässt es sich nicht vermeiden, dass man mehr oder weniger darüber hinweg-liest. Das ist eine psychologische Tatsache. Und es besteht sehr leicht die Möglichkeit, dass eine gewisse Gleichgültigkeit eintritt. Wenn du dagegen Einzelheiten bringst, ist sofort das Interesse wachgerufen. Na, und so ganz uninteressiert bin ich ja auch nicht. In der nächsten Woche schicke ich wieder etwas zum Waschen. Die Schlipse, die ich mitschickte, sind von mir aus dem Verkehr gezogen und stehen zur besonderen Verfügung (lies: Ernst). Wie ihr seht, muss ich jetzt Schluss machen (die Seite ist zu Ende). Herzliche Grüße Hans"

Hans schreibt noch eine Karte am 23. November 1939 von Berlin nach Hause, in der er schon die Vermutung äußert, er könnte bald eingezogen werden: „Liebe Eltern und Brüder! Bevor wir den ersten Dezember haben, muss ich euch nun doch noch schnell einmal schreiben. Erst einmal recht vielen Dank für das liebe Paket, liebe Mutter. Ich erhielt es Dienstagnachmittag. Das Korinthenbrot war natürlich schon sehr trocken. Aber schickt bitte kein Brot wieder. Schwarzbrot habe ich jetzt leicht genug, weil ich morgens eine Sem-mel weniger nehme und das Korinthenbrot beendet vorzeitig meine Butterration. Aber wenn ihr mal ein paar Sprotten schicken würdet.

Nach Krummenfließ hatte ich in weiser Voraussicht bereits ge-schrieben, ob sie Gänse oder Enten an uns verkaufen können. Schickt mal ein Paket mit Sprotten und einem Gruß von mir an Familie Dahl-ke.

Heute Morgen erhielt ich Peters Gestellungsbefehl. Ich komme nun gerade vom WBK (=Wehrbereichskommando) und habe die Sa-che richtig gestellt. Meine Anschrift war irrtümlich auf Peters Stammkarte. Wahrscheinlich bei meinem Umzug von der Polizei versiebt. Er soll sich am 2. Dezember in Berlin-Nedlitz bei der leichten Artillerie stellen. Vielleicht holt man mich auch noch. Es werden jetzt wieder viele eingezogen. Na, wenn schon, dann auf zu Preußens! Gruß, Hans"

Kapitel 6 - Einberufung zum Heeresdienst

Am 15. September 1939 hatte Hans bereits die Musterungs-Aufforderung vom Wehrbezirks-Kommando, Eutin, bekommen. Er kann sich dennoch drei Monate lang in Berlin seinem Studium an der Technischen Hochschule widmen. Dann allerdings, am 1. Dezember 1939 erhält er seine Einberufung zum Heeresdienst Infanterie Nachrichten Ers. Komp. 257, Landsberg/Warthe (Ausbildung). Die Wehrdienst- Ausbildung erfolgte vom 1. Dezember 1939 bis 20. Mai 1940 in Landsberg und in Schwiebus.

Hans schreibt aus Landsberg am 3. Dezember 1939 nach Hause und berichtet von seiner, noch nicht begonnenen, Wehrdienst-Ausbildung: „Heute bin ich jetzt schon bald drei Tage bei den Preußen. Aber bis jetzt führen wir noch ein geruhsames Bürgerleben. Die Uniform gibt es morgen und damit geht dann auch die Schleiferei los. Wie ihr wisst, bin ich zur Nachrichtenkompanie gekommen, aber begeistert bin ich von diesem Verein hier nicht. Ich wäre viel lieber zur Marine gegangen. An sich kann ich eigentlich noch gar kein Urteil abgeben, da wir überhaupt noch keinen Dienst gemacht haben, aber mit dem Arbeitsdienst lässt es sich bestimmt nicht vergleichen. Hier bei den Nachrichten sind es zum großen Teil Akademiker und Kaufleute. Diese Zusammensetzung ist ein großer Vorteil, weil man sich untereinander besser versteht. Dem Alter nach sind wir ziemlich zusammengewürfelt: Von Jahrgang 1901 - 1921 ist alles vertreten. Ob ich bei diesem Regiment (257) bleibe, weiß ich noch nicht, weil es nur ein Ausbildungsregiment ist. Jedenfalls werden wir acht Wochen lang ausgebildet und müssen dann felddienstverwendungsfähig sein.

Von Berlin fuhren wir in einem Regen hierher. Zum Glück sind wir in neue Kasernen gekommen und die Nachrichten Kompanie bekommt natürlich auch da noch wieder eine Extrawurst und bewohnt das eigentliche Stabsgebäude außerhalb des Kasernenkomplexes. Meine Adresse lautet: Soldat Hans L., Infanterie Nachrichten Kompanie, Infanterie Ersatz Regiment 257, Landsberg/Warthe. Briefe oder Karten an mich könnt ihr als ‚Feldpost', also unfrankiert schicken. Pakete allerdings nicht. Weihnachten komme ich wahrscheinlich nach Hause. Nun seid herzlichst gegrüßt von euerm Hans"

In seinem Brief vom 7. Dezember 1939 erzählt Hans noch von einem geruhsamen Leben in der Kaserne: „Liebe Eltern und Geschwister! Wir führen hier ein Leben wie, - na, ich weiß gar kein passendes Beispiel dafür. Jedenfalls so, wie man es sich bei den Preußen nur wünschen kann. Nur Kaffee ans Bett gibt es noch nicht.

Bis jetzt geht es uns jedenfalls noch sehr gut, und mit unseren Vorgesetzten sind wir auch ganz zufrieden. Heute Morgen waren wir zum ersten Mal im Gelände. Es war ja nicht gerade warm, aber sonst gefiel es ganz gut. Ich hoffe, dass ich mich zum Funker eigne. Dann habe ich nämlich das bequemste Leben. Bis Dienstag war ein Regierungsrat vom Heer hier und hat uns drei Tage lang psychologisch geprüft. Ich habe ihm gesagt, dass ich gerne zur Marine wollte, aber es besteht keine Aussicht, jetzt von der Infanterie weg zu kommen.

Na, das ist ja auch nicht so schlimm, wir machen nach drei bis vier Wochen nur noch sehr wenig Infanteriedienst. Die Hauptsache ist und bleibt die technische Ausbildung.

Wie ich bereits sagte, möchte ich gerne Funker werden, aber dazu muss man etwas Musikgehör haben. Musikalische Menschen eignen sich am besten. Dass es mir hier sonst nicht schlecht gefällt, beruht zum großen Teil darauf, wie ich bereits schrieb, dass wir hier fast alles Leute sind, die sich untereinander verstehen. Die Verpflegung ist auch nicht schlecht. Zwei bis dreimal in der Woche gibt es abends warmes Essen. Ich war gestern den ganzen Morgen in der Stadt. Wir haben da mal ganz nobel Kaffee (bzw. sehr gute Schokolade) und Kuchen gegessen. Ich hoffe, nun auch bald einmal etwas von euch zu hören. Seid herzlichst gegrüßt von euerm Hans"

Das Essen ist nach wie vor ein wichtiges Thema, das auch wieder in seinem Brief vom 12. Dezember 1939 aus Landsberg, zur Sprache kommt: „Liebe Eltern und Brüder! Mir geht es bis jetzt gut. Heute Morgen hatten wir einen Ausmarsch mit Gewehr und Stahlhelm. Diese Ausmärsche werden wohl des Öfteren steigen, aber jetzt Sonnabend sind wir schon mit der infanteristischen Grundausbildung fertig und dann wird sich auf die technische Seite geworfen. Bis Sonnabend sollen wir auch das Morsealphabet können und dann wird entschieden, wer Funker und wer Fernsprecher wird.

Gestern ist bekannt gegeben worden, dass Rekruten keinen Weihnachtsurlaub bekommen. Wenn ihr ein Paket schicken wollt, dann könnt ihr es doch auch so schicken, dass es Weihnachten hier ist. Und dann habe ich noch eine Bitte: Schickt mir doch bitte etwas zum Lesen. Wenn ich in Berlin keine Futterpakete wünschte, so ist es nicht auf Landsberg auszudehnen. Wenn ihr es möglich machen könnt, so schickt doch bitte mal etwas zum Aufschmieren. Es ist eigentlich nicht, weil wir nicht genug bekommen, aber man hat manchmal mehr Hunger als Aufschnitt. Brot gibt es so viel, wie wir haben wollen. Also schickt bitte kein Brot, weil ich dann überhaupt nicht mit der Butter auskomme. Wenn ihr mal etwas Zucker über habt, dann findet ihr in mir einen Abnehmer. Zucker entbehrt man tatsächlich. Ich merke es daran, dass ich jetzt öfter direkt Hunger auf Süßigkeiten habe, und grüßt euch einstweilen bis zum nächsten Brief, Euer Hans"

Am 14. Januar 1940 schreibt Hans einen Brief aus Landsberg, er ist überzeugt, dass er sein Studium an der TH fortsetzen kann: „Vorgestern erhielt ich euer Paket. Recht vielen Dank für die Äpfel und Schuhe. Die Äpfel waren leider alle gefroren und sind jetzt weich wie Bratäpfel. Ihr müsst nämlich wissen, es ist hier entsetzlich kalt. Wir haben die ganze Woche immer minus 22° bis -27° gehabt. Wenn man dann bei der Kälte noch Leitungen legen muss, reicht es einem aber doch allmählich. Wenn du nach Berlin fährst, dann lasse mich bitte bei der TH beurlauben. Sonst mache es bitte von dort schriftlich, indem du mein Belegbuch und Ausweis an die Hochschule schickst. Schreibe bitte, dass ich seit 1. Dezember eingezogen bin. Die Hochschule möchte mich bitte bis auf weiteres beurlauben.

Wenn ihr es möglich machen könnt, schickt mir doch bitte mal eine Kiste Sprotten. Und du, lieber Ernst oder Jochen, könnt ihr mir mal einen großen Gefallen tun. Geht mal öfter zum Bahnhof und kauft vier oder fünf Schachteln ‚Brasil-Zigarillos'. Die gibt es nur am Bahnhof und kosten pro Schachtel eine Mark zwanzig. Den Rest des

Geldes teilt euch. Ich verkaufe die Zigarillos hier wieder. Sie haben hier begeisterte Liebhaber gefunden. Nun herzliche Grüße und denkt an die TH. Euer Hans"

In Landsberg herrschen im Januar 1940 Tiefst-Temperaturen, wie Hans im Brief vom 21. Januar 1940 beschreibt: „Liebe Eltern und Geschwister! Für euren Brief recht vielen Dank. Er war diesmal ja sehr inhaltsreich. Dass die Kohlen so knapp sind, hat hier nicht einmal einer geahnt. Wie ist es denn bei euch damit bestellt? Aber mit der Kälte ist es hier inzwischen auch nicht anders geworden. Jeden Tag ca. 20° minus. Das linke Ohr ist mir dabei inzwischen schon zu Gefrierfleisch geworden. D.h. nun taut es schon langsam wieder auf. Das sind so die bitteren Pillen, die einem das Soldatenleben versüßen. Aber sonst geht es mir gut. Liebe Mutter, kannst du mir vielleicht mal ein paar Lappen mitschicken, zum Gewehr reinigen. Einer davon muss ca. 30 x 30 cm groß sein und als Fußlappen benutzt werden können (ich habe nämlich einen verloren). Also einer aus etwas dickerem Stoff. Nun muss ich mich verabschieden, weil ich heute in der Stadt mal schön Abendbrot essen will. Es grüßt euch alle recht herzlich, euer Hans"

Am 28. Januar 1940 berichtet er, dass er inzwischen als Funker eingesetzt wird und stellt außerdem fest, dass es „Bürokratismus" gibt: „Liebe Eltern und Geschwister! Es vergeht ein Tag wie der andere, wenn der Dienst auch sehr interessant ist. Es ist doch am schönsten Funker zu sein. An die langweilige Strippenzieherei mag ich gar nicht denken. Dass ich endgültig Funker geworden bin, hatte ich, glaube ich, gar nicht geschrieben.

Wenn der vierzig-Pfund Kasten auch manchmal gewaltig drückt, so ist die Funkerei immerhin noch ein sehr interessanter Dienst. Eine Infanteriebesichtigung habe ich schon als Funker mitgemacht. Mit einem Kameraden wurde ich einer Infanterie-Kompanie zugeteilt. Per Funk werden alle Befehle vom Oberkommando vermittelt. Wenn man nicht so sehr viel laufen muss dabei, macht es Spaß. Und das Wichtigste für den Kompanie Chef: Den Funker in Ruhe lassen. Also Anschnauzer und ähnliche Scherze darf ich mir energisch verbitten. Der Funker ist eben der Narr der Abteilung.

Vorgestern kam ein Gefreiter von der Front zurück. Er war entlassen, weil er Staatsexamen machen wollte, laut Verfügung. Nun konnten sie ihn hier in Landsberg noch nicht entlassen, weil sie die Verfügung angeblich nicht hier haben! Ich hörte diesen Vorfall selbst, weil ich zufällig in der Schreibstube war, als der Gefreite kam. Dieser Bürokratismus, mir scheint beinahe böswillig, geht aber doch zu weit, nicht wahr? Nun herzliche Grüße von euerm Hans"

Anfang Februar 1940 besucht Vater Ernst seinen Sohn Hans in der Kaserne in Landsberg.

Hans' Dienst in der Kaserne ist sehr „anstrengend", Lesen gehört zu seinen Hauptbeschäftigungen. Er ist aber nicht an seichter Literatur interessiert, wie aus seinem Brief vom 12. Februar 1940 ersichtlich wird: „ Heute Morgen haben wir wieder -21°. Aber heute ist es mir gleichgültig, ob es warm oder kalt ist: Sitze in der warmen Stube als ‚Schütze vom Dienst'. D.h. ich sitze und lese, bzw. schreibe und hin und wieder telefoniere ich einmal. Das ist, weiß Gott, ein anstrengender Dienst.

Sonnabend war ich in der Stadt, um mir aus einer Leihbücherei ein Buch zu leihen. Aber die ganze Bibliothek bestand nur aus Kriminal- und Abenteuerromanen. Anscheinend entspricht diese Zusammenstellung der Landsberger Geschmacksrichtung. Es nimmt ja auch nicht Wunder in diesem entsetzlich langweiligen Nest. Wie die Stadt, so die Leute, oder umgekehrt. Ich habe mich sehr gefreut, dass Vater mich am Dienstag besuchte. Nun wünsche ich euch gute Gesundheit und warme Stuben. Hans"

Truppenübungsplatz Schwiebus

Die Ausbildungszeit in Landsberg endete am 18. Februar 1940, aber Hans muss noch nicht an die Front. Das erfährt man aus seinem Brief vom 18. Februar 1940: „Wenn ihr diesen Brief erhaltet, bin ich bereits von Landsberg fort. Aber es geht nicht, wie ihr vielleicht denkt, gleich an die Front. Ich komme erst zu einem Truppenübungsplatz in der Nähe. Es ist wahrscheinlich Großborn. Dort sollen neue Regimenter zusammengestellt werden. Von der T.H. erhielt ich Beurlaubung.

Lieber Vater, möchtest du meinen Beitrag beim A.S.V. (Akademischer Segler Verein, Berlin-Charlottenburg) weiter bezahlen? Der Kriegsbeitrag beträgt eine Mark. Sobald ich an Ort und Stelle bin, gebe ich euch meine neue Adresse. Wenn du kannst, liebe Mutter, schicke bitte ein paar Fußlappen. Wir mussten unsere abgeben. Herzliche Grüße, euer Hans"

Am 20. Februar 1940 meldet er sich wieder: „Liebe Eltern und Brüder! Gestern habe ich mein neues Heim bezogen. Wir sind mit siebzehn Mann nach Schwiebus gekommen. Es liegt an der Strecke Berlin - Posen und ca. 160 km von Berlin entfernt. Wie lange ich hier nun bleibe, weiß ich noch nicht. Unsere Fahrt von Landsberg hierher war jedenfalls einmal wieder ein abwechslungsreiches Ereignis. Um ein Uhr fuhren wir los (ohne einen Vorgesetzten natürlich) und um zwölf Uhr nachts waren wir in unserer Behausung. Wir mussten zweimal umsteigen und hatten jedes Mal zwei Stunden Aufenthalt.

Hier in Schwiebus sind wir noch ungefähr drei Stunden herumgelaufen, ehe wir die richtige Kaserne fanden. Übrigens keins der vornehmsten Häuser von Schwiebus. Es ist anscheinend eine alte Schule. Vorher hat hier der Arbeitsdienst gehaust. Wir sind hier mit lauter Schwaben zusammen, die ebenfalls versetzt sind. Mehr habe ich jetzt nicht zu berichten. Herzlichen Gruß Hans"

Am 25. Februar 1940 schreibt er erneut nach Hause, es hört sich anfangs ein wenig so an, als wenn er von einer Klassenfahrt berichtet: „Liebe Eltern und Brüder! Jetzt bin ich eine Woche bei meiner neuen Dienststelle. Dass ich jetzt keinem Ersatztruppenteil mehr angehöre, seht ihr wohl schon am Äußeren des Briefes. Erstens die Feldpostnummer und zweitens darf unser Aufenthaltsort nicht mehr erwähnt werden. D.h. Besuche aus der Heimat dürfen nicht empfangen werden, da der Aufenthaltsort unbekannt ist.

Wenn ich also von hier wieder versetzt werde, kann ich euch nicht mehr schreiben, wo es hin geht. Aber beruhigt euch man: Einen Monat werde ich sicher noch hierbleiben.

Und im Übrigen haben wir es so gut erwischt, wie man es als Nachrichtenmann bei der Infanterie nur treffen kann. Denn zum Regiments Stab zu kommen, ist immer noch für uns die höchste erreichbare Stufe. Dementsprechend ist auch die Verpflegung. Das warme Essen ist weitaus besser, als in Landsberg und jeden Tag gibt es Fleischgerichte.

Nur an eins müssen wir uns erst gewöhnen: An schwäbische Befehle und Kommandos. Unsere Kameraden und Vorgesetzten stammen zum größten Teil aus Stuttgart.

Augenblicklich haben wir das schönste Wetter, das ich bisher während meiner Militärzeit erlebt habe. Wir haben ein Frühlingswetter wie im Mai. Die Folge ist natürlich, dass der Schlamm knietief auf der Straße liegt. Unser Dorf ist überhaupt das trostloseste, was ich je gesehen habe. Landsberg war eine Musterstadt dagegen. Wenn man hier durch die engen und winkligen Straßen geht, hat man das Gefühl, als ob einem die Häuser von beiden Seiten auf den Kopf fallen wollen. Nun will ich noch etwas spazieren gehen. Das schöne Wetter muss ausgenutzt werden. Herzliche Grüße euer Hans.

Beinahe hätte ich das Wichtigste vergessen zu schreiben. Mein Schreibpapier ist alle und hier habe ich nur ein paar Aktenbögen und blaue Briefumschläge bekommen. Außerdem schickt bitte ‚Klein Erna und Bubi' und die ‚Hamburger Döntjes'. Aber vergesst es bitte nicht. Nochmals Herzliche Grüße, Hans"

Das Wichtigste hätte er also beinahe vergessen: Schreibpapier und die Bücher über „Klein Erna" und „Hamburger Döntjes", das sind lustige Hamburger Geschichten. Es geht weiter, am 3. März 1940 berichtet Hans von seinem „Umzug": „ Euren Brief vom 19. Februar habe ich inzwischen erhalten. Er wurde mir von Landsberg nachgeschickt. Das Paket habe ich noch nicht. Es kann auch noch ein paar Tage dauern, denn inzwischen sind wir schon wieder umgezogen. Aber ihr könnt ganz beruhigt sein, ich befinde mich noch im ‚Fernen Osten'. Ich habe jetzt zum ersten Mal polnische Gefangene in größerer Zahl gesehen. In Schwiebus sah man sie sehr viel auf der Straße als Schneeschipper. Damit ist aber nicht gesagt, dass die saumäßigen Straßen dadurch besser wurden. Hier sieht man sie in großen

Mengen. Alles mehr oder weniger ‚Zuchthäuslertypen'. Schickt mir doch bitte ein Hemd und eine Unterhose (oder eine dünne Hose). Und zwar aus dem einfachen Grunde, weil die Wäsche nicht mehr so oft und regelmäßig gewechselt wird. Über das merkwürdige Briefpapier habt ihr euch wohl schon gewundert, aber es war das einzige, was ich noch auftreiben konnte. Meine Feldpostnummer bleibt vorläufig noch dieselbe. Seid herzlich gegrüßt von euerm Hans"

Ein liniertes DIN-A4 Blatt, anstelle von „richtigem Briefpapier", das ist für Hans und Familie wohl doch gewöhnungsbedürftig.

Anlässlich des Geburtstages seiner Mutter verfasst Hans natürlich einen Glückwunschbrief, er ist vom 7. März 1940 datiert: „Liebe Mutter, zu deinem Geburtstag sende ich dir die herzlichsten Glückwünsche! Ein Geschenk kann ich dir leider nicht schicken, da es mir augenblicklich an Mitteln fehlt und weil ich überhaupt sehr entfernt von menschlichen Siedlungen wohne. Aber ich hoffe, dass ich diese Aufmerksamkeit später nachholen kann. Die Hauptsache ist doch, dass du deinen Geburtstag in Gesundheit feiern kannst. Und feiert ruhig, so gut es geht. Ich werde, soweit es der Dienst erlaubt, in Gedanken an deinem Geburtstagsfest teilnehmen. Ich sehnte mich richtig nach der Ostsee, als ich las, dass ihr auf dem Eis gesegelt habt. Aber von Tante Marie erfuhr ich auch gleich die Folgen: Mit nassen Hosen sind Vater und Jochen nach Hause gekommen. Na, ihr seid Seeleute! Sagt mal: Taut es denn bei euch noch gar nicht? Hier hat es schon zwischendurch getaut, d.h. jetzt friert es wieder. Aber das Wetter macht uns vorläufig nichts aus, wir haben meistens Unterricht und eine oder zwei Stunden Exerzieren am Tag. Beim Exerzieren machen wir fast weiter nichts wie Parademarsch. Mir tun die Knöchel schon ganz weh.

Aber das ist nicht so ernst zu nehmen, wir leben sonst einen ganz ruhigen Tag. Mit den Schwaben verstehen wir uns eigentlich ganz gut. Damit will ich nicht sagen, dass sie bei uns in hohem Ansehen stehen. Nun mag es von mir genug sein. Im nächsten Brief erzähle ich mehr. Liebe Mutter, feier deinen Geburtstag in alter Gesundheit und ich wünsche sie dir auch weiterhin. Und alles was sich nicht ausdrücken und niederschreiben lässt, möge dir ein herzhafter Geburtstagskuss ersetzen, wenn er auch nur schriftlich ist. Also nochmals einen herzlichen Geburtstagsgruß und -kuss, von Deinem Hans"

Man könnte vergessen, dass Krieg herrscht. Für Hans ist das wohl auch ziemlich weit entfernt, bei ihm scheint die Welt noch in Ordnung zu sein. Im nächsten Brief stellt sich die Situation für ihn schon nicht mehr ganz so entspannt dar. Er schreibt am 17. März 1940: „Ich wollte, ich könnte euch jetzt einen freudigen Brief schreiben, aber ein Regiments-Befehl hat mir diesen Vorsatz vereitelt. Ihr müsst nämlich wissen, dass wir eigentlich vom 20. bis 27. März Heimaturlaub bekommen sollten. Es stand so fest für uns, dass man uns sogar sagte, wir könnten uns ruhig für Ostern zu Hause anmelden. Eine unbestimmte Vorahnung hielt mich jedoch davon ab, euch zu schreiben. In den letzten Tagen herrschte überhaupt eine Unsicherheit in Bezug auf Urlaub und gestern bekamen wir Bescheid, dass der Urlaub ins Wasser gefallen sei. Wenn ihr nun sicher auch denkt, dass es doch ganz schön gewesen wäre, wenn ich gekommen wäre, so glaube ich aber, dass ich euch vor einer Enttäuschung bewahrt habe. Aber auf Urlaub werde ich wohl noch kommen, wann, ist allerdings eine Frage der Zeit.

Unser Dienst ist auch nicht gerade besser geworden. Gestern haben wir einen fünfundzwanzig km Nachtmarsch gemacht auf den denkbar schlechtesten Straßen, die auch noch vereist waren. Anschließend ging gleich der übliche Tagesdienst weiter. Und Donnerstag bis Freitag wird ein achtzig km Marsch gemacht. Es ist der An- und Abmarsch in einer Übung. Hinzu kommt aber noch die Übung selbst. Ich mag gar nicht daran denken. Ich danke dir (Vater), dass du dich so sehr bemüht hast. Und dass du mich gern aus diesem Krieg heraus haben möchtest, kann ich sehr gut verstehen. Ich ginge auch lieber heute als morgen zur T.H. zurück, aber ich möchte mir doch erst überlegen, welchen Weg ich da gehe. Also schelte bitte nicht, wenn ich dir nicht gleich antworte.

Ich habe noch einen Wunsch: Könnt ihr mit nicht ein Paar Gummistrümpfe schicken und zwar für die Fersen. Man bekommt dadurch erstens einen besseren Halt im Fuß und zweitens läuft man sich so leicht keine Blasen. Ich möchte nun Schluss machen. Gute Besserung für Jochen. Euer Hans"

Im März 1940, genau Ostersonntag, den 24. März 1940, schreibt er einen recht ausführlichen Brief an seine Eltern, in dem er besonders seinem Vater erklärt, warum er sich für sich selbst keine Marinebeamtenlaufbahn vorstellen kann und auch nicht Soldat bleiben möchte: „ Recht vielen Dank für die beiden Osterpakete. In dieser Woche hatte ich leider keine freie Minute, wo ich euch einen Osterbrief schicken konnte und deinen Brief beantworten konnte, lieber Vater.

Es war die anstrengendste Woche während meiner ganzen Soldatenzeit bisher. Von Mittwochabend bis Freitagmorgen hatten wir eine größere Übung. In dieser Zeit sind wir gut neunzig km gelaufen. Ich glaube, das ist eine ganz beachtliche Leistung, wenn man bedenkt, dass wir nicht nur marschiert sind, sondern am Donnerstag auch eine neunstündige infanteristische Gefechtsübung gehabt haben.

Nach dem letzten Tauwetter war der Lehmboden wie ein Sumpf durchgeweicht. Und dann immer ‚Sprung auf, marsch, marsch! ‘ und wieder hinlegen und schießen auf im Gelände aufgestellte Kopfscheiben. Jeder hatte fünfzehn bis zwanzig Schuss scharfe Munition bekommen. Es war das erste gefechtsmäßige Schießen, das ich mitgemacht habe. Dabei habe ich zum ersten Mal die MG-Kugeln über mir pfeifen hören. Anschließend hat uns der Kompanie Chef die Wirkung von Gewehrmunition auf Bäume und Ziegelmauern gezeigt. Ich war erstaunt über die große Durchschlagskraft. Ein Baum von fünfundzwanzig cm Stärke wurde von einem Gewehrgeschoß glatt durchschlagen. Eine Hauswand aus roten Ziegelsteinen war mit wenigen Schüssen durchschlagen. Anschließend an diese Übung ging es im Eilmarsch wieder zurück.

Nun zu deinem Brief, lieber Vater. Ich habe es mir lange und gut überlegt, ob ich die Marinebaubeamtenlaufbahn einschlage oder nicht. Ich weiß, dass es für dich eine große Erleichterung ist, aber andererseits muss ich dir offen sagen, dass ich wirklich keine Lust zu dieser Laufbahn habe. Es ist sicher ein bequemer Weg, aber wenn ich mich mindestens zehn Jahre verpflichten muss, so bedeutet das praktisch für immer. Es wird nicht so einfach sein in die Industrie zu wechseln. Es ist mir zuwider, ewig ein Soldat zu bleiben, der nur immer seine Bücklinge nach oben machen muss. Du wirst mir nun sicher den Vorwurf machen, dass ich in der Privat Industrie ebenso meine Vorgesetzten habe und ebenso auf meine Vorgesetzten angewiesen bin, aber es ist doch ein Unterschied, ob ich Beamter bin oder freier Ingenieur, der im Betrieb stehen kann. Während der Marinezeit kann ich auch sehr viel lernen, in mancher Hinsicht vielleicht mehr als Zivil-Ingenieur, aber wenn man nicht mit geschlossenen Augen und Ohren durch die Welt geht, werde ich bestimmt auch so manches mitbekommen. Peter (der Cousin) wird versuchen, in die Laufbahn hinein zu kommen, schriebst du mir; ich möchte es nicht.

Nun, lieber Vater, habe ich dir meine Ansicht mitgeteilt. Ich weiß nicht, ob sie in allen Punkten richtig ist. Aber entscheiden möchte ich mich nicht zu dieser Laufbahn. Dass Ernst und Jochen auch etwas werden wollen, daran habe ich auch gedacht. Und dass das ebenfalls viel Geld kostet, weiß ich. Es ist auch ganz klar, wenn ich Geld verdiene, werde ich ihnen auch helfen. Wenn der Krieg vorbei ist, kann ich mir auf der Werft ja auch in den Ferien ein gutes Stück Geld verdienen. Ich wäre ja froh, wenn ich so bald wie möglich wieder nach Berlin könnte und auch der Krieg zu Ende wäre.

Nun schreibe bitte bald, was du denkst zu meinem Brief, lieber Vater. Meinen Aufenthaltsort werdet ihr wohl schon lange durch die Briefstempel erfahren haben. Das ist aber vielleicht der Sinn der Geheimhaltung, dass man uns streng verbietet, irgendetwas über Aufenthaltsort und dergleichen zu schreiben und gleichzeitig druckt man es groß und breit auf den Briefumschlag. Nun noch nachträglich herzliche Ostergrüße. Euer Hans"

Einen Sinn für Ironie besitzt er jedenfalls, wie man an seiner Bemerkung über den Sinn der Geheimhaltung erkennen kann. Am 14. April 1940 berichtet er in seinem Brief von einer Operation, aber es handelt sich nicht um eine militärische: „Zuerst, glaube ich, muss ich euch doch einmal schreiben, dass ich so gut wie wieder gesund bin. In den letzten beiden Wochen habe ich überhaupt ein ruhiges Leben geführt, trotz des ewigen Eingesperrtseins. Erst ein bisschen Erholung im Revier und anschließend - nun setzt euch aber nicht auf den Allerwertesten - habe mich operieren lassen. Hört sich gefährlich an, nicht? War aber nur eine kleine Schönheitsreparatur. Seit Januar hatte ich nämlich ein kleines Blutgeschwür auf der Brust. Es war dadurch entstanden, dass sich eine kleine Ader erweitert hatte und ein kleines warzenartiges Gebilde entstanden war. Der Arzt hatte nun die Freundlichkeit, mir das Ding herauszuschneiden. Jetzt ist alles gut verheilt; aber der tiefere Sinn war ja, dass ich wieder eine Woche Ruhe hatte.

Wenn ihr wüsstet, wie man die hier brauchen kann. Im Dienst kommt man praktisch von morgens um fünf Uhr bis abends um zehn Uhr überhaupt nicht zur Ruhe. Und leicht ist er bestimmt auch nicht, denn das Ausbauen des schweren Feldkabels ist alles andere als ein Vergnügen. Als Funker werden wir hier ebenso ausgebildet wie als Fernsprecher. Neuerdings bin ich allerdings weder Funker noch Fernsprecher. Ich bin Fernsprecher z.b.V. (zur besonderen Verwendung) geworden. D. h. ich habe ein Fahrrad bekommen und halte mich nur immer beim Nachrichtenoffizier auf. Und wenn mir nicht die Füße weh tun, so tut's der Hintern bestimmt. Aber ich glaube, da werde ich mich besser dran gewöhnen.

Außerdem mache ich jetzt sehr oft Dienst auf der Standortfernsprechvermittlung. Spiele gewissermaßen das ‚Fräulein vom Amt‘. Zuerst habe ich dabei etwas Kopfschmerzen bekommen, aber nun ist es der ruhigste Dienst, den es bei Preußens gibt. Von meiner Reklamation habe ich noch nichts gehört. Sie ist doch sicher über das Wehrbezirkskommando gegangen? Die Truppe kann nämlich nicht reklamieren. Das wurde uns neulich mitgeteilt. Die Sache mit Norwegen ist ja wieder groß, nur schade, dass wir den ‚Blücher‘ und ‚Karlsruhe‘ [19a] verloren haben. Es werden wohl noch einige mehr sein. Nun herzliche Grüße, Euer Hans"

Hans hofft sehr auf einen Urlaub, damit er einmal zur Familie fahren kann. Am 28. April 1940 wäre es fast soweit gewesen: „Liebe Eltern und Brüder! Während ich diesen Brief schreibe, hätte ich beinahe schon wieder bei euch sein können. Ja, da staunt ihr, was? Gestern Morgen wurden plötzlich sechs Mann vorgelesen bei der Befehlsausgabe, die am Nachmittag noch auf Urlaub fahren sollten.

Unter den Vorgelesenen befand ich mich auch. Am Mittag kam aber schon wieder der Befehl raus, dass der Urlaub verschoben wird, weil Dienstag und Mittwoch große Übung ist. Na, aufgeschoben ist nicht aufgehoben. Ob und wann ich nun komme, kann ich euch beim besten Willen nicht sagen, weil der Chef es wohl selbst noch nicht genau weiß. Fast jeden zweiten Tag war eine Übung im Regiments- oder Bataillonsverband. Sonntagmittag sind wir zu einem sogenannten Manöverball marschiert (ca. dreißig km) und anschließend ging es in Form einer Übung zum Lager zurück. Dieses gute Schreibpapier habe ich hier in der Kantine gekauft. Man muss die Gelegenheit schnell ausnutzen, denn sonst ist es wieder verkauft und wer weiß, ob man etwas wieder bekommt. Alles Weitere hoffe ich mündlich mitteilen zu können. Euer Hans"

Richtiges Schreibpapier - das ist für ihn sehr erfreulich. Er hat Glück, denn er bekommt tatsächlich noch einige Urlaubstage genehmigt, die er bei seinen Eltern und in Berlin verbringt; das kann man jedenfalls seinem Brief vom 16. Mai 1940 entnehmen: „Liebe Mutter! Wenn ich dir in diesem Jahr auch nicht eine Kleinigkeit mitschicke, so glaube ich doch, dass es auch dieser Brief allein tut. Denn Geschenke sind ja doch nur der bleibende Ausdruck für irgendeine Dankbarkeit, die man auch durch Worte geben kann. Diese Zeilen werden dir dann wohl auch eben so viel wert sein, als wenn ich dir ein kleines Geschenk gemacht hätte. Das glaube ich ganz bestimmt. Für dich ist es in diesem Jahre ja ein ganz besonderes Glück, dass Jochis Geburtstag gerade mit dem Muttertag zusammen fällt. Ich wünsche euch beiden nur das Beste. Denkt mal für einen Tag nicht an den Krieg, sondern feiert Jochis Geburtstag und denkt daran, dass wir noch alle gesund sind und der Krieg auch mal zu Ende geht.

Ich halte es für überflüssig, dir große Worte der Dankbarkeit zu schreiben in irgendeiner Form. Denn die richtige Dankbarkeit gegenüber dir, liebe Mutter, kann ich nicht in Worte fassen. Wir sind und müssen dir für alles dankbar sein, und das können wir immer nur durch ganz kleine Beweise zum Ausdruck bringen. So hoffe ich, dass dir mein Brief ein Geschenk und einen ‚Küssi' ersetzt. Der Urlaub bei euch ist mir sehr gut bekommen. Ich wäre gern noch länger dort geblieben, aber alles hat ja mal ein Ende. Jetzt ist man wieder vollkommen in die Militärmaschine eingespannt und macht seinen Dienst in gewohnter Weise. Bei Herta und Herbert (in Berlin) habe ich am Sonntag und Montag noch einmal Fisch gegessen, der sehr gut geschmeckt hat. Als ich abfuhr, durften Herbert und Herta in Berlin auch nicht mit auf den Bahnsteig. Von Berlin hatte ich übrigens eine sehr gute Verbindung und leere Abteile. Nun grüßt bitte alle recht herzlich, Euer Hans"

Wenige Tage später, am 20. Mai 1940, wird es ernst für Hans.

Marschbefehl und Fronteinsatz

Hans hat bisher „Glück" gehabt, obwohl der Polen-Feldzug im September 1939 stattfand und er selbst im Dezember 1939 zum Militär, „Heeresdienst", eingezogen wurde, ist er noch nicht wirklich mit der Gefahr, den Brutalitäten des Krieges, konfrontiert worden. Das wird sich bald für ihn ändern. Im Mai 1940 beginnt der sogenannte „Westfeldzug der deutschen Wehrmacht", der Hans aus seinem bisherigen, fast beschaulich zu nennenden Leben, reißen wird.

Unter dem Begriff „Westfeldzug" hat man folgendes zu verstehen: „ In der ersten Phase des Krieges eroberte Deutschland Polen (September 1939), Dänemark und Norwegen (April–Juni 1940) sowie die Niederlande, Belgien und Frankreich (Mai–Juni 1940). Als Reaktion auf den deutschen Angriff auf Polen hatten Frankreich und Großbritannien dem Deutschen Reich am 3. September 1939 den Krieg erklärt.

Als Westfeldzug wird die erfolgreiche militärische Offensive der deutschen Wehrmacht im Westen während des Zweiten Weltkriegs vom 10. Mai bis 25. Juni 1940 bezeichnet. Sie führte zur Besetzung der Niederlande, Belgiens und Luxemburgs sowie zur militärischen Niederlage Frankreichs und endete mit dem Waffenstillstand von

Compiègne. Der Westfeldzug ist als „Blitzkrieg" bekannt geworden, wurde aber nicht als solcher geplant.

Vorstoß durch die Ardennen mit sechs Panzer- und fünf motorisierten Divisionen, um dann die Alliierten, deren Hauptstreitkräfte am Pas de Calais standen, von Süden her zu umfassen und bis zur Kanalküste vorzurücken. Diesem Plan kam später entgegen, dass die Alliierten nach den deutschen Angriffen auf die Niederlande und Belgien weiter nach Norden vorrückten und derart Raum für deutsche Truppen in ihrem Rücken ließen. Am 19. Mai erreichte die deutsche 6. Armee den Fluss Schelde und stieß bis Abbeville, ungefähr 100 km südlich von Calais, vor. Der Vormarsch in diese Gebiete erfolgte so schnell, dass die britischen und französischen Einheiten bei Dünkirchen eingekesselt wurden."[20]

Der Krieg hatte auf Frankreich übergegriffen und im Mai 1940 wird Hans, der inzwischen zweiundzwanzig Jahre alt ist, kurz nach seinem Urlaub zusammen mit anderen jungen Wehrpflichtigen über Belgien Richtung Frankreich geschickt.

Hans schreibt an seine Eltern einen Feldpostbrief aus Belgien, datiert mit „Im Westen, den 20. Mai 1940: Liebe Eltern und Brüder! Seit heute Morgen um zehn nach zehn befinde ich mich in Belgien. Wir wurden in Viehwagen hierher transportiert. Es waren wohl Bänke drinnen, aber ihr macht euch keinen Begriff, wie man in diesen Wagen durchgeschüttelt wird. Es war beim besten Willen nicht einmal möglich zu lesen, geschweige denn zu schlafen.

Die Bevölkerung ist hier anscheinend doch 50 zu 50. Jedenfalls merkt man sofort, wenn man über die Grenze kommt, den starken französischen Einfluss auf das Leben der Bevölkerung. Es ist schon sehr viel französisch frisiert. Einen Fehler haben hier alle, Deutsche wie Belgier: Sie sind Erzkatholiken. Und zwar in einer Form, wie sie sich unsereiner kaum vorstellen kann. Landschaftlich ist es sehr schön hier, zumal alles schön grün ist. Meine neue Anschrift schreibe ich, sobald ich sie bekomme. Herzliche Grüße, Euer Hans"

Man ist darin gefangen, was soll man auch anderes machen. Hans kann nicht einmal „lesen, geschweige denn schlafen", auf dieser Fahrt im „Viehwagen" Richtung französische Front. Stellen wir uns das einmal bildlich vor: Unser zwanzigjähriger Sohn soll Soldat sein, er wird einfach so, nach einer sechsmonatigen Vorbereitungszeit, von heute auf morgen, an eine „Front" befördert.

Als nächstes erreicht eine Feldpostkarte, am 26. Mai 1940 geschrieben, seine Eltern: „Liebe Eltern und Brüder! Herzliche Grüße sende ich euch schnell vom Vormarsch in Frankreich. Gestern sind wir durch Belgien durch gewesen und marschieren jetzt in Eilmärschen weiter. Gott-sei-dank, dass ich ein Rad habe. Gestern sind wir fünfundsiebzig km marschiert. Da bin ich allerdings gelaufen. In Belgien haben wir gut gelebt. Viel Butter und Milch, aber auch marschiert, marschiert, marschiert. Ruhe höchstens drei bis vier Stunden. Frankreich ist entsetzlich dreckig. Sonst geht es mir gut. Euer Hans"

Er will seinen Eltern auf jeden Fall vermitteln, dass es ihm gut geht. Deshalb unterscheidet sich die Darstellung dieses Einmarsches in Frankreich kaum von seinen Berichten über Exerzier-Übungen und Eilmärschen in Landsberg und Schwiebus. Es folgt ein ausführlicherer Bericht über das weitere Vorgehen und seine Eindrücke in Frankreich, mit einem Brief vom 30. Mai 1940: „ Liebe Eltern und Brüder! Nun komme ich endlich einmal dazu, euch etwas Genaueres und Ausführlicheres über meinen Verbleib zu berichten.

Bisher konnte ich nur zweimal ganz kurz eine Karte schreiben, die ihr wohl beide erhalten habt. Die letzte hatte ich auf einer Feldpostannahmestelle und nach einigen schnellen Gläsern Wein, bzw. Sekt, geschrieben. Aufenthalt hatten wir nicht. Wie ihr seht, bin ich längst in Frankreich. Belgien haben wir in Eilmärschen in fünf Tagen durchquert. Dabei wurde keine Rücksicht auf Fußkranke oder Pferde, die zusammenbrachen, genommen. Daher zeichnete sich die Vormarschstraße sehr bald durch tote Pferde aus, die in rauen Mengen links und rechts der Straße lagen und abgestochen werden mussten. Es ist bis jetzt ein großes Glück für uns gewesen, dass wir die Luftüberlegenheit haben. Ich habe wirklich noch kein einziges feindliches Flugzeug gesehen. Dagegen fliegen unsere täglich in so großer Zahl hinüber, dass man beinahe sagen könnte: Und die Sonne verdunkelte sich!

Die Belgier hatten sich im Gegensatz zu den Franzosen sehr gut zur Verteidigung eingerichtet gehabt. Alle Brücken und viele Straßen gesprengt und sehr viele Straßensperren, die allerdings wenig Zweck gehabt haben. Die Straßensprengungen waren alle wieder repariert von unseren Pionieren. Gleich am Anfang erlebten wir noch die Beschießung eines Lütticher Forts durch Eisenbahngeschütze. Am nächsten Abend war es gefallen. Unser erster Eindruck hier in Frankreich war ein überaus schlechter. Häuser und Wohnungen sind ziemlich verdreckt und lassen also nicht auf allzu große Reinlichkeit schließen.

Aber Wein gibt es in ungeahnten Mengen. Auch bei uns. Ich habe im Leben noch nie so viel Wein … gesehen. Nun denkt bitte nicht, dass nur Wein getrunken wird, im Gegenteil, das Vormarschtempo müsste beibehalten werden. Gestern und heute ist Ruhetag. Stellt euch aber bitte nicht allzu viel darunter vor. Wo wir eigentlich eingesetzt werden, wissen wir noch nicht. Der Marschbefehl für den nächsten Tag kommt immer erst am Abend vorher von der Division. Einschließlich Regimentsführer ist ein großes Rätselraten und Erwägen, wo wir eingesetzt werden könnten. Die französischen Rückzugsstraßen geben das beste Zeugnis einer überstürzten Flucht. Die Straßen sind rechts und links übersät mit Fahrzeugen und Ausrüstungsgegenständen, Uniformen usw.

Gestern kamen wir an einer ganzen schweren Batterie vorüber, die im Straßengraben lag. Große Munitionslager liegen noch an den Straßen, die nicht mehr fortgeschafft werden konnten. In unserem jetzigen Quartierort fanden wir ein Lager mit vielen M.G.s, Fliegerleuchtbomben und ungefähr 100.000 Schuss Munition. Für uns ist es verboten, Päckchen nach Hause zu schicken, sonst würde ich euch schon mal etwas schicken. Außerdem ist aber schon ziemlich aufgeräumt worden. Morgen geht es weiter. Eure Briefe erhielt ich gestern. Nun bis zum nächsten Mal, herzliche Grüße, Euer Hans"

Ein längerer Brief folgt, und zwar geschrieben am 4. Juni 1940 in Frankreich: „Liebe Eltern und Brüder! Wir sind wahnsinnig schnell marschiert und liegen bereits in vorderster Front. Wir liegen jetzt direkt vor dem Franzosen.

Auf einem Schlachtfeld des Weltkrieges, wo tausende deutscher Soldaten ihr Leben ließen. Es reiht sich hier buchstäblich Soldatenfriedhof an Soldatenfriedhof. Aus der kleinen Karte könnt ihr sehen wo ich bin. Die Fronten stimmen noch. Vorläufig wird noch kräftig herüber geschossen, aber Gott-sei-Dank ziemlich planlos. In den letzten Tagen sind wir nur immer nachts marschiert, da das Gelände vom Feind sehr gut einzusehen ist. Er hat uns auch wunschgemäß nicht belästigt. Weder durch Flieger noch durch Artillerie Feuer. Nun liegen wir hier in Stellung und warten bis der Franzmann seine Ladungen aufs Haupt kriegt und wir weitermarschieren können. In der nächsten Zeit werdet ihr wohl etwas von uns in den Wehrmachtsberichten hören.

Liebe Eltern, wenn ich nun nicht alle Tage oder einmal in der Woche schreiben kann, müsst ihr das bitte entschuldigen. Denn erstens sind unsere Sachen immer alle verladen und zweitens besteht überhaupt keine Möglichkeit zum Schreiben. Wir sind natürlich selbst froh, wenn wir mal einen Brief schreiben können. Außerdem muss man immer das Glück haben, gerade irgendeine Feldpost zu treffen und je weiter man nach vorn kommt, je spärlicher werden diese Gelegenheiten.

Es ist gerade das herrlichste Wetter. Ich liege an einer Hecke im Gras und schreibe euren Brief Die Franzosen knallen in der Gegend herum, aber nicht auf uns. Die ersten Kirschen schmecken herrlich und die Erdbeeren werden auch schon reif. Wir sind aber eigentlich acht bis vierzehn Tage zu früh hier, dann wäre es nämlich gerade richtig.

Belgisch-Französische Grenze, Juni 1940, an der Aisne zwischen Laon und Rethel

Die Karte verbrennt bitte, da es verboten ist, so etwas zu schicken. Nun weiß ich nichts mehr zu schreiben, was nicht verboten ist. Sonst könnte ich noch manches schreiben und berichten, was nicht immer angenehm ist zu hören. Ich hoffe, dass es euch allen gut geht, herzliche Grüße, Euer Hans"

Hans hat die Zeichnung einer Frankreich-Karte, die in einer Zeitung veröffentlicht war, (vielleicht „Weltbild") mit in den Brief gelegt. Er gibt den Eltern noch den Rat, die Karte zu verbrennen, da „es verboten ist, so etwas zu schicken". Sie haben es aber dennoch im „Briefe Hans-Ordner" abgeheftet. Er würde auch gerne weitere Einzelheiten mitteilen, aber die sind ebenso „verboten zu schreiben". Hans hat auf der Karte markiert, wo er sich gerade befindet, mit „da bin ich". Er befindet sich demnach hinter der belgisch-französischen Grenze, an der Aisne, zwischen „Laon" und „Rethel".

„Die Franzosen knallen in der Gegend herum", aber was soll's - das Wetter ist herrlich, es gibt leckere Kirschen und Erdbeeren. Hört sich an wie ein Urlaub auf dem Lande, wo vielleicht französische Schützenvereine für das nächste Schützenfest üben. Man fragt sich, ob Hans es sich schön redet, ob er selbst noch in einer Art naiver Vorstellung vom „Kriege" gefangen ist oder ob er es für seine Eltern in einer harmlosen Art und Weise darstellen möchte. Sie sollten sich auf jeden Fall nicht unnötige Sorgen machen.

Frankreich - Erste Verwundung

Am 13. Juni 1940 wird mein Vater Hans im Alter von zweiundzwanzig Jahren dann das erste Mal verwundet und zwar in Frankreich, im Gebiet zwischen den Flüssen „Aisne" und „Marne". Es existiert Literatur zur „Schlacht an der Marne" 1914, also im Ersten Weltkrieg, aber nicht speziell zu diesem Gebiet im Zweiten Weltkrieg, dennoch eine kurze Information zum sogenannten Blitzkrieg 1940: „ Nur sechs Wochen und drei Tage hatte der sogenannte „Blitzkrieg", vom 5. Mai 1940 - 22. Juni 1940, im

Westen gedauert, in dem ca. 100.000 französische, 35.000 britische und etwa 46.000 deutsche Soldaten ihr Leben verloren. Es war kein bravouröser Blitzkrieg bzw. Blitzsieg, wie die deutsche Propaganda glauben machen wollte. Französische Jagdflieger schossen mehrere Hundert deutsche Kampfflugzeuge ab, und ca. 1000 deutsche Kampfpiloten gerieten in Gefangenschaft. Frankreich wurde in zwei Zonen geteilt: Der Norden und Westen Frankreichs war deutsch besetzt; hier befanden sich wichtige Flugfelder und Marinebasen. Der östliche und südliche Teil Frankreichs blieb unter französische Kontrolle." [21]

Hans wird in ein Feldlazarett nach Reims gebracht. Später wird er verlegt in das Reservelazarett III. Heilanstalten, in Marburg/Lahn. Von dieser ersten Kriegs-Verletzung verbleiben etliche Splitter in der Rückenmuskulatur und einer im Brustraum. Hans schreibt auch aus dem Lazarett einige Briefe nach Hause, denn es ist ihm anscheinend wichtig, seine Eltern zu informieren, aber auch ihnen die Sorgen zu nehmen. Als erstes trifft eine Feldpostkarte von ihm ein, die er am 16. Juni 1940 in Frankreich geschrieben hat: „Liebe Eltern und Brüder! Ich habe euch längere Zeit nicht schreiben können und inzwischen hat sich sehr viel verändert. Aber kurz: Ich bin verwundet und liege im Lazarett. Habt aber bitte keine Sorgen, ich hoffe bald wieder gesund zu sein. Am 13. Juni früh um fünf Uhr ist mir eine Handvoll Granatsplitter ins Kreuz gefahren. Ein Teil davon ist wohl in der Lunge, aber trotzdem habe ich sehr viel Glück gehabt.

Jetzt verursacht mir jede Bewegung natürlich noch große Schmerzen, aber wenn ihr diese Karte erhaltet, wird es schon um vieles besser sein. Vom Krieg habe ich die Nase gestrichen voll. Ich habe ihn in ganz kurzer Zeit als Frontsoldat in seiner ganzen Brutalität und Grausamkeit erlebt.

Der Angriff über die Aisne hat sehr, sehr viel Blut gekostet und mancher Kamerad aus Landsberg ist dort gefallen. Ich bin dem Schicksal dankbar, dass ich dort völlig unversehrt herauskam. Meine Verwundung bekam ich in einem späteren Gefecht. Nun seid alle herzlichst gegrüßt, Hans"

Er hat tatsächlich großes Glück gehabt. Es ist erstaunlich, dass diese Karte mit seinen Äußerungen zur Brutalität und Grausamkeit des Krieges, sowie der Erkenntnis „vom Krieg die Nase gestrichen voll" zu haben, überhaupt zu Hause bei seinen Eltern im Original angekommen ist. Es folgt ein längerer Brief vom 19. Juni 1940 (Feldpost-Einheit 09091-Hospices Civils de Reims-American Memorial Hospital), in dem er eine genauere Beschreibung der Ereignisse gibt, die zu seiner Verwundung geführt haben: „Liebe Eltern und Brüder! Ich bin jetzt im Feldlazarett in Reims und hoffe bald nach Deutschland zu kommen. Wir haben alle nur einen Wunsch: Wir wollen heim, uns reicht's! Über meinen Gesundheitszustand macht euch keine Sorgen. Ich habe noch viel Glück gehabt.

Als wir seinerzeit vor der Aufgabe standen, den Übergang über die Aisne zu erkämpfen, wussten wir wohl, dass es sehr schwer werden würde, aber dass es so kommen sollte, dass unser Regiment fast aufgerieben werden sollte, hatten wir nicht geahnt. Trotzdem ist es ein Wunder, dass wir in verhältnismäßig kurzer Zeit hinüberkamen, denn die Franzosen hatte eine derart gute und vorteilhafte Stellung, dass, wenn wir drüben lägen, nie ein Franzose herüber gekommen wäre.

Wir mussten über eine 1,5 km breite Fläche bis zum Fluss, die von dem gegenüberliegenden Höhen beherrscht war. Im Morgennebel waren wir bis an den Fluss herangekommen und hatten auch schon einen Teil übergesetzt, als es losging, wie das heilige Donnerwetter. Die französischen M.G.s knallten dazwischen, dass man wirklich von einem Mähen sprechen konnte. Da habe ich den ganzen Tag in glühender Hitze gelegen. Wir bekamen von drei Seiten Feuer und immer und immer wieder hörte man das Stöhnen der Verwundeten, die sich von Stunde zu Stunde häuften.

Dicht neben mir sind die Kugeln eingeschlagen und Kameraden getroffen worden. Aber ich habe nicht eine Schramme bekommen. Am meisten haben uns die Baumschützen zu schaffen gemacht. Man brauchte nur den Kopf etwas zu heben und schon pfiffen einem die Kugeln um die Ohren. Es war wirklich die Hölle dort an der Aisne. Und wenn die Presse schreibt, in drei Stunden sei der Aisne-Übergang erzwungen, so schreibt sie aber nicht, wie lange vorher darum gekämpft wurde und wie viel Blut es gekostet hat.

Als wir dann die Franzosen im Ablaufen hatten, ging es ihnen natürlich in Eilmärschen nach zur Marne. Kurz vor der Marne erhielten wir einen Sonderauftrag und sollten französische Truppen, die sich von Reims durchschlagen wollten, schlagen. Bei unserem Vormarsch bekamen wir in einem Wald plötzlich von beiden Seiten Feuer. An ein Weiterkommen war vorerst nicht zu denken. Also in den Straßengraben und sich eingegraben. Die ganze Nacht ging der Feuerregen auf uns herab und gegen Morgen ging dicht neben mir ein Volltreffer rein, bei dem sehr viele verwundet wurden. Die meisten noch schwerer als ich.

Am tollsten haben es wohl in diesem Krieg die Elsässer getrieben. Entweder sie sind mit ‚Heil Hitler‘ übergelaufen oder riefen ‚Nicht schießen, eigene Truppen‘ oder zeigten die weiße Flagge und beim Herannahen erhoben sie plötzlich ein wildes Feuer. Das sind Beispiele, die bei uns vorkamen. Es ist klar, dass von diesen Leuten keiner gefangen genommen wurde. Ebenso die Baumschützen, die erwiesenerweise auf unsere Sanitäter geschossen haben. Von unseren sechs Ärzten sind gleich am ersten Tag an der Aisne vier gefallen. So, liebe Eltern, nun ist mein Zettel voll. Bis zum nächsten Mal, herzliche Grüße, Euer Hans"

Hans schreibt natürlich weiterhin seine Briefe nach Hause, das ist für ihn selbst und auch für seine Familie sehr wichtig. Aus Reims kommt daher rasch der nächste Brief, der am 25. Juni 1940 geschrieben wurde: „Ich sitze immer noch im Lazarett in Reims und warte, dass ich hier fortkomme. Am liebsten möchten wir natürlich alle so schnell wie möglich nach Deutschland. Es besteht aber leider auch die Möglichkeit, dass man mich hier erst ganz gesund kuriert und dann gleich wieder zur Truppe abschickt. Das ist mir natürlich denkbar unsympathisch und ich hoffe, dass es mir nicht so ergehen wird.

Gott sei Dank ist jetzt ja Waffenstillstand mit Frankreich, aber der Engländer wird uns noch manche Nuss zum Knacken geben. Hoffentlich können wir ihm in kürzester Zeit den Frieden diktieren. Wie ich euch ja schon schrieb, haben ich und alle, die etwas vom Kriege zu spüren bekommen haben, die Nase voll. Aber wenn es sein muss, ziehe ich auch noch zum zweiten Mal in den Krieg. Dagegen kann sich ja schließlich niemand wehren. Wie geht es euch denn? Kommen die Engländer auch bei euch und werfen ihre Bomben ab? Es wird jedenfalls die allerhöchste Zeit, dass etwas gegen die Burschen unternommen wird.

Ihr werdet jetzt wohl immer schön in der Ostsee baden. Ich beneide euch richtig darum. Frankreich ist ein ziemlich trauriges Land. Reims ist, wie das ganze Gebiet, durch das wir gekommen sind, ebenfalls geräumt. Reims ist übrigens für deutsche Truppen verboten zu betreten. Aber wie gesagt: Auf nach Deutschland! Mir geht es wieder sehr gut und bin wohl bald wieder gesund. Ich habe sehr viel Glück gehabt, wie ich euch ja schon schrieb. Von der einen Granate sind vier Mann verwundet worden. Zwei Mann sind die Beine kaputt geschlagen worden, dem dritten sind nur Splitter in die Wade gefahren und mir ist es ins Kreuz geflogen, weil ich ganz dicht an einem Hang von einem halben Meter Höhe lag, auf dessen Rand, genau über mir, die Granate krepiert ist. Nun nochmals herzliche Grüße, Euer Hans"

Hans hat jetzt erfahren müssen, was der Krieg an Leiden und Schmerzen bedeutet, das sind die bitteren Erfahrungen, auf die er eigentlich nicht wirklich vorbereitet war. Ihm wurde vermittelt, dass in den Krieg ziehen, an die Front gehen, so etwas Ähnliches wie militärische Übungen sind. Die Wirklichkeit hat ihn eingeholt, mit aller Grausamkeit, er hat vom Krieg „die Nase voll" und möchte „einfach nur noch heim". Am 4. Juli 1940 schreibt er erneut aus dem Kriegslazarett in Reims, er äußert Verwunderung darüber, dass ihn keine Post erreicht hat. Das wirkliche Ausmaß von Krieg ist ihm nicht bewusst, er nimmt weiterhin zügige Postzustellungen an. Eine andere Nachrichtenübermittlung ist ihm zu der Zeit aber ja auch nicht möglich. Weiterhin schildert er die unhaltbaren Zustände im Lazarett, z.B. mit der „Lazarett-Besatzung", damit sind das ärztliche und das Pflege-Personal gemeint, denn so etwas sei ihm noch nicht vorgekommen.

Man kann schon davon ausgehen, dass seine Erfahrungswerte in der Hinsicht doch wohl nur relativ gering sein können, aber er erwartet einfach, dass alles nach üblichen, zivilen Vorgaben abläuft. Woher soll er es auch anders wissen.

Durch einen Radiobericht wird ihm der Angriff, bei dem er seine Verwundung erlitt, noch einmal vor Augen geführt. „Liebe Eltern und Brüder! Seit vier Wochen habe ich nun schon keine Nachricht mehr von euch, aber es geht mir nicht allein so: Seit unserer Verwundung hat hier noch niemand Post bekommen. Wie das möglich ist, ist mir nicht ganz klar.

Ich möchte euch aber nun bitten nicht eher zu schreiben, bis ich euch wieder benachrichtige. Ich hoffe, wie wir alle hier, nun endlich bald nach Deutschland zu kommen.

Wir liegen in einem riesigen Krankenhaus in Reims, aber das sagt gar nichts. Einmal ist tagelang kein Wasser und Strom da und dann ist der Röntgenapparat wieder nicht in Ordnung, wo wir doch auch mal geröntgt werden müssen. Ich erlebe schon allein hier die dritte Lazarett-Besatzung. Die erste war sehr gut: Ältere, erfahrene Ärzte und gute Pfleger. Die zweite spottet jeder Beschreibung. So etwas ist mir überhaupt noch nicht vorgekommen. Der Arzt, der unsere Abteilung hier hatte, behandelte uns mit einer derartigen Gleichgültigkeit, als wenn wir die gesündesten Menschen wären und uns obendrein noch anstellten. Selbst die Schwestern konnten ihren Ärger nicht verbergen. Es ist Tatsache: Das ganze Lazarett atmete auf, als die Besatzung fortkam. Jetzt sind Hamburger und Bremer hier und wohl die besten Ärzte bis jetzt.

Aber wie gesagt: So schnell wie möglich in die Heimat. Gerade eben hörten wir im Radio - wir haben hier bei uns einen großen Apparat auf der Stube, den wir uns organisiert haben und um den uns natürlich alles beneidet - einen Schallplattenbericht vom Angriff über die Aisne. Es war gerade ein Bericht aus unserem Abschnitt.

Er führte uns noch einmal den ganzen Angriff vor Augen und rief viele Erinnerungen dieser furchtbaren Stunden wach. Wenn es auch nicht so schnell ging, wie der Berichterstatter schilderte, so war der Bericht doch sehr wahr und beschönigte nicht die Härte und die großen Verluste dieses Kampfes. Unser Regiment wurde dort aufgerieben und wir verloren sehr viele Offiziere. Der Regiments-Kommandeur wurde am Aisne-Ufer zwei Meter neben mir verwundet. Ich kann mir immer wieder sagen: Das war schon kein Glück mehr, sondern die Vorsehung, die mich aus dem Schlamassel wieder heraus geführt hat.

Die neueste Meldung vom Überfall der Engländer auf die französischen Schiffe ist ja wieder ein Beispiel, das sich würdig in die englische Geschichte einreiht. Für uns kann es ja nur zum Vorteil sein. Wie geht es euch eigentlich? Ich bin sehr unruhig, wenn ich immer im Radio von Angriffen englischer Flieger in Norddeutschland höre. Ich hoffe, dass ihr verschont bleibt. Die Wirkung der Bomben ist das Gemeinste, was es überhaupt gibt. Ebenfalls Flaksplitter sind sehr gefährlich. So ein Splitter braucht einem nur einmal in den Ranzen zu fahren, um nicht wieder aufzustehen. Also, seid vorsichtig, wenn's knallt. Wir sind alle so hungrig auf Post. Aber sonst geht es mir sehr gut. Euer Hans"

Dieser Brief hat seine Eltern erreicht, die Feldpost funktionierte also. Hans konnte aufschreiben, was ihn bewegte, das allein ist erstaunlich, im positiven Sinn. Inmitten des ganzen Kriegs-Wahnsinns muss am Ende natürlich betont werden, dass es ihm „sehr gut geht".

Seine Einschätzungen der Kriegsereignisse („Überfall der Engländer auf die französischen Schiffe") sind von der nationalsozialistischen Propaganda beeinflusst. Etwas anderes erfährt er ja auch gar nicht. Alle seine Nachrichten aus dem Lazarett sind mit Bleistift geschrieben, wie auch auf der Feldpostkarte vom 7. Juli 1940: „Liebe Eltern und Brüder! Ich schreibe euch jetzt meine neue Feldpostnummer. Sie lautet 09091. Alle andere Post soll zurückgegangen sein. Es ist wirklich so, dass man sich nicht dazu zu äußern braucht.

Ich muss euch aber gleich sagen, dass diese Nummer nicht dauernd bleibt und schon bald wieder geändert werden kann. Anscheinend wird Post mit direkter Adresse gar nicht befördert. Na, ja! Soeben hörte ich im Radio, dass Kiel wieder angegriffen worden sei. Ich habe wirklich Angst um euch. Hoffentlich geschieht euch nichts. Die Engländer sind doch wirklich brutal und gemein in ihrer Kriegsführung, aber sie werden Krieg noch selbst zu spüren bekommen und dann gnade ihnen Gott! Ich hoffe, dass ihr alle gesund seid. Euer Hans"

Da wurde er natürlich durch die Informationspolitik der Nazis negativ beeinflusst. Denn nicht die Engländer waren „brutal und gemein", die Angriffe waren lediglich Reaktionen auf die Brutalitäten Hitlers.

Der nächste Brief, vom 18. Juli 1940, belegt, dass Hans endlich nach Deutschland zurück verlegt wurde, und zwar nach Marburg. Allerdings schließt er von seinen eingeschränkten Kriegserfahrungen in einem zerstörten Teil Frankreichs gleich auf das ganze Land, dabei hat er nur einen Bruchteil eines wirklich interessanten, landschaftlich abwechslungsreichen Landes gesehen. „Liebe Eltern und Brüder! Gott-sei-Dank! Nun bin ich wieder in Deutschland! Am Dienstag sind wir von Reims mit einem Lazarettzug fortgefahren und waren heute Morgen bzw. heute Nacht in Marburg. Hier ist allerdings nur ein Teil hergekommen, die meisten sind nach Kassel gekommen. Welch ein Unterschied ist es doch, wenn man von Frankreich nach Deutschland kommt. Man kommt sich vor, als wenn man aus einer Wüste ins gesegnete Land kommt.

Luxemburg bildet den Übergang dazu. Es ist wirklich so: Frankreich ist doch gegenüber Deutschland eine Steppe und Wüste. Das Mosel- und Lahntal ist wirklich eine phantastisch schöne Gegend. Es wäre nicht auszudenken, wenn Franzosen hier gehaust hätten. Wenn man erst einmal diesen krassen Unterschied gesehen hat, dann weiß man erst richtig, wie schön doch unser Deutschland ist. Hier in Marburg gefällt es mir ausgezeichnet. Hier ist es wirklich so, wie es in der Zeitung steht. Ich liege hier in der ‚Landesheilanstalt' in der wir wahrscheinlich vom Wahnsinn geheilt werden sollen. (Anm.: Das entspricht, in makabrer Weise, wohl fast der Wirklichkeit.)

Jetzt ist es natürlich Kriegslazarett. Und herrlich ist es hier. Es liegt am Stadtrand und anschließend ist ein Wald. Im ganzen weiten Hintergelände können wir so viel herumlaufen, wie wir lustig sind. Und in die Stadt können wir jeden Tag gehen. Ich muss mir nur erst wieder eine Uniform besorgen. Alles was ich noch habe, ist meine Hose und ein paar Hemden. Meine Jacke ist natürlich vollkommen zerrissen und durchlöchert auf dem Rücken, und meine Stiefel mussten sie mir damals aufschneiden, weil drei Mann sie nicht ausziehen konnten. Na, welch ein Wunder auch, wenn man acht Tage lang die Stiefel nicht mehr ausgezogen hatte. Das erste ist, wenn ich in die Stadt gehe, der Weg zum Barbier. Fünf Wochen habe ich nämlich keinen mehr gesehen. Ebenso muss ich mir Rasierzeug und ähnliches kaufen. Ich schicke euch jetzt ein Paket mit Sachen, die ich nicht brauche. Aus Frankreich habe ich eine Flasche Cognac mitgebracht, die schicke ich auch. Es ist etwas ganz Vorzügliches. Wenn ich gewusst hätte, dass keine Zollkontrolle war, ach du liebe Zeit!!

Schreibt doch bitte so bald wie möglich, denn wer weiß, wie lange ich noch hier bin. Sehr lange wird es mit der Heilung nicht mehr dauern. Es sind noch einige Löcher im Rücken, aber die sind bald zu. Und dann werde ich wahrscheinlich zum Ersatztruppenteil kommen. Hoffentlich gibt's dann noch etwas Urlaub hinterher. Nun seid herzlich gegrüßt von euerm Hans"

Die „Wüste und Steppe" in Frankreich sind entstanden, weil dort die Deutschen im Ersten Weltkrieg „gehaust haben". Wie ganz Nordfrankreich war diese Gegend im Ersten Weltkrieg heiß umkämpft und wurde nahezu völlig verwüstet. Hans ist tatsächlich noch recht unerfahren in seinen Beurteilungen. Inmitten des Krieges hat er außerdem die Vorstellung gehabt, dass es Zollkontrollen gibt. Hans hat es doch sowas von gut: Marburg ist herrlich, er kann in die Stadt gehen - und die „Löcher" auf dem Rücken sind auch bald zu! Hans' Eltern haben sich tatsächlich auf die Reise nach Marburg begeben, um ihren verwundeten Sohn im Lazarett zu besuchen. Das kann man dem nächsten Brief, der mit Tinte am 27. Juli 1940 geschrieben wurde und an seinen Bruder Ernst gerichtet ist, entnehmen: „Lieber Ernst! Gerade habe ich Vater und Mutter zur Bahn gebracht und mit ihnen noch zusammen gegessen. Sie wollten erst noch eine Rheinfahrt machen und auch noch nach Wiesbaden, aber schließlich habe sie es sich doch anders überlegt und sind nach Berlin gefahren. Ich habe ihnen auch sehr dazu geraten, denn sonst würde es doch zu teuer werden.

Hier in Marburg ist es herrlich. Wenn auch nachts hin und wieder mal Fliegeralarm gewesen ist, aber im Keller waren wir nicht, ganz davon abgesehen, dass ich es überhaupt nie gehört habe. Vater und Mutter waren letzte Nacht auch im Keller. Ich habe es ,fast' ebenso gut wie du jetzt, nur dass ich nicht ganz so viel verdiene. In einem riesigen Wald können wir den ganzen Tag spazieren gehen, ohne Urlaubsschein und Uniform.

Für deine Briefe, die ich nie erhalten habe, noch recht vielen Dank, lieber Enne. Aber es freut mich, dass du auch mal an mich gedacht hast. Aber sag mal, wie ist es eigentlich mit dir? Mutter sagte, dass du Sportlehrer werden willst. Ich kann dir nur dazu raten. Hier ist auch ein Sportstudent. Ich werde mich mal bei ihm erkundigen, wie es mit der Laufbahn steht. Ich schreibe dir dann im nächsten Brief das Wissenswerte. Du musst ja ne dolle Kanone sein. Schreibe mir doch mal, was du so geleistet hast. Das Thema ‚Penne‘ will ich hier lieber nicht anschneiden. Aber sieh zu, dass du bald das Abitur kriegst.

Sobald Vater und Mutter wieder zu Hause sind, schickt mir dann bitte einen Teil meiner Zigaretten und mein Briefpapier. Nun wüsste ich eigentlich nicht mehr, was ich dir noch schreiben sollte. Also bis zum nächsten Brief. Herzliche Grüße an dich, lieber Enne, Dein Bruder Hans"

Hier werden auch schon die später immer dringender benötigten „Zigaretten" erwähnt. Es folgen zwei weitere kurze Briefe aus Marburg, der erste vom 2. August 1940: „Liebe Eltern und Geschwister! Ich habe euren Brief erhalten. Ich danke dir, lieber Vater, dass du auf dem OKM (=Oberkommando Marine) und der TH warst. Zu dem Gesuch habe ich eigentlich nichts Besonderes mehr hinzuzufügen. Ich glaube allerdings nicht, dass es so schnell geht, wie du dir denkst, denn ich nehme an, dass man auch meine Papiere schon von der Truppe zum Ersatztruppenteil geschickt hat. Wie lange ich jetzt hier nun noch bleibe, kann ich euch beim besten Willen nicht sagen. Aber die Wunden sind jetzt bald ganz zu. Sobald ich weiß, wann ich hier fortkomme, werde ich euch schreiben.

Ich war heute Morgen mit einem Kameraden auf dem Frankenberg. - Der bewusste Berg, wo ich erst mit euch hin wollte, der aber doch zu weit weg war. - Nun sind wir ganz großschnäuzig mit einer Kutsche gefahren. Man lud uns dazu ein, als wir unten auf der Straße spazieren gingen. Zurück sind wir eine Stunde getippelt, ca. fünf km.

Aber da oben war es herrlich. Das hättet ihr sehen müssen. Oben auf dem Berg steht eine alte Ruine und von dort kann man das ganze Lahntal und noch viel weiter sehen.

Morgen werde ich euch ein oder zwei Päckchen schicken, mit allerhand Sachen für mich. Wir hätten nur eher wissen sollen, dass das Wehrmachtsbekleidungslager nur zwei Minuten von der Anstalt liegt. Da liegt das ganze Zeug, das von den Truppen zurückgeschickt wurde, als alt und unbrauchbar, bis unter die Decke gestapelt. Aber es ist auch ebenso viel neues Zeug darunter. Da sitzen nun sehr viele Frauen und sortieren das. Und die haben so viel Mitleid mit so einem armen Soldaten, der da ankommt. Jedenfalls habe ich zwei schöne Pullover zum Segeln. Einen davon kann Enne bekommen. Herzliche Grüße Hans"

In dem zweiten Brief vom 5. August 1940 teilt Hans mit, dass er eine militärische Ehrung erhalten hat: „Liebe Eltern und Brüder! Ich habe euch eine für mich äußerst freudige Mitteilung zu machen. Gestern erhielt ich per Einschreiben das EK II. Klasse (=Eisernes Kreuz, Kriegsauszeichnung) und auch das Verwundetenabzeichen. Ich habe mich wirklich sehr dazu gefreut, zumal es für mich völlig überraschend kam. Es hat nur die unangenehme Folge, dass ich es jetzt in der Stube mehr oder weniger bezahlen muss. Und dazu brauche ich natürlich etwas mehr Geld als vorgesehen. Schicke doch bitte, lieber Vater, telegrafisch etwas Geld. Das Schreiben von der Kompanie lege ich bei. Brief an Ernst betr. seines Berufes folgt. Euer Hans"

Das versteht man nicht ganz: Wieso muss derjenige, der Abzeichen und Eisernes Kreuz verliehen bekommt, dafür bezahlen? Oder musste man für das Einschreiben bezahlen? Kann auch sein, dass Hans einen Grund suchte, um Geld zu erhalten. Den angekündigten Brief, mit Ratschlägen und Ermahnungen, an seinen Bruder Ernst, der achtzehn Jahre alt ist, schreibt er zwei Tage später, am 7. August 1940: „Lieber Ernst! Heute Morgen habe ich deinen Brief erhalten und will dir jetzt gleich antworten. Wenn ich so lese, wie du deine Faulheit pflegst, könnte ich beinahe vor Neid platzen. Und obendrein zehrst du noch die schweren Gemeindesteuern auf. Aber nun Scherz beiseite. Es ist ja doch für dich und auch für Vater und Mutter sehr schön, dass du etwas Geld ins Haus bringst. Zu deinem sportlichen Erfolg meinen herzlichen Glückwunsch. Du vollbringst ja phantastische Leistungen. Wenn du in Breslau bist, werde ich für dich beide Daumen drücken, bis sie verstaucht sind.

Nun zu deiner Berufsfrage. Ich habe mich mit meinem Kameraden darüber unterhalten, und er hat mir folgendes erzählt: Du musst erstens einmal nicht nur ein guter Sportler sein, sondern vor allem die Fähigkeit haben, den Schülern Übungen richtig beizubringen. Das Studium ist verhältnismäßig lang. Zuerst musst du ein Semester an einer ‚Hochschule für Lehrerbildung' machen und dann auf die Universität gehen und Medizin studieren. Dort musst du ca. vier Semester bleiben, nämlich bis du das Physikum hast. Und dann kannst du endlich auf die ‚Hochschule für Leibesübungen' in Berlin. Ungefähr sechs Semester wirst du dort bleiben müssen. Nun musst du dich hier allerdings entschließen, außer Sport und Turnen noch drei Fächer zu nehmen. Das ist ja auch ganz klar. Denn du willst doch Sportlehrer an einer höheren Schule werden und du weißt ja auch, dass du in anderen Fächern unterrichten musst, und schließlich bleibst du ja auch nicht ewig ein junger Kerl.

Du kannst dir die Fächer selbstverständlich wählen. Entweder naturwissenschaftliche (Mathematik, Physik, Chemie) oder sprachlich, oder Deutsch, Geschichte, Erdkunde. Vielleicht liegt dir Religion auch gut. Nun wirst du als Sportlehrer wohl nicht viel verdienen, aber du hast dann ja auch die Möglichkeit bei einem Verein als Trainer oder noch besser als Sportlehrer in einen großen Betrieb zu gehen. Dann kannst du, wenn du etwas Glück hast, sehr viel verdienen. An eine Schule kannst du später dann immer noch gehen oder sogar beides zu gleicher Zeit machen. Als Pauker lebst du nachher dann einen ruhigen Tag. Auf einer Hochschule für Leibesübungen lernst du alle Sportarten, die es gibt: Vom Schwimmen bis zum Skilaufen. Also auch Segeln, Rudern, Reiten usw.

So, das wäre alles, was ich dir über deine Berufsaussichten mitteilen kann. Ich hoffe, dass es ausführlich genug ist. Etwas sehr Wichtiges hatte ich vergessen: Bevor du anfängst zu studieren, musst du beim Arbeitsdienst und zwei Jahre beim Militär gewesen sein. So, nun aber bestimmt alles. Wenn du zu Hause auch gerade große sportliche Leistungen vollbringst, so habe ich doch auch ein kleines Andenken aus dem Krieg mitgebracht. Du wirst es inzwischen wohl erfahren haben, dass ich das EK II erhalten habe. Ja, ich hatte nie im Traum daran gedacht, aber gefreut habe ich mich natürlich umso mehr. Nun grüße bitte alle herzlichst. Dein Bruder Hans"

Eine sehr drastische Darstellung des beabsichtigten Sport-Studiums. Ob das damals tatsächlich so gehandhabt wurde, wissen wir nicht, es kann auch sein, dass es abschreckend auf den Bruder wirken sollte. Vielleicht hatte auch der Kamerad in seiner Schilderung übertrieben. Es wäre damit ein äußerst aufwendiges und umfangreiches Studium gewesen, das eigentlich sechs Studienrichtungen umfasste. Erstens: Hochschule für Lehrerbildung (heute: Pädagogik), zweitens: Medizin, drittens: Hochschule für Leibesübungen (Sport),sowie drei weitere Fächer entweder Mathe/Physik/ Chemie. Oder Deutsch /Geschichte/Erdkunde. Oder Fremdsprachen. Der Verdienst im Verhältnis zur langen Ausbildung/Studium dann leider eher gering. Der bereits existierende Krieg wird bei der ausführlichen Schilderung des möglichen Werdegangs Ennes ausgeblendet: Arbeitsdienst und zwei Jahre Militär werden wohl zu dem Zeitpunkt nicht mehr so durchgeführt worden sein. Hans erwähnt sein „kleines Andenken aus dem Krieg": Das ist ja eigentlich seine Verwundung, die Narben, aber er bezieht es auf das ihm verliehene Eiserne Kreuz. So konnte das Hitler-Regime, das Militär, die jungen Soldaten wieder für sich einnehmen und motivieren.

Bis Anfang September ist er noch in Marburg. Er schreibt natürlich fleißig Briefe nach Hause, vier insgesamt. Am 13. August 1940: „Über meine Entlassung aus dem Lazarett hat man sich noch nicht geäußert. Aber es geht mir sehr gut. Allmählich lichten sich die Reihen auch schon sehr stark hier. Es sind jetzt vielleicht noch knapp dreißig Mann hier. In der Nacht von Samstag auf Montag haben die Engländer hier in Marburg eine Bombe abgeworfen. Sie hat ein Loch in die Straße gerissen, ein paar Fenster zertrümmert und sonst nichts. Ich habe allerdings nichts davon gehört. Fliegeralarm ist fast jede

Nacht, aber ich habe es erst einmal gehört. Nun seid alle herzlichst gegrüßt von eurem Hans."

Am 22. August 1940 äußert sich Hans unter anderem zu bestimmten Vorhaltungen seines Vaters: „ Gesundheitlich geht es mir sehr gut. Auf der linken Seite ist nur noch ein kleines Loch, das aber auch bald zugeheilt ist. Vielleicht werde ich nächste Woche entlassen, aber dann schreibe ich natürlich vorher. Hier sind jetzt noch fünfzehn Mann. Flieger waren in den letzten Nächten nicht mehr hier. Wenn nur das Wetter einmal etwas besser werden würde. Es ist geradezu herbstlich kalt und außerdem regnet es dauernd.

Als ich die dritte Seite deines vorigen Briefes gelesen hatte, lieber Vater, du musst bitte entschuldigen, aber da musste ich doch etwas lachen. Man stelle sich das einfach illustriert vor: Ich mit Fräulein S. ein Verhältnis! Nein, mir steht der Kopf immer noch da, wo er hingehört, ganz davon abgesehen, dass es ganz was Unmögliches wäre. Alt und jung kann ich noch ganz gut unterscheiden. Wenn es ihr aber Spaß macht, mir Briefe zu schreiben, kann sie es doch ruhig tun. Ich denke mir jedenfalls gar nichts dabei: Außerdem ist der Inhalt der Briefe ja auch ziemlich belanglos gewesen und seit letztem Jahr haben wir uns überhaupt nicht mehr geschrieben. Also, lieber Vater, du brauchst wirklich keine Angst zu haben, dass ich auf dumme Gedanken komme. Ich habe nicht das Bedürfnis, eine Freundin zu haben. Dazu braucht man erstens Geld und zweitens viel Zeit. Und diese materiellen Voraussetzungen habe ich bisher noch nie gehabt.

Weiter wüsste ich über den Fall nichts zu sagen. Ich habe so geschrieben, wie die Tatsachen liegen und hoffe, dass du zufrieden bist. Ich habe doch nichts Schlechtes getan.

Hoffentlich kann meine Reklamation beim Wehrmeldeamt durchgesetzt werden. Ich danke dir, lieber Vater, dass du dich darum bemühst. Nun seid alle herzlichst gegrüßt von euerm Hans"

In seinem nächsten Schreiben vom 29. August 1940 teilt er seine baldige Entlassung mit: „Ich kann euch nun endgültig sagen, wann ich hier entlassen werde. Also, am nächsten Dienstag geht es von hier fort. Ich bin dann fast der Letzte hier. Am Montagabend fahre ich bereits hier weg und bin dann Dienstag früh in Berlin. Dort bleibe ich den Tag bei Herta und fahre am Mittwoch weiter nach Landsberg. Und dort hoffe ich, Heimaturlaub zu bekommen. Augenblicklich ist es hier lausig kalt. ‚Daher auch die schlechte Schrift!' Meine Hände sind nämlich ganz kalt. Und es regnet Bindfäden. Aber bei euch ist es wohl nicht besser. Hier im Lazarett habe ich einen ganz guten Freund gefunden. Ein Würzburger. Ist aber schon entlassen. Ja, wo trifft sich die vornehme Welt Mitteleuropas? In Marburg an der Lahn! Ich hoffe, euch nun bald wiederzusehen. Bis dahin, herzliche Grüße euer Hans"

Es kommt eine Nachricht von ihm, geschrieben am 1. September 1940 in Marburg, die eine Änderung beinhaltet: „In diesem Paket schicke ich euch meine sämtlichen Sachen, die ich nicht unbedingt brauche. Wie ihr seht, habe ich noch einen Pullover bekommen und ein paar Handschuhe, für den Pullover finde ich bestimmt noch Verwendung. Schaden können die Sachen ja nie. Und was man in dieser Zeit ohne Punkte und Geld bekommt, muss man schon zu schätzen wissen. Ich komme übrigens nicht nach Landsberg, sondern nach Frankfurt/Oder. Die Landsberger Kompanie scheint nicht mehr zu bestehen. Das hat in meinem Soldbuch gestanden, aber da habe ich natürlich nie reingesehen. Ernst schrieb mir eben eine Karte aus Breslau. Er hat 50 Konkurrenten. Ich habe den Daumen für ihn gedrückt. Herzliche Grüße euer Hans"

Anscheinend hatte es dann geklappt mit der Verlegung nach Frankfurt/Oder. Das kann man in seinem Brief vom 5. September 1940 aus Frankfurt lesen: „Bin jetzt in Frankfurt angelangt und einer Genesenden Kompanie zugeteilt. Der Arzt hat einen vierzehntägigen Genesungsurlaub befürwortet. Das Urlaubsgesuch habe ich bereits geschrieben. Es kann aber noch acht bis zehn Tage dauern, bis ich auf Urlaub komme, da das Gesuch erst über das Bataillon und dann übers Regiment geht. Hier in der Genesungsanlage sind schon wieder sehr viele aus meinem Regiment durchgegangen. Es sind jetzt eine ganze Menge hier. Das scheint 'ne feine Sache hier zu sein. Im Keller (=Luftschutzraum) haben wir heute Nacht auch gleich gesessen, aber nur eine Stunde. Wir haben hier jetzt das herrlichste Wetter. Meine

Anschrift: 1.Genesungs -Kompanie, Infanterie Ersatz Bataillon 8, Frankfurt/Oder. Nun seid herzlichst gegrüßt von euerm Hans"

Das Urlaubsgesuch wurde genehmigt, wie der nächsten Brief aus Hamburg, vom 13. September 1940 belegt: „Liebe Eltern und Brüder! Ja, nun bin ich bereits in Hamburg. Am Mittwochabend bin ich von Frankfurt fortgefahren und bin gestern bei Herta geblieben(in Berlin). Dienstagabend bekamen wir Bescheid, dass wir ab Donnerstag auf Erholungsurlaub fahren sollten. Mittwoch nach Dienstschluss durften wir schon abziehen. Die Sache hat aber einen Haken: Zu meinem Geburtstag (26. September) muss ich nämlich wieder da sein!! Ich fragte den Spieß, ob ich nicht zwei Tage später fahren könnte, aber das ginge nicht, weil die Urlaubsscheine schon geschrieben seien.

Dass ich erst nach Hamburg fahren würde, habe ich euch danach ja geschrieben, weil Tante Berta mich eingeladen hatte. In Berlin war ich auf dem WBK. Von dort ist der Antrag genehmigt und war am Tage vorher zur Truppe gegangen. Also vorgestern. Nun hängt es natürlich von den Herren in Frankfurt ab, wie sie sich dazu stellen. Besonders große Hoffnung habe ich nicht.

Nun werde ich mir erst einmal Hamburg ansehen. Seid herzlichst gegrüßt von euerm Hans"

Bemühungen und Sorgen der Eltern

Die Eltern machen sich offensichtlich große Sorgen um ihren ältesten Sohn. Vater Ernst musste bereits den Tod seiner ersten Frau Antonie und seines erstgeborenen Sohnes verkraften, wodurch er wahrscheinlich noch sensibler als andere zur damaligen Zeit, auf alles, was eine Gefahr für seinen Sohn Hans bedeuten könnte, reagiert. Trotz oder vielleicht gerade wegen der Beteuerungen von Hans, dass es ihm eigentlich sehr gut gehe.

An Hans' Entlassung aus dem Wehrdienst ist sein Vater Ernst maßgeblich beteiligt. Er hat die notwendigen Anträge gestellt: An das Wehrmeldeamt und die Technische Hochschule, Berlin-Charlottenburg.

Vater Ernst, richtet bereits am 15. August 1940 ein Schreiben an die Technische Hochschule, Berlin-Charlottenburg: „Mein Sohn Hans, welcher Schiffsmaschinenbau studierte und am 1. Dezember zum Heeresdienst einberufen wurde, ist am 13. Juni in den Kämpfen an der Marne verwundet worden und z.Zt. im Lazarett in Marburg/Lahn. Mit Rücksicht auf die Verwundung beabsichtige ich für Hans ein Reklamationsgesuch an seinen Truppenteil einzureichen, damit er sein Studium fortsetzen kann. In diesem Gesuch möchte ich erwähnen, dass Hans in der im Januar des Jahres von dem OKM angeforderten Reklamationsliste mit enthalten ist.

Ich darf Sie daher wohl bitten, mir in einem Schreiben zu bestätigen, dass Hans dort Schiffsmaschinenbau studierte und im Januar d.J. dem OKM auf Grund einer allgemeinen Aufforderung mit zur Reklamation aufgegeben worden ist. Das erbetene Bestätigungsschreiben werde ich dem Gesuch beilegen. Im Voraus besten Dank, zeichne ich (Ernst L.)"

Die Bestätigung, vom 20. August 1940, sieht wie folgt aus: „Dem Studierenden Hans L., geb. am 26. September 1918 wird hiermit bestätig, dass er seit April 1939 an der Technischen Hochschule Berlin für Fachrichtung Schiffsmaschinenbau unter Matr.Nr.5307 eingeschrieben ist und bereits zwei Studientrimester absolviert hat. Seit seiner Einberufung zum Heeresdienst (Dezember 39) ist er beurlaubt. Aufnahmebüro"

Es folgt dann ein Schreiben vom 30. August 1940 von Vater Ernst an das Wehrmeldeamt Berlin-Charlottenburg mit dem „Betreff: Soldat Hans L. Jahrgang 1918. Mein Sohn Johannes, genannt Hans, geboren am 26. September 1918, welcher in Berlin-Charlottenburg Schiffsmaschinenbau studierte, ist am 1. Dezember 1939 von dort zum Wehrdienst Infanterie Nachrichten Ersatz Kompanie 257 Landsberg/Warthe einberufen worden.

Nach erfolgter Ausbildung kam Hans zu der Einheit Feldpost-Nr. 15190, ist an den Kämpfen an der Marne am 13. Juni 1940 schwer verwundet worden und zurzeit im Reservelazarett III. Heilanstalten Marburg/Lahn. Da es wohl fraglich ist, dass Hans wieder voll front-dienstfähig wird, bitte ich zu prüfen, ob auf Grund der Verwundung eine Entlassung oder eine Beurlaubung aus dem Heeresdienst mög-lich ist, damit er sein Studium an der Hochschule Charlottenburg fort-setzen kann.

Hierbei erlaube ich mir darauf hinzuweisen, dass soweit mir be-kannt, vom OKM mit Rücksicht auf den Nachwuchs gewünscht wird, dass Studierende der Fachrichtung Schiffsmaschinenbau, soweit ent-behrlich, beschleunigt das Studium fortsetzen sollen. Soweit mir be-kannt, soll Hans auch in einer allgemeinen Reklamationsliste des OKM mit enthalten sein. Eine Bestätigung der TH Berlin vom 20. d.M., nach welcher Hans dort für die Fachrichtung Schiffsmaschi-nenbau unter Nr.5307 eingeschrieben ist, füge ich als Anlage bei. Da ich vier Kinder habe, von welchen noch zwei weitere Jungen in der Ausbildung sind, liegt mir sehr daran, dass Hans mit dem Studium weiter kommt."

Tatsächlich hat er mit seinem Antrag Erfolg, denn im Oktober 1940 wird Hans aufgrund „schwerer Verwundung" aus dem Wehr-dienst entlassen, um sein Studium fortzusetzen.

Am 3. Oktober 1940 informiert Hans, aus Frankfurt, seine Eltern über die bevorstehende Entlassung: „Liebe Eltern! Schickt mir bitte: Meinen dunklen Anzug, Mantel, Hemd, Unterhemd und -hose, Schlips, Strümpfe und die schwarzen Schuhe. Ich werde dann entlassen, sobald die Sachen hier sind. Ich lege die Paketkarte bei. Benutzt sie bitte, dann geht es mit der Beförderung schneller. Ich kam heute zur Nachrichten Kompanie und da fragte mich der Spieß gleich, wie lange es wohl dauern würde, bis mein Zivilzeug hier sein kann. Herzliche Grüße Hans"

Geschickt angebrachte Ermahnung, die Sachen zügig an ihn abzuschicken.

Am 22. Oktober 1940 meldet er sich aus Berlin, er ist also tatsächlich aus dem Wehrdienst entlassen worden: „Liebe Eltern und Geschwister! Wie bereits telefoniert, ist hier alles in Ordnung. Auf der T.H. habe ich mich wieder angemeldet. Nun zu dir, liebe Mutter. Hast du meine Bezugsscheine schon bekommen? Wenn, dann schick sie mir bitte. Ebenfalls die Kleiderkarten. Wenn Herbert und Herta wiederkommen, dann werde ich mir doch gleich eine Bude suchen. Ich glaube, es ist am besten, wenn ich mir gleich ein Zimmer suche. Das ist für heute dann alles. Herzliche Grüße euer Hans"

Hans wohnt vorerst in der Berliner Wohnung seiner Schwester Herta, die selbst zu diesem Zeitpunkt bei seinen Eltern ist. Es finden Luft-Angriffe auf Berlin statt.

Er informiert Eltern und Herta mit seinem Brief vom 27. Oktober 1940 über den Tagesablauf in Berlin („Keller" steht für Luftschutzraum und Fliegeralarm) und erwähnt Dinge, die zu erledigen sind: „Liebe Eltern! Gerade komme ich aus dem Keller. Als ich den Brief anfangen wollte, bzw. wartete, dass mein Gespräch zu euch endlich kommen sollte, ertönte die Sirene. Um elf Uhr fünfzehn wurde schon Alarm gegeben und jetzt ist es zwölf Uhr dreißig. Gehört habe ich allerdings keine Flieger und wenig Schießen.

Aber nun zum Zweck meines Schreibens. Erstens Geflügelkarte: War heute, nein, gestern beim Händler und die Frau sagte mir, dass sie alle Karten an dich geschickt hatten, liebe Herta. Zweitens ist hier neulich von der Polizei ein schriftlich geschriebenes Schreiben gekommen: Vorladung, konnten wir durch den Umschlag lesen. Ist an die Polizei zurückgegangen. Blumen werden jeden Tag unter Wasser gesetzt. Hier ist alles in Ordnung. In der Carmerstrasse ist neulich eine Bombe gefallen. Mehrere Tote.

- Heute werde ich mir ein ganz frugales Mittagessen bereiten. Beefsteak steht auf der Speisekarte. Das wird ein Fraß für die Götter!! Sonst liegt hier nichts weiter vor. Seid alle herzlichst gegrüßt von euerm Hans"

Hans verwendet Briefpaper, welches oben links ein Logo trägt: „Chateau de Craonnelle. Par CRAONNE (Aisne)" Er wird es wahrscheinlich in Frankreich, während seiner Lazarettzeit, bekommen haben. Im Ersten Weltkrieg fanden in dieser Region heftige Kämpfe statt: „ Der Kanton Craonne ist eine ehemalige französische Verwaltungseinheit im Arrondissement Laon, im Department Aisne und in der Region Picardie; sein Hauptort war Craonne. Die landesweiten Änderungen in der Zusammensetzung der Kantone brachten im März 2015 seine Auflösung. Wie ganz Nordfrankreich war diese Gegend im Ersten Weltkrieg heiß umkämpft und wurde nahezu völlig verwüstet. Das winzig kleine Dorf Craonne wurde durch das gleichnamige ‚Chanson de Craonne', ein Anti-Kriegslied aus dem Ersten Weltkrieg, in ganz Frankreich zum Synonym für sinnloses, endloses Gemetzel ohne Ziel und Zweck eines (wie es in dem Lied heißt) ‚infamen Krieges'. " [22]

Der nächste Brief aus Berlin, vom 14. November 1940, berichtet vom Umzug in eine neue Wohnung: „Liebe Eltern und Brüder! Vorgestern habe ich meine neue Wohnung bezogen. Wohne nun in der Helmholtstraße. Das Zimmer gefällt mir vorläufig ganz gut. Für diesen Monat habe ich dreißig Mark bezahlt. Sonst ist es für den Monat mit Heizung und Licht vierzig Mark. Habt ihr schon meine zweite Kleiderkarte bekommen? Schickt mir bitte so bald wie möglich Nachthemden und Socken. Ich habe nicht ein Paar heile Strümpfe mehr.

Lieber Vater, zu Weihnachten wünsche ich mir eine Schreibmaschine. Hier in Berlin kann ich eine bekommen. Wenn ich jetzt dafür einen Bezugsschein habe, bekomme ich sie in drei bis vier Wochen. Ich würde mich sehr freuen, wenn du mir den Wunsch erfüllen würdest. Kosten würde sie ca. zweihundert Mark. Schreibe bitte, wie du darüber denkst. Nun seid alle herzlichst gegrüßt. Euer Hans"

Das Thema „Schreibmaschine" ist noch aktuell im Brief vom 21. November 1940, aus Berlin: „Liebe Eltern und Brüder! Habe euer liebes Paket und Brief soeben erhalten und will euch gleich antworten. Für die Äpfel recht vielen Dank. In drei bis vier Tagen werden sie wohl alle sein.

Schade, lieber Vater, dass du im Augenblick nicht so viel Geld für eine Schreibmaschine hast. Aber deine möchte ich eigentlich nicht. Sie ist mir zu groß und unhandlich. Es wird aber wohl möglich sein, dass ich hier eine alte kaufen könnte. Ich schätze, das würde auf achtzig bis einhundert Mark kommen. Wäre das nicht eine Möglichkeit? Meine Übungen für mechanische Technologie habe ich mit Herberts Maschine geschrieben. Es macht wirklich einen viel besseren Eindruck, wenn alles mit Maschine geschrieben ist. Leider kann ich die von Herbert nun natürlich nicht mehr bekommen. Schreibe mir doch bitte gleich, ob du einverstanden bist.

Hier sind die Flieger in der letzten Zeit seltener gewesen. Neulich haben sie hier drei abgeschossen.

Wie ich dir schon damals sagte, lieber Vater, habe ich in diesem Monat sehr viele Ausgaben gehabt. Für den nächsten Monat möchte ich dir auch gleich schreiben, was ich brauche. Einschließlich Fahrgeld einhundertvierzig Mark. Wenn ich Weihnachten komme, werde ich aber bestimmt noch einige Mark wieder mitbringen. Mir geht es sonst gut, nur dass ich mir oft nachmittags Kuchen kaufen muss, weil ich nach dem Essen erst richtigen Hunger bekomme. Es gibt meistens nicht sehr viel zu Mittag. Auch das sind sehr viele Mehrausgaben. Herzliche Grüße Hans"

Zwei weitere Jahre in Berlin - März 1940 bis Dezember 1942

Von September 1940 bis zum Oktober 1942 ist Hans also in der besonderen Situation, dass er mitten im Krieg sein Studium wieder aufnehmen kann. Allerdings mit einer Unterbrechung, von Januar bis März 1940 muss er nach Cottbus, da er erneut einberufen wurde.

Am 22. Januar 1941 schreibt er dann einen Brief aus Cottbus, von der „Infanterie Nachrichten Kompanie 207", in der Herman-Löns-Kaserne: „Liebe Eltern und Brüder! Bin heute hier in Cottbus eingetroffen und mache vorläufig noch gar nichts. Morgen werden wir wohl untersucht. Wenn ich tatsächlich dabei bleiben muss, werden wir wohl nicht sehr lange hierbleiben. Es war mir leider nicht möglich, etwas auf dem WBK zu erreichen. Ich habe es mit allen Mitteln und Möglichkeiten versucht, aber es war nichts zu machen. In einigen Tagen wird aber sicher schon etwas mehr Klarheit geschaffen sein. Bis zum nächsten Mal, herzliche Grüße Hans"

Im zweiten Brief vom 27. Januar 1941 geht es um die „Garnisonsdienstverwendungsfähigkeit": „Lieber Vater! Herzlichen Dank für deinen Brief. Heute Morgen sind wir untersucht worden. Der gute alte Oberstabsarzt hatte ja kein gerade allzu großes medizinisches Wissen. Ist ja auch kein Wunder, wenn er ‚Zahnarzt' ist. Aber jedenfalls hat er mich ‚g.v.h. ' geschrieben. Also Garnisonsdienstverwendungsfähig. Er meinte, wie du mit ihm besprochen hast, dass ich auf diese Weise am besten zum Studium kommen kann, oder jedenfalls von der Marine angefordert werden könnte. Wie du mir nun schreibst, ist es mit der Anforderung von der Marine leider nichts, aber du kannst nun ja gleich ein Gesuch einreichen. Hoffentlich hat es Erfolg. Sonst ist hier nichts Besonderes. Es grüßt euch alle recht herzlich euer Hans"

Sein Vater Ernst, der zu diesem Zeitpunkt fünfundfünfzig Jahre alt ist, versucht wieder alles, um seinem Sohn den erneuten Heeresdienst zu ersparen. Der Vater hat die Durchschläge seiner Schreiben an die verschiedenen Behörden (Wehrmeldeamt, Finanzamt, Technische Hochschule) mit in dem Ordner abgeheftet. Am 31. Januar 1941 schickt er ein Schreiben an das Wehrmeldeamt, Berlin-Charlottenburg: „Mein Sohn Hans war im September 40 aufgrund einer schweren Verwundung zur Fortsetzung seines Studiums, aus dem Wehrdienst entlassen, und nun am 23. Januar 41 von dort wieder zum Heeresdienst einberufen worden, obgleich er nach der Verwundung noch nicht wieder hergestellt ist und noch sehr an den Folgen derselben zu leiden hat. Hans ist z.Z. Soldat, Inftr. Nachr.Ers.Komp. 208 in Cottbus, Herrmann-Löns-Kaserne, ist dort inzwischen untersucht und wegen seiner Verwundung nur garnisonsdienstfähig geschrieben worden.

Wie aus meinem Antrag vom 30. August 1940 und der damals als Anlage übersandten Bestätigung der Techn. Hochschule Charlottenburg ersichtlich, studiert Hans Schiffsmaschinenbau. Da in der Marine und auf den Werften ein großer Mangel an Schiffsmaschinenbauern vorhanden ist, sind vor ca. einem Jahr zum Wehrdienst einberufene Studierende dieser Fachrichtung, vom OKM durch eine allgemeine Reklamationsliste, in welcher auch Hans mit aufgeführt war, wieder angefordert worden. Nach meiner jetzigen Erkundigung in der zuständigen Abteilung des OKM wird auch jetzt vom OKM dringend gewünscht, dass Studierende der Fachrichtung Schiffsmaschinenbau zunächst ihr Studium beenden. Ich darf Sie wohl bitten, sich dieses vom OKM bestätigen zu lassen.

Da Hans nur garnisonsdienstfähig ist und in der nächsten Zeit keine Änderung zu erwarten ist, wird er sicher besser seine Pflicht erfüllen, wenn er im Sinne des OKM sein Studium fortsetzen darf, zumal er an der Front schon sein Opfer gebracht hat. In Anbetracht der vorliegenden Verhältnisse, bitte ich daher, Hans zur Fortsetzung seines Studiums vom Wehrdienst zu entlassen oder zu beurlauben. Über meine persönlichen Verhältnisse teile ich noch mit, dass ich vier Kinder habe, darunter drei Jungens, welche noch alle in der Ausbildung sind.“

Hans schreibt noch drei weitere Briefe aus Cottbus, am 6., 12.und 18. Februar 1941. Zum Dienst in der Infanterie-Nachrichten Kompanie berichtet er folgendes: „Augenblicklich bin ich beim Zahnarzt in Behandlung, was mir die Gelegenheit verschafft, in dieser Woche so gut wie keinen Dienst zu machen. Von Dienst kann hier überhaupt nicht die Rede sein. Es ist fast ebenso gemütlich, wie der der Genesenden Kompanie. Und wenn man mal zu faul ist, zum sogenannten Dienst zu gehen, dann spielt man eine Runde Skat. Das ist so der richtige Betrieb für mich. Betrüblich ist nur die Tatsache, dass diese Zeit absolut verloren ist. Hoffentlich hast du nun Erfolg, lieber Vater, mit dem Gesuch. Hin und wieder gehen wir mal ins Theater, das eigentlich ganz gut ist. Oder wir trinken mal eine Tasse Kaffee mit mehreren Kuchen dazu und gehen natürlich auch mal ins Kino. Lieber Vater, könntest du mir da nicht doch etwas Geld schicken? Man gibt doch etwas mehr Geld aus, als wenn man im Zivilleben ist. Seid alle herzlichst gegrüßt von eurem Hans"

In seinem Brief vom 18. Februar 1941 deutet Hans an, dass er vielleicht doch bald entlassen werden könnte: „Liebe Eltern und Brüder! Heute sagte mir einer aus der Schreibstube, dass für mich ein U.K.(=Unabkömmlich) Antrag vorliege. Also ist er vom WBK genehmigt. Ich hoffe nun, dass die Kompanie nichts dagegen hat, dass ich entlassen werde. Dann liegt es nur noch am Regiment, um mich laufen zu lassen. Es wird allerdings noch ein paar Tage dauern, bis ich erfahre, wie es damit steht. Nun möchte ich euch nur noch um eines bitten: Schreibt bald mal!! Ich werde sonst wahnsinnig. Herzliche Grüße Euer Hans"

Am 1. März 1941 erhält er seinen Entlassungsschein für diese Zeit aktiven Wehrdienstes. „Entlassungsschein- Der Schütze Johannes L., geb. am 26.9.1918, hat vom 22. Januar 1941 bis 1. März 1941 aktiven Wehrdienst geleistet. Er wurde am 1. März 41 nach Berlin, Bez.15, Kurfürstendamm bei Dr. Haufe, entlassen. Er hat am Entlassungstag erhalten: a) den Wehrpass, b)Wehrsold bis einschließlich 15.3.41, monatlich 30,- c)Unterkunftsvergütung bis einschließlich 15.3.41, d)Naturalverpflegung bis einschließlich 3.3.41, e)Verpflegungsgeld bis einschließlich 15.3.41. Cottbus, den 1.3.41"

Hans zieht wieder nach Berlin, da er nun die Möglichkeit bekommen hat, sein Studium fortzusetzen.

Im Brief vom 5. März 1941 schreibt er aus Berlin: „Liebe Eltern und Brüder! Soeben erhalte ich Kenntnis davon, dass ihr ein paar Fische nach Berlin abgeschickt habt. Morgen bin ich deshalb bei Herta zum Mittag eingeladen. Inzwischen habe ich mir auch wieder eine sturmfreie Bude gesucht. In der Nähe der letzten. Es ist jetzt sehr schwer, etwas Ordentliches zu finden. Fast überall muss man Bettwäsche zugeben. Ich zahle hier vierzig Mark, aber ohne Bettwäsche. Dafür aber alles andere. Außerdem habe ich Telefon. Das ist natürlich sehr günstig. Die Wirtsleute scheinen ganz ordentlich zu sein. Ein älteres Ehepaar. Das Zimmer gefällt mir ganz gut. Heizung ist im Preis nicht mit einbegriffen und kostet pro Tag zwanzig Pfennig. Das ist nicht zu viel. Meistens nimmt man dreißig Pfennig und mehr. Meine Anschrift: Berlin-Charlottenburg, Charlottenburger Ufer. Herzliche Grüße euer Hans"

Am 14. März 1941 geht es im Brief von Hans um einen Honorar-Erlass, wahrscheinlich Erlass von Studiengebühren: „Heute Morgen erst ist der Termin für Anträge im Honorar-Erlass bekannt gegeben worden. Dafür sind nun eine Menge Formalitäten zu erledigen. Lieber Vater, ich schicke dir die beiden Formulare mit, die du beide unterschreiben musst. Das Zeugnis über die wirtschaftlichen Verhältnisse muss auch vom Finanzamt bescheinigt werden."

Der Antrag um „Honarar-Erlaß" der Technischen Hochschule Berlin vom 14. März 41 wurde auch aufbewahrt. Unter Punkt J. wird der politische Einsatz abgefragt, die Mitgliedschaft in der NSDAP wird mit ‚Nein' beantwortet.

In einer Aufzeichnung des „Haushaltsplans" von Hans steht: „Ausgaben: Wohnung viermal 180,-, Essen viermal 135,-, Sonstiges viermal 30,-, Bücher-u. Studienbedarf 30,-, Studiengebühren 200,-, Kleidung 20,-„

Hans nächster Brief, vom 24. April 1941, enthält Fragen zu seinen Brüdern: „Liebe Eltern und Brüder! Also Ernst kommt nun auch mit weg? Ja, wie ist es dann? Können sie denn dort auch weiter zur Schule gehen? Aber das nehme ich doch an. Aber Ernst und Jochen können doch ihre Tornister mitnehmen. Da lässt sich sehr viel drin verstecken und lassen sich bequem tragen. Hier an der Hochschule läuft der Betrieb langsam wieder an. Meine beiden Aufgaben habe ich gestern abgegeben. Nun lasst bald von euch hören. Auch von Enne und Jochi. Herzliche Grüße Hans"

Das erscheint einem doch ungewöhnlich, dass die Brüder, Ernst und Jochen, im Alter von neunzehn und sechzehn Jahren eingezogen werden und dann vor Ort weiter zur Schule gehen können. Hört sich unwahrscheinlich an, dennoch scheint dort Unterricht erfolgt zu sein. In einem späteren Brief wird eine „Nichtversetzung Jochis" erwähnt.

Vater Ernst beantragt mit Schreiben vom 9. Mai 1941 an das zuständige Finanzamt die Gewährung einer Ausbildungsbeihilfe für Sohn Hans, des Weiteren geht der Antrag um Befreiung von der Zahlung der Hochschulgebühren am 12. Mai 1941 an die TH, Berlin-Charlottenburg (Durchschläge aufbewahrt.) „An die Technische Hochschule, Berlin-Charlottenburg. Antrag des verwundeten Kriegsteilnehmers Johannes L., geb. am 26. September 18, um Befreiung von der Zahlung der Hochschulgebühren."

Am 22. Mai 1941 schreibt Hans aus Berlin, er hat anscheinend sein Studium an der Technischen Hochschule Berlin wieder aufgenommen, seine Brüder Enne und Jochi, sind offenbar eingezogen worden: „Liebe Eltern! Vorhin habe ich die Unterlagen für das Gesuch an euch als Eilbrief abgeschickt. Den Eilbriefzuschlag müsst ihr allerdings selbst bezahlen. So lauten nämlich die Bestimmungen der Post, da nicht die Gewähr gegeben wird, dass der Brief tatsächlich als Eilbrief befördert wird.

Ich hoffe nun, dass die Unterlagen soweit richtig sind und wir eine Ausbildungsbeihilfe von dreihundert Mark bekommen.

Liebe Mutter, dein Paket habe ich inzwischen auch erhalten. Recht vielen Dank. Entschuldige bitte, dass ich dir nicht zum Muttertag geschrieben habe, d.h. zu entschuldigen gibt es ja eigentlich nichts, denn ich hatte es wirklich vergessen und wenn ich später geschrieben hätte, hätte es seinen Sinn verfehlt. Andererseits ist es ja nicht das Wichtigste, dass man nur an bestimmten Daten und feierlichen Anlässen besonders an seine Mutter schreibt, sondern dass man immer und gern an sie denkt. Und das tue ich bestimmt, wenn es auch nicht immer so zum Ausdruck kommt; aber es liegt nicht jedem das Herz auf den Lippen.

Jochi schrieb heute einen Brief an Herta. Es scheint ihm dort sehr gut zu gefallen und er versucht mit allen Überredungskünsten, Herta zu bewegen nach Bansin zu kommen. Enne hat noch nicht geschrieben. Dass ich inzwischen umgezogen bin, habt ihr ja bereits von Herta erfahren. Einmal hatten mich die Wanzen schon gestochen, als Tante Marie hier war, aber damals konnte ich es noch nicht ganz glauben, weil die Wirtin wirklich sehr sauber war. Seitdem hatte ich nichts wieder bemerkt und nahm daher an, dass es auch keine Wanzen waren, die mich gestochen hatten. Als ich vorgestern doch wieder diese Anzeichen feststellte, bin ich natürlich spontan ausgezogen. Demnächst werde ich ein neues Zimmer mieten. Mit der Brandbombe habt ihr wirklich ein unglaubliches Glück gehabt. Ist schon alles wieder heil? Lasst es euch gut gehen. Es grüßt euch recht herzlich euer Hans"

Bruder Enne ist wohl zur militärischen Ausbildung mit Schul-Unterricht in Bansin und versucht seine Schwester zu überreden, ihn dort zu besuchen. „Bansin ist ein Seeheilbad und Ortsteil der Gemeinde Ostseebad Heringsdorf auf der Insel Usedom im Landkreis Vorpommern-Greifswald in Mecklenburg-Vorpommern. Bansin gehört zu den drei Kaiserbädern, mit Heringsdorf und Ahlbeck." [23]

In seinem nächsten Brief, vom 24. Mai 1941, wehrt sich Hans gegen „üble Gerüchte", die seinem Vater zu Ohren gekommen sind: „Liebe Eltern! Nachdem ich gestern euren Brief an Herta gelesen habe, muss ich euch heute gleich mal schreiben, um umlaufende Gerüchte gleich im Keim zu ersticken. Ich möchte nur wissen, wer da solche, jeder Grundlage entbehrenden Gerüchte verbreitet. Wirklich ganz üble und haltlose Vermutungen. Dazu möchte ich in aller Form richtigstellen: A. Kenne ich in Berlin überhaupt kein Mädchen namens Liesel. B. Kenne ich wohl eine Liesel, die aber a) nicht aus Berlin, sondern am Rhein zu Hause ist b) wohnt sie auch heut noch dort c) ist ‚Freundin' eine ziemlich gewagte Behauptung, C. Denn Besagte kenne ich nun schon lange nicht mehr a) weil es sinnlos ist, D. Kannte ich die Betreffende aus Marburg. Also, als ich Soldat war! E. Habe ich in Berlin keine ‚Freundin' a) Weil es zu teuer ist b) Weil ich nicht die Zeit dazu habe! Mit diesen Punkten hoffe ich die Angelegenheit kurz, klar und eindeutig umrissen zu haben.

Heute erhielt ich ein Schreiben von der T.H, dass ich wegen der Gebührenermäßigung ins Sekretariat kommen soll. Also die erste Antwort auf dein Schreiben, lieber Vater.

Wir waren bei Herrn G.s Hochzeit, eine kleine Hochzeit im kleinen Kreis. Übrigens in es da draußen in Lichterfelde sehr schön. Man kann sich gar nicht vorstellen, dass das Berlin ist. Man hat das typische Bild einer Kleinstadt. Entsprechend ist auch der Dorftratsch. Die Gegend dort ist zum Verwechseln ähnlich dem Norden von Kiel (Beselerallee usw.) Seid herzlich gegrüßt von euerm Hans"

Hans schreibt weiterhin regelmäßig Briefe nach Hause, die uns Informationen über sein damaliges Leben in Berlin geben. Am 27. Mai 1941 berichtet er über einen ablehnenden Bescheid bezüglich Gebührenermäßigung im Büro der T.H., weil Hans kein Versehrtengeld bekommt. Am 12. Juni 1941 erfährt man, dass Hans in einem Zimmer in der Kantstrasse, Berlin-Charlottenburg, direkt an einer lauten Straße wohnt, daher will er sich ein anderes Zimmer suchen. Über Pfingsten macht er eine Jollen-Reise mit dem ASV nach Brandenburg.

Am 9. Juni 1941 erzählt Hans von einer Fahrt nach Müritz, er hat seine Schwester dort hingebracht. Er fährt weiter nach Bansin, wo er seine Brüder Enne und Jochi besucht. Er macht eine Pause in Zinnowitz, weil der Bus und die Bahn nicht weiterfahren. Bansin ist laut Hans ein „stinkvornehmer Badeort", Zinnowitz ist was für „Leute, die mal 14 Tage noch weniger als sonst tun wollen".

Am 25. Juni 1941 informiert Hans seine Eltern über das Semesterende zum 30. Juli 1941. Es ist Arbeit auf einer Kieler Werft in den Semesterferien geplant, ab dem 15. August. Es besteht wohl eine Dienstverpflichtung zum Fabrikdienst, von der Hans aufgrund seiner Verwundung hofft, befreit zu sein. Er hat den Antrag eingereicht und rechnet mit 99% Wahrscheinlichkeit der Umsetzung. Laut Hans herrscht eine „Bullenhitze" in Berlin, weiterhin muss Hans eigentlich in jedem Brief seinen Vater um Geld fragen.

Am 22. Oktober 1941 erfährt man, dass der Umzug in die Englische Straße, Berlin-Charlottenburg stattgefunden hat. Weitere zwölf Briefe (vom 25. Oktober 1941 bis 6. März 1942) erreichen Hans' Eltern, mit ziemlich ähnlichem Inhalt: Es geht immer um Kleider-, und Essensmarken, Wäsche nach Hause schicken, Wäsche an Hans schicken, Geld senden; neue Kleidung kaufen. Aufgrund seiner Verwundung erfolgt dann doch eine Befreiung von den Hochschulgebühren. Anlässlich des Geburtstages seiner Mutter verfasst er einen Glückwunschbrief, in denen er einige höchstpersönliche, philosophische Betrachtungen zum Verhältnis Eltern/Kinder unterbringt, der Brief datiert vom 6. März 1942, Hans ist vierundzwanzig Jahre alt: „Liebe Mutter! Meine herzlichsten Glückwünsche zu deinem Geburtstag! Dass du dir als Mutter viel größere Sorgen um deine Jungens machst, das weiß ich. Bald kommt Ernst auch weg und das ist für dich nicht schön. Wir aber sind jung und wollen die Zukunft nur immer in goldenen Farben sehen, wenn ihr auch anders, realer denkt.

Gewiss sehe ich das auch, was auf dem Spiele steht, wenn wir raus müssen, aber trotz all dieser Erkenntnis und Niederschlagens allen Idealismus bleibt letzten Endes doch in jedem Jungen ein ganz kleines Fünkchen, ich will es nicht Begeisterung nennen, Abenteuerlust erhalten ‚mit dabei zu sein'. Ihr Eltern könnt das nicht begreifen, ebenso wenig wie unsereins nicht recht weiß, weshalb er eigentlich dabei sein möchte; denn das Risiko ist doch so groß, dass es den Einsatz, vielleicht seines Lebens, weiß Gott nicht lohnt.

Auch dies sind Dinge in denen sich die Jugend und das Alter nie recht verstehen werden. Warum nicht? Ihr habt eure Kinder mit vieler Mühe und Prügel großgezogen und nach euren Ansichten erzogen, und wenn die Kinder einmal eigene, andere Anschauungen bekommen, dann könnt ihr das nicht verstehen und nennt das gleich ‚Entfremdung' und sonst wie. So ist das aber nicht. Ich behaupte: Wenn einer vom Elternhaus fort ist, dann verbinden ihn immer schöne Bande mit Eltern und Geschwistern, die ihn nach längerer Zeit immer, ganz von selbst, wieder mal zurückziehen. Zu Ketten aber können sie werden, wenn man dauernd ermahnt wird, zu kommen und zu bleiben. So geht es mir jedenfalls; unsereins will frei sein und sich nicht gebunden fühlen. Zu jeder Jahreszeit trägt man eben den passenden Anzug und man soll nicht versuchen, im Sommer jemandem einreden zu wollen, bereits den Wintermantel anzuziehen! Nun, liebe Mutter, alles Gute für dieses und die kommenden Jahre, wünscht dir Dein Hans"

Diese Regel, dass „Kinder mit viel Mühe und Prügel" erzogen werden müssen, hat er nicht hinterfragt. Er muss sie für so richtig gehalten haben, dass er sie leider später für seine eigenen Kinder auch anwenden wird.

Bis Ende November 1942 schreibt Hans fünfzehn weitere Briefe nach Hause, in denen es um einige Notwendigkeiten des zivilen Berliner Kriegs-Alltags geht. Ganz wichtig ist die Beschaffung diverser Lebensmittel, wie Speck, Eier, Hafergrütze, Gries, Haferflocken, sowie Zigaretten, außerdem Kleiderkarten, Seifenkarten, Brot- und Fettmarken, Bettwäsche, Geld. Ein weiteres Thema ist das dauerhaft vorherrschende Hungergefühl. Außerdem wird berichtet, dass der Bruder Jochen nicht versetzt wurde, er geht also doch in Bansin zur Schule. Hans selbst schreibt eine Klausur in Mechanik.

In einem Brief vom 29. November 42 berichtet er von einer Hochzeit von Bekannten, die in Berlin stattgefunden hat. Das kann man sich heute gar nicht so richtig vorstellen, eine Hochzeit im Krieg. Außerdem stellt Hans eine wirklich zukunftsweisende These auf, nämlich ‚Es ist merkwürdig, im letzten Augenblick habe ich doch noch immer etwas Glück':

„Gestern war ich ja zu Gustav W.s Hochzeit. Es war ein sehr schönes Fest. Es waren so circa zwanzig Personen und ich soll euch von allen Bekannten herzlichst grüßen. Aufzählen kann ich sie beim besten Willen nicht alle, da ich bestimmt welche vergessen würde. Wie gesagt, war es sehr schön und das Essen war ausgezeichnet: Entenbraten und nachher nochmals Braten usw. usw. Als Hochzeitsgeschenk, wenn man es als solches bezeichnen kann, bekam ich durch einen glücklichen Zufall am Sonnabendmorgen noch Schnittblumen. Vorbestellung nimmt kein Blumengeschäft an. Nachdem ich die Geschäfte vergeblich heimgesucht hatte, saß in der Straßenbahn eine Frau mit einem großen Blumenbukett und die habe ich gleich angequatscht, was sie mit all den Blumen wolle. Besagte Frau war nun Inhaberin eines Blumengeschäftes und selbstverständlich konnte ich mir nachher einen schönen Brautstrauß von Nelken dort abholen. Es ist merkwürdig, im letzten Augenblick habe ich doch noch immer etwas Glück.

Einen Bezugsschein für Schuhe habe ich inzwischen auch bekommen und mir ein Paar schwarze Halbschuhe gekauft. Rechnung liegt bei. Schickt mir doch bitte mal meine Kleiderkarte und mehrere Handtücher, mit letzteren bin ich sehr knapp dran. Für heute wäre das alles, seid alle herzlichst gegrüßt von euerm Hans"

Dann, im Dezember 1942, ändert sich die Situation für ihn wieder.

Kapitel 7 - Erneute Einberufung - Russland

M it dem „Angriff auf die Sowjetunion, dem Unternehmen Barbarossa, entstand am 22. Juni 1941 eine neue Front im Osten Deutschlands. Sie wurde (neben der japanisch-chinesischen) die am längsten bestehende Front im Zweiten Weltkrieg, die die meisten Opfer forderte. " [24]

Am 17. Dezember 1942, bekommen die Eltern von Hans eine Feldpostkarte aus der Infanterie Nachrichten Ersatz Köp.76, Brandenburg/Havel, Litzmann-Kaserne: „Liebe Eltern, umseitig meine Anschrift. Was man mit mir hier vorhat, weiß ich noch nicht. Bin ja erst gerade angekommen. Heut wollte ich euch nur meine Anschrift mitteilen. Demnächst Näheres. Herzlichst Euer Hans"

Hans ist also, trotz seiner Verwundung wieder zum Wehrdienst eingezogen worden und wird in Marsch gesetzt Richtung Osten. Natürlich schickt er regelmäßig schriftliche Meldungen und Mitteilungen an seine Familie, so wie auf einer Feldpostkarte vom 24. Dezember 1942, Neu-Bentschen: „Liebe Eltern! Auf dem Weg nach Russland sende ich euch die besten Grüße und wünsche euch, dass ihr gut ins Neue Jahr kommt. Leider konnte ich euch nicht eher Bescheid geben, da ich morgens Bescheid bekam, dass ich abends schon mit fort musste. Komme aber auch nicht an die Front. In vierzehn Tagen oder drei Wochen erfahrt ihr meine Feldpost-Nr. Herzliche Grüße euer Hans"

Der nächste, längere Brief ist am 1. Januar 1943 geschrieben: „Liebe Eltern! Heute sind wir endlich an unserem Bestimmungsort angelangt. Ich bin in der Ukraine, in der Nähe der polnischen Grenze. Leider konnte ich euch seinerzeit keinen Bescheid mehr geben, da ich sehr überstürzt und überraschend schnell fort kam. Am 22. Dezember mittags bekam ich Bescheid, dass ich abends noch fort müsste. Über Neujahr hatte ich schon Urlaub nach Berlin, der dann ja hinfällig war. Mit dem besten Willen konnte ich nicht verhindern, von Brandenburg weg zu kommen. Ich bin von dort K.v. (=Kriegsdienstverwendungsfähig) geschrieben worden, obgleich ich alle Leiden und Gebrechen aufgezählt habe. Nach hierher bin ich mit einem Haufen Rekruten gekommen, die hier ihre Ausbildung bekommen. Ich selbst bin auf eine Stube mit alten Soldaten gekommen, die mich gleich zu einem überdimensionalen Kartoffelpufferessen eingeladen haben!

Ich hatte in Brandenburg gehofft, dass man mir vielleicht langsam mal einen Winkel verpassen würde, aber weiter als bis zum Grenadier werde ich es wohl nie bringen. Na, das ist mir bald auch ganz gleichgültig, wie mir überhaupt bald alles gleichgültig wird. Man hat nur den großen Vorteil, alter Soldat zu sein und auch als solcher behandelt wird, im Allgemeinen. Wie lange ich hier nun bleibe, weiß ich nicht, da wir gerade erst unsere Sachen abgeladen haben.

Ihr könnt euch denken, dass es ein herrliches Gefühl war, Weihnachten und Silvester im Viehwagen zu ‚feiern‘. Aber wir haben jedenfalls einen Ofen drin gehabt, so dass es warm war. Doch in zehn Tagen zweimal waschen und einmal rasieren ist auch nicht schön. Weihnachten habe ich viel an euch gedacht und ich hoffe, dass ihr die Feiertage recht schön verlebt habt. Wart ihr bei Herta?

(Anm.: Dann folgt die Bitte ihm unbedingt sofort folgende Sachen zu schicken: Hosenträger, Zigaretten, Tabak, Geld, Speck, schwarzen Zwirn!) Es grüßt euch recht herzlich euer Hans. Meine Anschrift: Soldat H.L. F.P.Nr. 41373“

Hans bezeichnet sich selbst also als einen „alten Soldaten“ - mit gerade mal fünfundzwanzig Jahren. Die Briefe sind so formuliert, dass man denken könnte, Hans befindet sich in einem Austausch-Ausbildungszentrum mit einer Partnergemeinde in der Ukraine. Dabei wird er gerade wieder an die Front transportiert. Das ist seine Methode, mit der Situation umzugehen. Seine Einstellung äußert er deutlich:“ wie mir überhaupt bald alles gleichgültig wird“.

Nähere Informationen folgen in seinem Brief vom 6. Januar 1943: „Liebe Eltern! Nachdem ich nun schon eine Woche hier bin, sehe ich in den Verhältnissen schon etwas klarer und kann euch daher etwas Genaueres berichten. Also geschneit hat es inzwischen auch schon und es liegt schon ganz anständig Schnee, dabei weht ein ziemlich unangenehmer Wind; aber sonst ist es noch nicht so furchtbar kalt.

Obgleich der Dienst hier sehr streng ist - wie seinerzeit auf dem Truppenübungsplatz - habe ich es relativ gut, da ich gleich als Ausbilder eingesetzt worden bin, obgleich ich noch Grenadier bin, habe also denselben Dienst wie die Unteroffiziere, sogar noch etwas angenehmer. Kein Wunder also, dass ich von allen beneidet werde. Ich bin auch heilfroh, dass man mich hier gleich anständig behandelt hat, denn den Soldaten müssen wir ganz schönen Wind geben, wie ich selbst einmal mitgemacht habe und mich nicht wieder danach sehne.

Bis halb sieben und sieben Uhr ist immer Dienst. Sonst ist es üblich, dass um fünf Uhr Feierabend ist. Ihr könnt euch vorstellen, wie es hier zugeht. (Ich denke nur dabei an Enne als ‚Korporal‘). Sind aber alles sehr junge Soldaten, die hier ihre Ausbildung bekommen, 18 und 19 Jahre im Durchschnitt. Wir wohnen in russischen Kasernen, die äußerlich genau so aussehen wie die in Friedrichsort, also ganz ansehnlich. Ich selbst wohne in einem ganz neuen Bau, den die Russen halb fertig hatten. Ungeziefer gibt es in den Kasernen nicht, habe auch noch keine Bekanntschaft mit diesen ‚Partisanen‘ gemacht. Wir wohnen in Luzk am Styr. Die Stadt ist zum Teil ziemlich von Stukabomben demoliert. Auf dem deutschen Ernährungsamt habe ich mir meine Lebensmittelkarten, die ich noch hatte, stempeln lassen, so dass sie hier Dauerwert haben.

Hier gibt's nämlich auch nur auf Marken.- Das heißt, im allgemeinen gibt's nichts, nur der Tauschhandel blüht und da muss ich noch Beziehungen anknüpfen und ihr müsst mir, sobald ich euch Marken für Päckchen schicke, altes Zeug schicken: Leichtes Sommerkleid, Bluse oder dergleichen. Die Marken werde ich wohl demnächst bekommen. Ganz leichte Päckchen, ich glaube bis zwanzig Gramm, aber da müsst ihr euch mal erkundigen, könnt ihr ja schon mal schicken. Vor allem Zigaretten, Zwirn, Sicherheitsnadeln usw. Für heute wäre das erst einmal alles. Herzliche Grüße von eurem Hans"

Eine Karte vom 9. Januar 1943 behandelt die Themen Kleidung schicken, Butter, Speck eintauschen und Lebensmittelmarken. In einem Brief vom 19. Januar 1943 erfährt man, dass Hans fünf Päckchen von zu Hause bekommen hat, sowie einen Befund von Dr. Lubinus, Chirurgisch-Orthopädische Klinik in Kiel: „Werkstudent Johannes L. hat September 1941 durch Gewehrgranatsplitter zahlreiche Steckschussverletzungen im Rücken erlitten. Der größte Teil der eingedrungenen Sprengstücke liegt in der oberflächlichen Muskulatur, ein erbsengroßes Sprengstück liegt achteinhalb cm tief im Brustraum. Geklagte Beschwerden im Rücken bei anstrengender Arbeit sind durchaus glaubhaft." (Anm.: Die Verwundung war allerdings im Juni 1940, da hat wohl eine zeitliche Verdrehung stattgefunden.)

„Soeben erfuhr ich von einem Schreiber auf der Schreibstube, dass du ein Gesuch für mich eingereicht hast, Vater. Das ist heute gekommen. In den nächsten Tagen werde ich nun noch einmal zum Arzt geschickt werden. Inzwischen ist hier Winter geworden. Die Kälte kam über Nacht: in zwei Tagen fiel das Thermometer von -8° auf -30°. Jetzt haben wir immer zwischen -20° und -30°. Wenn es windstill ist, empfindet man die Kälte gar nicht, aber wenn der Ostwind weht, der hier wunderbar über die unendlichen, weiten Flächen blasen kann, dann geht's durch Mark und Pfennig und dann sind Erfrierungen an der Tagesordnung, besonders Finger, Ohren usw. Manchem müssen schon Finger abgenommen werden. Ich freue mich nur, dass ich mir die warme Unterhose und zwei Pullover mitgenommen habe. Außerdem habe ich den Kopfschützer mit, den Mutter und Herta mir seinerzeit mal gekauft haben. Aber ihr braucht euch nicht zu sorgen, ich bin gut genug versorgt und erfrieren werde ich mir bestimmt nichts, denn wie gesagt, bin ich hier ganz gut dran mit meinem Dienst und habe ja außerdem noch von der Wehrmacht Winterbekleidung. Also, schickt mir keine warmen Sachen! Leider konnten wir in der ersten Zeit unsere Stube nicht recht warm kriegen, mit dem Kachelofen; aber nun haben wir uns einen Kanonenofen hineingestellt und damit ist's auch einigermaßen warm geworden. Hin und wieder gibt's zur inneren Aufwärmung auch mal Wodka. Neulich gab's auch Zucker und da hab ich mir den Zucker aufgelöst und in den Wodka getan und zwei Eier, hatte somit also einen phantastischen Eierlikör! Den Wodka allein mag ich nicht gern. In der letzten

Woche habe ich ein Pfund Butter gekauft auf meine Berliner Fettkarte, die längst entwertet und verfallen war. Ja, man muss hier auf Draht sein, sonst wird man gewaltig übers Ohr gehauen. In den nächsten Tagen hört ihr wieder von mir. Herzlichst euer Hans"

Hans geht es überhaupt nicht schlecht, lautet seine Devise. Es ist zwar sehr kalt, -20 bis -30 Grad, aber er hat so gute Winterbekleidung, dass er sich „nichts erfrieren" wird. Verpflegungsmäßig gibt es sogar mal Zucker und Butter und natürlich Wodka, aus dem er sich einen „phantastischen Eierlikör" brauen konnte. Im nächsten Brief vom 26. Januar 1943 schreibt er: „Liebe Eltern! Wenn ihr diese Zeilen erhaltet, bin ich sicherlich schon in Rostow! - Ich habe wieder einmal - wie man's nimmt - Glück gehabt. Gestern war ich zum letzten Apell, feldmarschmäßig angezogen, mit allem Drum und Dran, angetreten, um irgendwo zum Einsatz zu kommen. Partisanen oder dergleichen. Da bekam ich Bescheid, dass ich versetzt würde zur Transportstaffel, genauer: Feldwasserstraßenverwaltung Rostow. Mein Gesuch war wahrscheinlich bis zur Direktion gegangen, denn sonst hätte es nicht so lange gedauert. Ich freue mich, dass ich jetzt dorthin komme, denn wer weiß, was hier geworden wäre. Von dort hört ihr dann wieder von mir. In einer Stunde geht mein Zug und ich hoffe, dass ich in acht Tagen dort bin, mit Hilfe von Güterzügen, SF-Zügen usw. Bis zum nächsten Mal seid alle herzlichst gegrüßt von euerm Hans. Schickt Zigaretten!"

In einem dreiseitigen Brief vom 29. Januar 1943 beschreibt Hans, fast launig, fröhlich, seine Zug-Reise nach Rostow: „Liebe Eltern! Meinen Brief vom 26. Januar werdet ihr wohl inzwischen erhalten haben. - Ich liege nun sehr bequem in einem Bett in einem Lazarettzug! Habe viel Zeit und will euch deshalb etwas unterhalten. Ich will mich sogar bemühen, etwas langsam und lauer zu schreiben, als gewöhnlich. Der Zug liegt wieder für einige Stunden still, deshalb kann ich auch in Ruhe schreiben.

Hoffentlich habt ihr euch nun durch die vorhergehenden Worte nicht allzu sehr aufgeregt. Sollte dies aber doch der Fall sein, so sehe ich mich nun doch genötigt, die Gemüter wieder etwas zu beruhigen: Also, ich hatte gestern früh das Glück, auf meiner Trampfahrt durch

Russland einen Lazarettzug, der nach vorn geht, zu erwischen. Zur Aufklärung muss ich nun noch einiges vorweg sagen. In Russland verkehren vorübergehend keine Urlauberzüge, weil der gesamte Urlaub vom Osten augenblicklich gesperrt ist. Das heißt, es verkehren überhaupt keine Personenzüge. Man muss sich also von einem Munitions-, Transport-, Kohlen- oder, wenn man Glück hat, Lazarettzug auf den anderen schwingen. Dabei muss man natürlich sehr aufpassen, dass man rechtzeitig aussteigt, wenn der Zug die Strecke verlässt, die man braucht. Will einer auf einer Station aussteigen, wo der Zug nicht hält, so informiert er den Zugführer vorher und wenn er Glück hat, fährt der Zug etwas langsamer.

Nun sieht man folgendes Bild: Tornister und Gepäckstücke fliegen durch die Luft, kullern in den Schnee und hinterher flattert ein Mantel, der sich im Schnee überschlägt. Dann erhebt sich der Mantel und sammelt das Gepäck zusammen. Bei genauerem Hinsehen kann man dann entdecken, dass in dem Mantel meistens auch noch ein Mensch steckt. So, dies zur Erläuterung. Nun will ich versuchen, euch meine bisherige Fahrt zu schildern, mit einem Ausblick auf das weitere Geschehen.

Von Luzk fuhr ich am 26. Januar abends fahrplanmäßig um 18:30 ab, tatsächlich um 19:45 Uhr mit einem Personenzug vierzehn km, d.h. von Anfangs- bis Endstation. (Eine Ausnahme, die die Regel bestätigt.) Nebenbei bemerkt: Feldmarschmäßig, also allerhand zu schleppen. Auf der nächsten Station bekam ich nach zwei Stunden einen Transportzug. War eine PanzerKompanie der SS, die aus Frankreich kam. Ich bestieg den Wagen der Herren Offiziere und Feldwebel und bat, mich eine Weile mitzunehmen, was mir auch freundlichst gewährt wurde. Da die Leute nicht wussten, welche Strecke sie fahren würden, das ist verständlich, musste ich auf jeder Station raus und den Lokführer fragen, wohin er führe, denn auf jeder Station wird die Lokomotive gewechselt. So muss man sich tatsächlich durchfragen.

Allmählich hatte ich nun doch die Streckenführung spitz bekommen, dass der Transport nur über Dnjepropetrowsk gehen konnte und das war gerade das, was ich suchte. Die ganze Fahrt geht nun immer sehr langsam, denn auf jeder Station bleibt der Zug immer mindestens einige Stunden, mitunter ein oder zwei Tage, weil zu wenige Lokomotiven vorhanden sind.

Gestern Morgen entdeckten meine Adleraugen nun diesen Lazarettzug. Sofort witterte ich meine große Chance. Ich ging gleich zum Transportführer, einem Ober-Stabsarzt, der mich auch gleich mitnahm. Und nun fahre ich, ohne Übertreibung, zehnmal besser als es mir selbst im Frieden die Erste Klasse bieten könnte. Ich habe mein Bett, in dem ich den ganzen Tag liegen kann, ach, das ist herrlich! Dann Radio und vorhin eine sehr nette Tonfilmvorführung (,Nanette'). Alles in allem: Die Lazarettzüge sind jetzt wirklich wunderbar eingerichtet. An alles ist gedacht, sogar in jedem Waggon Blumen; aber in der entgegengesetzten Richtung möchte ich doch nicht mit solch einem Zug fahren.

So kann ich es allerdings eine Weile aushalten. Es ist schön, dass unser Zug sooo langsam fährt. - Übrigens rollen die Panzer wieder nach Osten. - In Dnjepropetrowsk werde ich erst einmal aussteigen und mich erkundigen, ob mein Verein überhaupt noch dort ist, wo er sein soll. Ich fürchte: Nein.

Na, ich werde mal sehen, wohin mich meine Irrfahrten noch führen. Aber ich freue mich vor allem, dass ich dorthin komme, wo ich mich beworben hatte. Ich hätte das nicht mehr geglaubt. Meine Untersuchung auf deinen Antrag, lieber Vater, erfolgt bei der neuen Einheit, da vorher keine Zeit mehr dazu war. Die diesbezüglichen Papiere, Antrag usw. habe ich verschlossen in der Tasche. Nun liebe Eltern, habe ich genug erzählt. Sobald die Zeit es zulässt, hört ihr wieder von mir. Wartet auf meine neue Feld-Post-Nr. Ich grüße euch alle recht herzlich! Hans"

Oh, es verkehren keine Urlauberzüge? Da leuchtet der Optimismus aus jeder Zeile. Keine Sorge, Hans geht es gut, lautet die Botschaft. Der nächste Brief, verfasst am 14. Februar 1943, wird die Eltern sicher zum „Lachen" gebracht haben: „Liebe Eltern! Heute kann ich mal wieder sagen, dass ich Zeit habe, um euch zu schreiben. Das heißt, inzwischen hatte ich euch schon einmal geschrieben, aber den Brief habe ich gar nicht erst abgeschickt, da an dem Ort gerade Feldpostsperre war. Ja, ihr werdet lachen: Bei meinem Haufen bin ich immer noch nicht! Wird wohl auch noch einige Zeit vergehen, bis ich dort bin. Inzwischen bin ich kreuz und quer durch Südrußland gefahren. Wenn ihr wüsstet, welch ein Vergnügen das ist, bei den augenblicklichen Verkehrsverhältnissen. Bis direkt vor meinen Bestimmungsort war ich vorgedrungen und nun liege ich wieder ca. hundertfünfzig km weiter zurück in einer größeren Stadt und werde hier wieder einige Tage bleiben, bis ich wieder zu einer anderen Leitstelle oder hoffentlich zu meiner Einheit geschickt werde. Aber das ist ein Problem, da es schwer ist, festzustellen - anscheinend - wo diese liegt. Aber das geht nicht nur mir allein so, tausende von Landsern schwirren in der Gegend herum, die ihre Einheit suchen. Meistens sind es die Weihnachtenurlauber. Hier bin ich gleich angestellt worden bei der Verpflegungsausgabe für Marschverpflegung. Heute soll Sonntag sein, sagt man. Nun seid alle herzlichst gegrüßt von euerm Hans"

Seine Beschreibungen sind äußerst bildhaft, „Landser schwirren in der Gegend herum und suchen ihre Einheit." Das hört sich an, als wenn Kinder umherirren und ihre Eltern suchen.

Erneute Verwundung

Dann trifft es ihn wieder, und zwar am 21. Februar 1943. Hans erleidet seine zweite Verwundung bei einem Fliegerangriff im Osten und wird in das Saporoshje Kriegslazarett verlegt, mit einem Bombensplitter in der Herzgegend /Lunge.

Am 1. März 1943 schreibt Hans, inzwischen fünfundzwanzig Jahre alt, an seine Eltern, gratuliert seiner Mutter zum Geburtstag und verkündet nebenbei, dass er verwundet wurde: „Liebe Eltern! Aber besonders an Dich, liebe Mutter, richte ich diese Zeilen, d.h. vor allem erst einmal meine herzlichsten Glückwünsche zum Geburtstag, dazu ein recht langes, gesundes und glückliches Leben. Das ist es, was ich Dir von Herzen wünsche, und ausruhen sollst du dich endlich einmal von der Tagesarbeit, einen Feierabend kennenlernen, wie du ihn noch nie gekannt hast.

Nun fahrt bitte nicht aus der Haut, aber es ist Tatsache: Bei einem der häufigen Fliegerangriffe auf Kraftwagen und Züge habe auch ich einen Bombensplitter in mich aufgenommen. Steckschuss in der rechten Lunge. Aber es geht mir gut! Am 21. Februar mittags wurde ich verwundet. Sobald ich transportfähig bin, das heißt ohne Fieber, werde ich wohl nach Deutschland kommen. Dann lasse ich wieder von mir hören. Nun war ich gerade zwei bis drei Tage vor dem Ziel. Na, das ist eben Pech. Nun muss ich erst einmal Schluss machen. Schreiben ist zwecklos. Herzlichst, Euer Hans"

Vorsichtshalber gratuliert er der Mutter in seinem nächsten Brief noch einmal, man weiß ja nicht, ob die vorige Nachricht angekommen ist. Ganz wichtig: Erst die Glückwünsche, dann doch etwas ausführlicher über seine Verwundung berichten. Der Brief, Feldpost, wurde am 9. März 1943 geschrieben, an Mutters Geburtstag zu denken bedeutet für Hans sicherlich auch einen gewissen inneren Halt: „Liebe Eltern, aber besonders dir, liebe Mutter, gelten diese Zeilen! Ich weiß wirklich nicht, ob ich dir liebe Mutter schon zum Geburtstag gratuliert habe. Auf jeden Fall hole ich es hiermit nach und wünsche dir fernerhin nur gute Gesundheit, Glück und Zufriedenheit. Das wünsche ich dir von ganzem Herzen. Mit dem Schreiben war es bis jetzt nichts rechtes.

Ich weiß gar nicht, ob ich euch überhaupt schon davon geschrieben habe. - Also, am 21. Februar ist mir ein Bombensplitter in die rechte Lunge gefahren. Wir wurden, wie das öfters vorkam, von russischen Flugzeugen angegriffen und dabei habe ich eines abgekriegt. Die Verwundung hat mich zuerst erheblich mehr mitgenommen, als die erste in Frankreich. Hatte sehr, sehr viel Blut verloren. Nun geht es mir schon ganz gut. So weit möglich, werden mir meine Wünsche erfüllt. Sehr gute Ärzte. Schreiben könnt ihr nicht hierher, da wir wohl bald fortkommen. Und in drei bis vier Wochen bin ich vielleicht ja in Deutschland. Das wünsche ich mir. Mit herzlichen Grüßen an euch alle, Euer Hans"

Die Botschaft lautet: Keine Sorgen machen, Hans hat zwar „eines abgekriegt", es geht ihm aber „schon ganz gut" und er ist bestimmt bald wieder in Deutschland.

Lazarettzeit - Saboroshje, Lemberg, Ratibor

Im nächsten Brief vom 23. März 1943 bezeichnet Hans seine Fahrt nach Saboroshje (Ukraine) ins Kriegslazarett als „ganz prima": „Liebe Eltern! Ich bin inzwischen nach Saboroshje ins Kriegslazarett gekommen. Das ist achtzig km südlich Dnjepopretowsk. Bin mit einem Fieseler Storchen hergekommen. Die Fahrt war ganz prima. Hier werde ich wohl lange bleiben. Darum schreibt bitte gleich mal. Aber bitte gleich! Ich selbst kann euch nicht so oft schreiben, da ich mich noch ganz erheblich flau fühle, was auch wohl eine Zeitlang bleiben wird. Bis jetzt habe ich zwar mehr durchgehalten, als man erwartet hatte, aber wie's weiter wird? Mit Energie und Gottes Hilfe werde ich hoffentlich recht bald bei euch sein können. Das wünsche ich mir soo sehnlichst. Herzliche Grüße euch allen euer Hans"

Das Wort „Fieseler Storchen" war nicht so gut zu entziffern. Im Internet findet man dazu folgendes: „Die ‚Fieseler Fi156 Storch' ist ein propellergetriebenes STOL-Flugzeug, das erstmals 1936 flog. „Short Take-Off and Landing" = Kurzstart und -landung. Es bezeichnet die Fähigkeit eines Flugzeugs, auf sehr kurzen Strecken starten und landen zu können. Entwickelt und gebaut wurde es in den Gerhard-Fieseler-Werken in Kassel aufgrund einer Ausschreibung für ein Kurzstart- und Landeflugzeug mit Langsamflugeigenschaften. Der Storch, wie er wegen seines hochbeinigen Fahrgestells genannt wurde, war das Standard-Kurier- und Verbindungsflugzeug der deutschen Luftwaffe im Zweiten Weltkrieg. Er wurde zudem als Beobachtungs- und Sanitätsflugzeug eingesetzt. Er wurde auch an die Luftwaffen Finnlands, Italiens, Bulgariens, Ungarns, Kroatiens, Rumäniens, der Slowakei und der Schweiz geliefert."[25]

Der Vater Ernst schreibt am 1. April 1943 an „Den Herrn Führer der Feldposteinheit 42748: Sehr geehrter Herr! Mit Nachstehendem erlaube ich mir Sie um Auskunft über den Zustand meines verwundeten Sohnes, Soldat Johannes L., Feldpostnummer 42748, zu bitten. Mein Sohn wurde bei einem Fliegerangriff am 21. Februar 1943 schwer verwundet und ist, nachdem er vier Wochen in einem anderen Lazarett, jedenfalls Feldlazarett, gelegen hat, nach dorthin überführt worden. Soweit ich unterrichtet bin, ist ihm ein Bombensplitter in die Lunge gedrungen. Da Johannes noch von seiner Verwundung in Frankreich, sehr viele Splitterchen im Rücken und auch einen im Bauchraum hat, sind wir sehr um ihn besorgt. Wenn es ihre Zeit erlaubt, wäre ich sehr dankbar, wenn Sie mir einen kurzen Bericht über den Zustand meines Sohnes senden, und angeben könnten, ob und wann evtl. mit einer Überführung des Jungen nach Deutschland zu rechnen ist. Für Ihre Bemühungen im Voraus besten Dank!"

Die Antwort erfolgt von der „Dienststelle der Feldpostnummer 42748, Der Chefarzt" vom 16. April 1943: „Sehr geehrter Herr L.! Auf Ihre Anfrage betreffs Ihres Sohnes Johannes, der bei uns im Lazarett vom 17. März bis 13. April außer seiner Verwundung mit einer Diphterie-Erkrankung gelegen hat, ist mit einem Lazarettzug in Richtung Heimat verlegt worden. Der Zustand bei seiner Verlegung war zufriedenstellend. Nähere Angaben über den weiteren Verbleib Ihres Sohnes kann ich leider nicht machen, aber er wird wohl dann selber bald an Sie schreiben."

Hans wird verlegt in ein Lazarett in Lemberg, was heute in der Ukraine liegt, aber von 1941 bis 1945 zu Deutschland gehörte. Dort bleibt er vom 17. März - 13. April 1943. Zusätzlich zur Verwundung bekommt er dann noch Diphterie.

„Die Diphtherie ist eine sehr gefährliche, bakterielle Infektionskrankheit, die bei ungenügender oder zu später Behandlung häufig tödlich verläuft. In Europa brachen früher immer wieder Epidemien aus, besonders am Ende des 19. Jahrhunderts sowie während des Ersten und Zweiten Weltkriegs. "[26]

Oder etwas genauer: „ Diphtherie ist eine Infektionskrankheit, die durch Husten und Niesen übertragen wird. Die Erkrankung führt zu schweren Entzündungen des Rachens mit grau-weißlichen Belägen (Pseudomembranen), die zu massiver Einengung der Atemwege mit Atemnot oder Erstickungsanfällen führen können. Zusätzlich können Herz, Nerven und Nieren durch das Bakteriengift geschädigt werden. Bis zu einem Viertel der Patienten erkrankt an einer Herzmuskelentzündung, von denen ein Teil an einem plötzlichen Herztod verstirbt. Die Bezeichnung Diphtherie ist ein „Kunstwort" aus dem griechischen Wort diphthera (= Haut, Membran) und der Endung ‚itis' für Entzündung. Früher nannte man die Krankheit ‚echter Krupp' oder ‚Croup'." [27] Heutzutage ist eine schützende Impfung durch einen Toxoidimpfstoff verfügbar.

Am 24. März 43 schreibt Hans, aber es muss der 13. April 43 gewesen sein, der Briefstempel der Luftfeldpost besagt „13. April 43", durch die Krankheit leicht verwirrt, steht als Absender „Sold. Ernst L., br.Lazarett" auf der Rückseite: „Liebe Eltern! Ich komme nun nach Deutschland. Heute geht's mit einem Lazarettzug heim. Hoffentlich fährt er auch bis Deutschland und lädt uns nicht schon in Polen ab, das ist möglich, aber ich will es natürlich nicht hoffen. Hoffen wir also bis Dresden oder eine ähnliche Stadt zu kommen. Schreiben kann ich immer noch nicht ordentlich, aber das liegt auch an der Krankheit, die ich hier zuletzt noch gehabt habe und mich zum zweiten Mal an den Rand des Grabes brachte: Diphterie. Ja, es war wirklich so und ich bin sooo froh, dass ich nun nach Deutschland komme. Nun seid alle herzlichst gegrüßt von euerm Hans"

Am 24. April 1943 wird folgender Brief von Soldat Hans L., Reservelazarett I, Lemberg, Uni-Klinik, Block 3 b, Station 6, Zimmer 5, verfasst: „Liebe Eltern! Sicher habt ihr schon lange auf Nachricht gewartet. Leider konnte ich bis jetzt keine geben, da ich nicht imstande dazu war. - Im Lazarettzug habe ich einen ganz erheblichen Rückschlag erlitten, so dass ich in Lemberg aussteigen musste, sonst hätte ich Deutschland nicht mehr gesehen. Hier ist es nicht besonders schön, und ich werde mich ganz langsam wieder hochrappeln müssen. Das Schlimmste ist Essen, und doch so wichtig. Wenn ich doch manchmal einen ganzen Liter von unserem Wasser trinken könnte! Wasser darf man hier nämlich nirgends trinken im Osten. Übrigens sende ich euch allen die besten Ostergrüße! Mit dem Essen ist eben auch schlimm, da ich von der Diphterie her nur Diät essen kann. Bis jetzt haben in den Lazaretts die Schwestern mir immer das Essen gemacht, war ausgezeichnet, aber hier, die sind einfach nicht fähig dazu. Ich verstehe das nicht.

Aber ich will wieder Hoffnung haben, obgleich sie schon oft ganz weg war und noch mehr. Also, liebe Eltern, ihr braucht euch keine Sorgen zu machen, ich komme schon durch. Ihr schreibt gleich, Post nur vier bis fünf Tage. Euer Hans"

Natürlich: Alles wird gut, „liebe Eltern, ihr braucht euch keine Sorgen zu machen". Hans ist wirklich rührend um seine Eltern besorgt. Abgeheftet im Ordner ist auch ein Telegramm an Vater Ernst vom 1. Mai 1943, Reservelazarett 1, Uniklinik Lemberg: „Schütze Hans L. schwer verwundet im Reserve Lazarett 1, Lemberg, Uni-Klinik eingeliefert. Zustand ernst. Besuch erwünscht. Einreise für zwei Personen für fünf Tage genehmigt. Gezeichnet: Dr. Sauer, Ober-Lazarett- und Chef-Arzt"

Die Eltern sind natürlich sehr besorgt und leiten sofort alles in die Wege, um ihren Hans in Lemberg besuchen zu können. Telegramm an Soldat Hans L., Reservelazarett Lemberg, vom 2. Mai 1943: „Wenn Reise genehmigt, fahre ich Montagnachmittag nach dort - drahtet sofort ob du Donnerstag noch da bist. Vater" Weiteres Telegramm an Soldat Hans, Lemberg vom 3. Mai 1943: „Einreise genehmigt = Vater"

Anschließend Telegramm vom 5. Mai 1943, an Vater Ernst: „Schütze L. ist noch nicht transportfähig. gez. Bergdolt, Oberarzt". Vater Ernst schickte dann am 7. Mai 1943 ein Telegramm an Tochter Herta, in Berlin: „Erhielt Telegramm Lemberg. Einreise für zwei Personen genehmigt. Eintreffe dort morgen Abend. Mutter möglichst mitfahren. Abfahrt Berlin Sonntag 8:12 Uhr, Zoo. Vater"

Hans soll verlegt werden, in das Reservelazarett in Ratibor, das gehört damals zu Oberschlesien. Dort bleibt er vom 20. Mai 1943 - 20. Juli 1943. In seinem Brief vom 21. Mai 1943, aus Ratibor schreibt er: „Liebe Eltern! Bin bereits seit gestern Abend in Deutschland und zwar in Ratibor in Schlesien. Fahrt gut überstanden und mir geht's gut. Ihr braucht nun nicht gleich angereist zu kommen. Trage mich mit dem Gedanken, einer Verlegung. Bringt bitte mit: Hausschuhe, Waschlappen. Mit herzlichen Grüßen euer Hans"

Das Reservelazarett befindet sich offensichtlich in einer früheren Berufsschule. Hans meldet sich wieder aus Ratibor am 27. Mai 1943: "Liebe Eltern! Habt ihr meinen Brief nicht erhalten?? Weshalb antwortet ihr nicht darauf?? Ich warte sehr darauf. Meine Anschrift lautet jetzt: Res. Lazarett Ratibor, O.-S., Berufsoffizierschule, Abt.I, Zimmer 26. Mir geht's gut, habe Mordsappetit. Liebe Mutter, kannst du mir einen ordentlichen Stapel Pfannkuchen backen und mit Zucker herschicken?! Schmecken mir halt ebenso gut.

Mir gefällt es hier gar nicht. Ich möchte gern von hier fort, aber man macht mir Schwierigkeiten, völlig unberechtigt. Kann Vater nicht vielleicht mal herkommen, bald nach dem 1. Juni. Für ein paar Kuchenmarken bin ich sehr dankbar, ich habe einen regelrechten Hunger nach solchen Dingen, überhaupt Süßig- und Fettigkeiten. Aber nun lasst bitte umgehend von euch hören. Mit herzlichen Grüßen euer Hans"

Jetzt wird Hans doch etwas unzufrieden mit der „Gesamtsituation" - Hunger macht sich breit, die Eltern könnten doch mal was zum Essen schicken, bitte!

Am 28. Mai 1943 schreibt Hans den nächsten Brief aus Ratibor: „Liebe Eltern! Habe heute euren Brief vom 25. Mai erhalten. Die Post geht anscheinend mindestens drei Tage zu euch. Meinen Brief von gestern werdet ihr wohl erhalten haben und daraus ersehen, was ich wünsche. Schickt mir vor allem einen Waschlappen, da meine Hände noch etwas steif sind. Sonst reflektiere ich auf alles Essbare. Ihr müsst wissen, dass ich augenblicklich fressen kann, als wenn ich den ganzen Tag schwer arbeite. Ich esse in meinem Zimmer weitaus am meisten, obgleich alle anderen halb gesund sind. Also: Angefangen bei Hering in Dosen über Fettigkeiten bis zu Bonbons fresse ich alles. Schlucken kann ich nun wieder fast ganz normal. Hat sich in den letzten Tagen in Lemberg rapide gebessert. Nur das Gehen ist noch in weiter Ferne. Habe mich da sehr getäuscht. Wäre heilfroh, wenn ich jedenfalls stehen könnte.

Nun schickt mir bitte vor allem einen großen Stapel Pfannkuchen her und eine Dose Zucker (nicht so wenig, wenn's geht). Aber Vater muss recht bald mal kommen. Schreibe oder telegraphiere, wann du kommst, Vater. Nach dem 1. Juni, denn dann ist doch Versteigerung, nicht wahr? Herzlichst euer Hans"

Es fällt einem schwer, sich vorzustellen, dass die Eltern einen Stapel Pfannkuchen verschicken konnten. Hans hat wohl stark abgenommen, weil er krankheits- und verletzungsbedingt wenig essen konnte und anscheinend auch noch nicht wieder alleine gehen kann.

Er verfasst einen netter Pfingstgruß, vom 10. Juni 1943 aus Ratibor: „Liebe Eltern! Ich wünsche euch ein recht frohes Pfingstfest! Werde wohl wie selten in diesem Jahr an Zuhause denken. Bin jetzt fast immer ganz allein, aber ich fühle mich ganz wohl dabei. Nun seid recht herzlich gegrüßt von eurem Hans"

Es folgen weitere Briefe aus dem Lazarett in Ratibor, am 16. Juni 1943 berichtet Hans: „Liebe Eltern! Habe euern Brief erhalten. Pfingsten über war ich fast allein. War aber auch mal ganz schön so. Habe in dieser Zeit gute Fortschritte mit dem Gehen gemacht: Am ersten Pfingsttag bin ich zum ersten Mal allein an zwei Stöcken durch die Stube gegangen. Die Beine tun mir natürlich nachher immer weh, aber langsam wird es schon werden. Was meint ihr, wie viel ich jetzt wiege? - Vierundfünfzig kg! Und habe doch nun wirklich sichtbar zugenommen. Massiert werde ich nun auch wieder regelmäßig von einer Masseuse, die jetzt hier angestellt ist. Sie massiert eben den ganzen Körper, ist aber ziemlich handfest.

Wie steht es mit dem Boot? Ich sehe es schon kommen, wenn ich tatsächlich mal auf Urlaub komme, dann gibt es hundert und eine Entschuldigung, dass es noch hoch und trocken liegt. Ein anderer Fall sollte mich wirklich wundern. Falls das Boot kein Schwert hat, bitte ich nach beiliegender Zeichnung eins anfertigen zu lassen, wenn möglich. Aber auf keinen Fall ein Steckschwert, das ist doch gerade bei unserem flachen Wasser denkbar ungünstig.

Ich las in eurem Brief immer was von „Vorräten"?! Die sind so gut wie nicht mehr vorhanden. Honig habe ich noch etwas. Der ist mir überhaupt viel schneller zusammen geschrumpft, als ich dachte.

Dann habe ich noch etwas Speck und Wurst hier. Aber das ist bald weg. Pfingsten bekam ich Post aus Lemberg. Schwester Hilde schrieb mir, dass es in Lemberg augenblicklich ungemütlich sei: Deutsche Soldaten werden öfters von Polen überfallen und Angehörigen von Verwundeten ist nicht mehr gestattet, nach Lemberg zu kommen. Außerdem soll ich euch herzlich grüßen. Wie steht's mit Malente? Herzlichst euer Hans"

Hans Gesundheitszustand muss eigentlich ein sehr schlechter gewesen sein: Geschwächt durch die Verwundung, durch Diphterie (eine Krankheit, die heute kaum noch vorkommt), hat er stark abgenommen, wiegt nur noch vierundfünfzig Kilogramm, bei einer Größe von ungefähr ein Meter fünfundachtzig und kann offensichtlich noch nicht wieder richtig gehen. Er muntert sich selbst und seine Eltern auf, indem er positiv bemerkt, dass es schon langsam besser wird. Er stellt sich in seiner Phantasie eine schöne Ostsee-Segelpartie in seinem baldigen Urlaub vor. Soweit ich mich erinnere, hat mein Vater Hans später nicht mehr gesegelt. Es wurde auch nicht geäußert, dass er es gerne wollte oder dass eins von seinen Kindern dazu ermutigt wurde.

Aus Ratibor schreibt er erneut am 23. Juni 1943: „Liebe Eltern! Habe eure drei Briefe erhalten. Ebenfalls erhielt ich von Tante Marie Buttermarken und fünfhundert Gramm Fleisch. Verlegungsantrag habe ich bereits Sonnabend geschrieben. Meine Genesung hat inzwischen Fortschritte gemacht: Habe gestern eine Landpartie mit dem Lazarett gemacht, nach alter Sitte mit Pferd und Wagen. Dauerte den ganzen Tag und war für mich ein recht anstrengendes Vergnügen. Dafür kann ich heute auch nicht aufstehen, aber schön war's doch! Es hat sich gelohnt, dass ich mitgegangen bin, denn ich habe mir dabei eine große Sandtorte erschossen, bei einem Schießwettkampf unterwegs. War zweitbester Schütze des ganzen Lazaretts und wollte erst gar nicht mit schießen, da ich zu faul war, die zehn Meter zum Schießstand zu gehen. Meine Vorräte sind restlos alle! Auf die Plätzchen freue ich mich schon. Gehe übrigens an einem Stock jetzt, aber nur wenige Meter, die Lähmung sitzt noch in den Knochen. Herzlichst, Hans"

Am 30. Juni 1943 ein neuer Brief aus Ratibor: „Liebe Eltern! Habe Paket und Rolle erhalten. Herzlichen Dank für beides. Das Bild ist wirklich ausgezeichnet, bekommt ihr demnächst zurück. Die Kuchen und das Brot schmecken ausgezeichnet. In den Genuss der Eier kann ich leider nicht kommen, da alle kaputt gegangen sind! Ja, schade, aber ließe sich doch eigentlich denken. Wenn ihr wieder Eier schickt, bitte hart gekocht. Den Brief konnte ich noch lesen, aber Jochi's Anschrift nicht mehr. Schreibt sie mir bitte noch einmal. Für heute seid nun herzlichst gegrüßt von eurem Hans"

Aus Ratibor berichtet Hans am 7. Juli 1943 von seinen gesundheitlichen Fortschritten: „Liebe Eltern! Habe euren Brief heute erhalten. Jochi hatte mir seine Anschrift schon mitgeteilt und ich habe ihm auch wieder geschrieben. Von Tante Else bekam ich vorgestern Post. Sie schrieb, dass Ernst nach Glückstadt soll. Wisst ihr noch nicht seine Anschrift? Aber er wird sie mir wohl mitteilen. Mir geht es jetzt sehr gut, ohne Übertreibung. Habe schon einmal einen Spaziergang in die Stadt gemacht und werde heute wieder gehen. Von meiner Verlegung habe ich noch nichts gehört. Das Gesuch muss ja den Dienstweg gehen und das dauert ca. drei Wochen. Rechne also damit, dass ich den nächsten Tagen etwas höre. In der letzten Zeit habe ich gut zugenommen, wiege nun sechzig kg. Nur eins ist sehr unangenehm, mir fällt nämlich in dicken Büscheln das Haar aus. Ich brauche nur mit den Fingern durchs Haar zu streichen und schon habe ich die Hand voller Haare. Na, lieber ne Glatze als gar keine Haare! Die Wunde ist nun auch vollständig zugeheilt. Eigentlich sehr schnell, nicht wahr, denn als Vater hier war, war es immerhin noch ein ziemlich großes Loch. Nun seid alle herzlichst gegrüßt von eurem Hans"

Im nächsten Brief aus Ratibor vom 16. Juli 1943 erwähnt er die schlechten Aussichten auf seine baldige Verlegung: „Liebe Eltern! Heute erhielt ich von Ernst einen Brief aus Glückstadt. Mir geht es jetzt eigentlich schon sehr gut. Gehen muss ich zwar noch am Stock, aber sonst geht es auch damit schon sehr gut. Von meiner Verlegung habe ich noch nichts gehört. Gestern habe ich mich danach erkundigt, aber es war noch nichts da. Ehrlich gesagt, glaube ich bald nicht mehr daran.

In den letzten Tagen bin ich stundenlang durchleuchtet worden und es sind drei Aufnahmen gemacht worden. Der Arzt sagte mir, ich hätte „sagenhaftes Schwein" gehabt, na, das weiß ich langsam. Beschwerden habe ich aber nicht. Mein Gewicht habe ich nahezu wieder, wiege nun zweiundsechzig kg. Im Gesicht bin ich viel dicker als sonst, aber das bügelt sich bald wieder hin (Anm.: das wird von der Diphterie kommen). Mein größter Wunsch ist, in diesem Sommer noch mal auf der Ostsee zu segeln. Ich hoffe noch dazu zu kommen. Mit herzlichen Grüßen euer Hans"

Malente - Marine Lazarett

Hans' Gesuch um Verlegung nach Malente in das dortige Marine Lazarett wird dann doch stattgegeben. Malente ist ja schon wirklich „Heimat", es liegt in Schleswig-Holstein. Bald nach seinem letzten Brief aus Ratibor muss es geschehen sein. Er wird von Mitte Juli 1943 bis 31. Dezember 1943 dort bleiben.

Er schreibt am 22. Juli 1943 einen ersten Brief aus Malente, Marine Lazarett, Abt. II b: „Liebe Eltern! Ich bin nun in der Abteilung II b gelandet. Ob ich hier bleibe, weiß ich nicht. Gefällt mir bis jetzt gut hier. Man ist allgemein mit dem Lazarett sehr zufrieden, auch mit den Ärzten. Das beruhigt mich sehr. Nun schickt bitte umgehend Zigaretten! Komme wohl bald auf Urlaub (Sonnabend - Sonntag). Herzlichst euer Hans"

Ein junger Mann, der gerade einen Lungenschuss und Diphterie überlebt hat, braucht also dringend Zigaretten. In fast jedem Brief fragt er in der Folge nach Tabak und Zigaretten. Er hat dann leider sein ganzes weiteres Leben lang geraucht. Was letzten Endes höchstwahrscheinlich auch seinen Anteil an dem relativ frühen Tod mit fünfundsechzig Jahren hatte.

In Malente ist es wunderbar, wie Hans am 26. Juli 1943 mitteilt: „Liebe Eltern! Es ist einfach herrlich hier! Komme gerade vom Se-

168

geln. Es ist ein wunderschönes Segelrevier. Nur benötige ich dringend meinen Segelschein. Glaube, er ist in meiner Brieftasche. Dann schickt ihn bitte gleich. Oder er ist bei Herta, habe auch an sie geschrieben deshalb. Außerdem ist das schönste Wetter. Sonnabend komme ich wohl nach Hause, schreibe aber oder rufe noch an, ob ich kommen kann. Schickt doch bitte ein paar Zigaretten!! Habe keine mehr. Mit herzlichen Grüßen, euer Hans"

Am 4. August 1943 meldet er sich wieder aus Malente: „Liebe Eltern! Am letzten Sonntag konnte ich aus zweierlei Gründen nicht kommen: Erstens war wegen Überlastung der Bahn der Urlaub gesperrt und zweitens lag ich da bereits im Bett, da man mir die Einschuss Wunde neu zusammengenäht hat, weil sich doch eine kleine Fistel gebildet hatte. Nun muss ich noch im Bett liegen. Es ist zwar besser geworden, aber dafür schmerzt es ziemlich. Nächsten Sonntag kann ich nun natürlich auch nicht kommen. Herzlichst, euer Hans"

Die Nikotin-Geschichte setzt sich fort. Selbst in einem Lazarett ist es wohl nicht ungewöhnlich zu rauchen, wie man seinem Brief aus Malente vom 13. September 1943 entnehmen kann: „Könnt ihr mir nicht umgehend etwas zu rauchen schicken? Ich habe nichts mehr. Eine Pfeife habe ich mir gekauft, aber keinen Tabak. Eine Schuhbürste und meine ledernen Sportschuhe brauche ich auch unbedingt. Bin nun in der Sportabteilung, habe aber noch keinen Sport mitgemacht. Nun lasst bitte bald von euch hören. Ob ich nächsten Sonntag kommen kann, weiß ich noch nicht. Ist fast wie Urlaub hier. Herzlichst euer Hans"

Die nächsten Briefe aus Malente geben Auskunft darüber, welche Utensilien er dort dringend benötigt, so am 15. September 1943: „Wenn Jochen Freitag kommt, lasst bitte folgendes mitbringen: Lederne Sportschuhe, Rasierklingen, Pullover mit Rollkragen. Diese Dinge brauche ich dringend. Etwas Geld kann ich auch brauchen. Nun hoffe ich, dass Jochi kommt. Nun seid herzlichst gegrüßt von eurem Hans"

Am 12. Oktober 1943 herrscht wieder Zigaretten-Not: „Liebe Eltern! Ich komme mit ziemlicher Sicherheit am Sonntag in acht Tagen, also am 24. Oktober. Diesen Sonntag kann ich noch nicht kommen, da immer nur drei Mann fahren können. Nun habe ich noch eine Bitte: Schickt mir bitte umgehend ein paar Zigaretten, aber per Einschreiben, sonst kommen sie nicht an. Von Enne und Jochi erhielt ich inzwischen Post. Ernst hat meinen Geburtstag selbstverständlich vergessen. Jochi kommt nach Holland, schrieb er. Mit herzlichen Grüßen euer Hans"

Am 7. Dezember 1943 verfasst Vater Ernst drei Schreiben, mit denen er erreichen möchte, dass sein Sohn nicht mehr zum Heeresdienst eingezogen wird. Das erste Schreiben geht „an das Marinelazarett, Abt. II, S, in Malente, Durch das Kommando des Rüstungsbereiches Kiel. Betr. Gesuch um Bewilligung eines Arbeitsurlaubes für den kriegsversehrten Grenadier Johanes L., Abt.II, Zimmer 5. Mit Nachstehendem bitte ich um Bewilligung eines längeren Arbeitsurlaubes für meinen Sohn, den Grenadier Johannes L., zur Erledigung kriegswichtiger Arbeiten in meiner Firma."

Das zweite Schreiben richtet sich: „An Herrn Stabsarzt Dr. Meyer, Marinelazarett Abt.II, S. Malente. Sehr geehrter Herr Stabsarzt! Unter Bezugnahme auf die gestern wegen meinem Sohn Johannes L. geführte Unterhaltung glaube ich, dass es für den Jungen, da er doch nicht wieder einsatzfähig wird und z.Zt. auch wohl nicht den Dienst eines G.v.H. (=Garnisonsverwendungsfähig Heimat) Soldaten ausführen kann, am zweckmäßigsten ist, wenn er bei weiterer Pflege etwas in seinem Fach beschäftigt wird. Zu diesem Zweck habe ich heute ein Gesuch um Bewilligung eines Arbeitsurlaubes zur Erledigung kriegswichtiger Arbeiten in meiner Firma, durch das Rüstungskommando Kiel, an das Marinelazarett Malente eingereicht.

Indem ich hoffe, dass das Rüstungskommando dieses Gesuch befürwortend weiter reicht, bitte ich Sie hiermit, dem Jungen einen längeren Urlaub für den vorgesehenen Zweck zu bewilligen. Für die gestern erhaltene Auskunft über den Zustand meines Sohnes danke ich nochmals herzlich und zeichne inzwischen mit, Ernst L."

Das dritte Schreiben ist das ausführliche Gesuch: „An das Kommando des Rüstungsbereiches Kiel, in Kiel. Gesuch um Bewilligung eines Arbeitsurlaubes für den im Marinelazarett Malente befindlichen Grenadier Johannes L. Als Anlage übersende ich Ihnen ein an das

Marinelazarett Malente gerichtete Gesuch um Bewilligung eines Arbeitsurlaubes für meinen Sohn, den Grenadier Johannes L., mit der Bitte, dieses Gesuch befürwortend weiterzureichen. Zu Ihrer Orientierung erlaube ich mir, in Verbindung mit obigem Gesuch, nachstehendes zu bemerken. Mein Sohn hat auf den Deutschen-Werken das Maschinenbauhandwerk erlernt und während der Lehrzeit sein Abitur gemacht.

Ab April 1939 studiert er an der Technischen Hochschule in Berlin-Charlottenburg Schiffs-Maschinenbau, wurde am 1. Dezember 1939 zum Heeresdienst einberufen und ist mit Unterbrechung, U.K. Stellung durch das O.K.M, seitdem Soldat. Nach Ablauf der U.K. Stellung stand er ca. drei Monate vor dem Vorexamen. In dem Feldzug gegen Frankreich erlitt er eine schwere Verwundung, von welcher noch ein Splitter im Brustraum und sehr viele kleine Splitter in der Rückenmuskulatur sitzen. Bei seinem Einsatz im Osten wurde er Mitte Februar 1943 durch einen größeren Bombensplitter in der Herzgegend erneut verwundet und hatte anschließend schwere Diphterie. Der Bombensplitter ist ebenfalls nicht entfernt. Von der letzten Verwundung und Krankheit ist Johannes inzwischen soweit wieder hergestellt, dass er sich etwas betätigen kann und dieses auch gerne möchte. Die Wiederherstellung ist aber noch nicht derart, dass er in einem größeren Rüstungsbetrieb voll oder teilweise eingesetzt werden kann, er bedarf noch der Pflege. Ich bitte daher um Genehmigung, dass er in meiner Firma kriegswichtige Arbeiten, Anfertigungen von Zeichnungen und sonstiges zu meiner Unterstützung erledigt, da ich selber nicht alles schaffen kann. Ein Einsatz meines Sohnes im Heer kommt wohl nicht mehr in Frage, m.E. kann er später wohl nur noch G.v.H. oder A.v.H. (Anm.: Garnisonsverwendungsfähig Heimat, Arbeitsverwendungsfähig Heimat) geschrieben werden. Ernst L."

Die Definition einer UK-Stellung lautet: „Die Unabkömmlichkeitstellung (UK-Stellung) während des Zweiten Weltkrieges war eine befristete oder widerrufliche Entlassung oder Nichteinziehung von Fachkräften, die zur Durchführung einer Reichsverteidigungsaufgabe der Kriegswirtschaft, des Verkehrs oder der Verwaltung unentbehrlich und unersetzbar waren. (§5 Abs.2

WehrG). Bei der UK-Stellung wurde der Soldat aus der Wehrmacht entlassen und musste später förmlich wieder erneut zum aktiven Wehrdienst einberufen werden." [27a]

Hans schreibt einen letzten Brief aus Malente, am 13. Dezember 1943: „Liebe Eltern! Habe den Brief mit den Abschriften erhalten. Hoffentlich läuft es nun auch klar. Der Arzt hat selbstverständlich mit der Genehmigung des Urlaubs nichts zu tun. Das ist eine reine verwaltungstechnische Angelegenheit. Er hat lediglich ein Urteil über meinen Gesundheitszustand dabei abzugeben. Nun muss ich erst einmal abwarten, wenn es nur nicht so lange dauert. Weihnachten werde ich vielleicht zu Hause sein können, d.h. ich kann vielleicht schon am 21. Dezember fahren und muss dann am 28. Dezember wieder hier sein. Gebe euch aber noch rechtzeitig Nachricht. Wir haben gerade Alarm und sie fliegen wohl nach Kiel. Es sind sehr viele Flugzeuge, aber sehen kann man nichts, da es zu diesig ist. Einige Bomben klekkern hier in der Gegend herunter, aber nicht in der Nähe. Schreibt doch bitte, ob bei euch etwas abgeworfen wurde. Für heute seid nun alle herzlich gegrüßt von euerm Hans"

Der nächste Brief von Hans kommt dann Ende Januar 1944 aus Döberitz, nahe Berlin-Falkensee. Hier befanden sich ein Truppenübungsplatz sowie Kasernen.

Im Jahr 1944 – Wehrmachtsverwaltungstechnische Einsätze

Hans darf das Lazarett in Malente verlassen, wird aber umgehend „Wehrmachts-Verwaltungstechnisch" eingesetzt in Döberitz, Sichtungsstelle für G.v.H. Personal, Marschkompanie, Truppenübungsplatz. Döberitz liegt in der Nähe von Berlin.

Hans schreibt am 31. Januar 1944: „Liebe Eltern! Meinen herzlichsten Dank für euren Brief. Wie ihr inzwischen wohl gehört habt hat es hier in den letzten Nächten wieder ganz erheblich geraucht.

Also Berlin ist ziemlich kaputt. Bei Herbert und Herta ist bis jetzt ja Gott sei Dank noch nichts passiert.

Mir geht es soweit sehr gut. Schlafe fast jede Nacht bei Herta, da ich bequem in einer halben Stunde hinfahren kann. Bin hier auf der Schreibstube beschäftigt, wo wohl viel Arbeit ist, aber es lässt sich doch immer am besten aushalten, sonst könnte ich nicht immer nach Falkensee fahren. Heute habe ich Nachtdienst - ca. alle acht Tage - und komme daher zum Schreiben. In den Baracken halte ich mich sonst nach Möglichkeit gar nicht auf. Das wird Vater wohl begreiflich finden. Bis um elf Uhr ungefähr habe ich noch Ruhe. Hier herrscht zwangsläufig ein Arbeitstempo, wie es wohl einzigartig in der Wehrmacht dasteht, da hier niemand länger als achtundvierzig Stunden bleiben darf.

Von meinem Gesuch habe ich noch nichts gehört. Es kann ja wohl auch noch eine Weile dauern, bis es hier ist. Ich verliere hier ja schließlich auch nichts. Habt ihr von Jochi mal wieder etwas gehört? Wie geht es Enne denn in Frankreich? Hoffentlich habt ihr die Rauchwaren von Jochi für mich schon abgeschickt. Benötige sie dringendst! Sonst kann ich euch von hier nicht viel berichten. Wenn ich näheres erfahre, schreibe ich euch gleich. Für heute seid nun herzlichst gegrüßt, von eurem Hans"

Die Brüder Enne und Jochi sind inzwischen wohl auch im Kriegseinsatz, Enne in Frankreich.

Am 3. Februar 1944 teilt Hans seinen Eltern mit, dass das „Arbeitsurlaubs-Gesuch" abgelehnt wurde: „Liebe Eltern! Mit gleicher Post erhaltet ihr ein Schreiben von der Kompanie, das besagt, dass mein Arbeitsurlaub abgelehnt ist und zwar von General Kommando III A.K. Dies erfuhr ich gestern, als es zurück kam. Die Ablehnung ist mit nichts weiter begründet. Nachdem ich gestern eine Verfügung im Heeres-Verordnungsblatt gelesen habe, wundert es mich, dass das Gesuch überhaupt so weit gegangen ist.

Die Verfügung heißt: AHM 3. Dezember 43, a) Arbeitsurlaub zum Einsatz bei Behörden und ähnlichen Betrieben ist - außer für Genesende und Lazarettkranke - von der Regel ausgeschlossen, auch wenn die Anträge von Rüstungsdienststellen oder Obersten Reichsbehörden befürwortet sind. b) Urlaubsdauer in der Regel bis zu ein Monat. Damit ist alles klar. Nun werde ich vorerst noch hier bleiben auf der Schreibstube. Aber es sind wieder verschärfende Bestimmungen hereingekommen und es ist nicht ausgeschlossen, dass ein großer Teil des Personals der Sichtungsstelle von hier fort kommt. Ist aber alles ungefährlich!! Wenn ich hier bleiben kann, ist es ja ganz schön. Nach Kiel kann ich nicht kommen, da es nicht zum W.K. III gehört. Nun seid für heute herzlichst gegrüßt von eurem Hans"

Beigelegt hatte Hans die Antwort auf das „Gesuch um Bewilligung eines Arbeitsurlaubes" (vom 3. Februar 1944): Von der Sichtungsstelle Marschkompanie, Döberitz, „Betr.: Arbeitsurlaub für den Grenadier Johannes L. Bezug: Stellv.Gen.Kdo. III.A.K., vom 21.1.44. Firma Ernst L., Ingenieurbüro. Die Kompanie teilt Ihnen mit, dass Ihr Antrag vom 7. Dezember 43 aus truppendienstlichen Gründen abgelehnt ist. Zimmermann, Oberleutnant und Kompanieführer"

Hans' nächster Brief aus Döberitz, vom 13. Februar 1944, vermeldet Erleichterung, nach „mehreren Tagen ohne Rauchwaren": „Liebe Eltern! Habe inzwischen die Rauchwaren erhalten und danke euch recht herzlich dafür. Es war höchste Zeit, denn ich hatte schon seit mehreren Tagen nichts mehr zu rauchen. Dass mein Arbeitsurlaubsgesuch vom Gen.Kdo. abgelehnt worden ist, schrieb ich euch ja bereits. Was nun mit mir wird, weiß ich noch nicht, da unsere Kompanie aufgelöst wird. Bis jetzt habe ich es ja ganz gut gehabt: fast jeden Tag bei Herta geschlafen, mit Ausnahme, wenn ich Nachtdienst habe. Im Laufe dieser Woche breche ich jedenfalls meine Zelte bei dieser Dienststelle ab. Es wird aber wohl eine einigermaßen vernünftige Stelle für mich abfallen. Ihr hört dann wieder von mir.

Hat Ernst schon mal geschrieben? Ich habe noch nichts von ihm gehört. Von Jochi erhielt ich den letzten Brief durch euch. Allzu lange wird er nun wohl nicht mehr in Holland bleiben. Aber bevor er raus kommt, bekommt er ja noch mal Urlaub. Ich hoffe nun, dass es euch zu Hause recht gut geht und dass ihr nicht so viel Alarm habt. Mit geht es gesundheitlich sehr gut. Bis zum nächsten Mal, seid herzlich gegrüßt von euerm Hans"

Bruder Jochi scheint in Holland zu sein, vielleicht auch auf dem Weg nach Frankreich. Hans wird dann versetzt nach Döberitz-Elsgrund, zum Infanterie-Lehr-Regiment, Stabskompanie, Truppen-übungsplatz. Er bleibt vom 21. Februar 1944 bis zum 30. August 1944 dort. Seinem Brief vom 21. Februar 1944 entnimmt man unter anderem, dass sein Bruder Ernst inzwischen auch an Diphterie erkrankt ist. Weiterhin erfolgen einige recht harsche Äußerungen über Kinder-Erziehung („Fell-voll-kriegen") und „Krankspielen". Der Umgang in dieser Dienststelle mit dem „zackigen Haufen" hat offensichtlich keinen guten Einfluss auf ihn. Oder die Erinnerung an seine Verwundung vor genau einem Jahr versetzte ihn in eine wenig positive Allgemeinstimmung: „Liebe Eltern! Inzwischen habe ich die gastliche Stätte der Sichtungsstelle verlassen und bin hier beim Infanterie Lehr-Regiment gelandet. Bin hier beim Regiments-Stab als Schreiber hergekommen und hoffe, dass sich diese Stellung nicht verschlechtert. Möglich ist natürlich alles. So lässt es sich noch ertragen, wenn ich auch in einen mächtig zackigen Haufen gekommen bin und das sagt mir am wenigsten zu. Die Unterkünfte und die Verpflegung sind aber ganz gut hier und das wiegt schon viel auf, wenn auch fern von Berlin. Heute vor einem Jahr war mir nicht so wohl zu Mute, denn danach war ich um diese Zeit gerade auf dem unfreiwilligen Wege ins Lazarett. Mir scheint es heute, als wenn das alles schon sehr, sehr lange her ist.

Habt ihr wieder etwas von Enne gehört? Vor einigen Tagen habe ich ihm geschrieben. Hoffentlich geht es ihm schon besser. Zu spaßen ist ja auf keinen Fall mit Diphterie, kenne diese Krankheit ja aus eigener Erfahrung.

Gestern war ich bei Herta und Herbert aber leider musste ich ja abends wieder fort, das ist weniger angenehm. Übrigens, die kleine Heike sieht Onkel Peter ähnlich! Den Kindern geht es sonst sehr gut, müssen nur ihr tägliches Fell-voll haben, was leider nicht regelmäßig verabfolgt wird. Wie ich von Herta hörte, ist Mutter auch krank und zwar Grippe. Stimmt das? Das Krankspielen scheint mir zu einem Dauerzustand bei euch auszuwachsen. Das sind wenig erheiternde Geschichten. Ich glaube, Ihr wundert zu viel rum und vergesst dabei euch selbst und wenn ihr dann mit einem Mal krank seid, wundert ihr euch wieder. Dann ist es doch kein Wunder - Wenn ihr in diesem Stil so weiter macht, wundere ich mich auch nicht. Also bitte. Trotzdem wünsche ich dir gute Besserung, liebe Mutter! Und in Zukunft passt besser auf euch selbst auf. - Für heute mag es nun genug sein. Seid herzlich gegrüßt von euerm Hans"

Das sind harte Worte. Hans ist sechsundzwanzig Jahre alt und hat schon viele bittere Erfahrungen machen müssen. Kinder „müssen ihr tägliches Fell-voll haben" und Eltern haben nicht krank zu werden, und wenn doch, dann kommt es vom „sich zu viel wundern". Das ist eine interessante Theorie, die er mit diesen Worten seinen Eltern vermitteln will.

Am 27. Februar 1944 muss Hans wieder nach Hause schreiben, denn er hatte im letzten Brief das Wichtigste vergessen, den „Tabak- und Zigaretten-Versand": „Liebe Eltern! Habe euch zwar vor ein paar Tagen erst geschrieben, aber habe dabei natürlich die Hälfte vergessen. Ja, es ist schon eine Last mit dem Rauchen, schlimmer ist es jedoch, wenn man nichts zu rauchen hat und ich habe nichts, gar nichts mehr. Also schickt doch bitte umgehend mal etwas, aber bitte per Einschreiben! Außerdem brauche ich nun wieder ein paar Hausschuhe. Könnt ihr mir nicht meine herschicken? Ich habe Schuhgröße 42. Bleibe für heute mit herzlichen Grüßen, euer Hans"

In zwei weiteren Briefen vom März 1944 geht es dann hauptsächlich ums Essen: Die Eltern sollen doch mehr Speck, gebratenen Butt und ähnliches schicken.

Dann muss Hans' Vater Ernst, im Alter von neunundfünfzig Jahren, zur Musterung, wie man aus dem Brief vom 4. April 1944 erfährt: „Zur Musterung haben sie dich nun auch noch geholt, lieber Vater? Möchte ja wissen, was man mit dir noch vorhat. Bin inzwischen beim Arzt gewesen und zwar musste ich sowieso hin, da wieder ein Unterschied bei dem Befund „bedingt k.v." gemacht werden muss: Front oder nicht Front. Bei mir ist natürlich letzteres der Fall und sicher werde ich bald mal zum Facharzt geschickt werden. Deshalb sollst du aber nicht kommen!! Solange ich hier bleiben kann, will ich zufrieden sein, wenn man es anderswo vielleicht auch bequemer haben kann. Es ist wirklich schade, dass ich nicht zu euch kommen kann und das Boot in Ordnung bringen. Das wäre das, wozu ich jetzt wirklich Lust hätte; aber wenn ich in diesen Tagen meinen Jahresurlaub nehme, dann ist es fürs ganze Jahr vorbei und ich möchte meinen Urlaub ja lieber im Sommer machen. Es ist schon alles nicht so wie es sein könnte und soll. Von Enne erhielt ich gestern einen Brief. Die Diphterie hat ihn doch ziemlich stark mitgenommen und wenn er auch glaubt, dass er bald wieder gesund ist, wird es bestimmt noch eine ganze Weile dauern, bis er wieder gesund ist und wieder auf Urlaub kommen kann.

Ich gönne es ihm von Herzen und ich kann mir sehr gut vorstellen, wie dem armen Kerl zumute ist und zu ihm kann niemand kommen und es ihm etwas leichter machen. Nur zu gut kenne ich diese Schmerzen, sie sind qualvoller, als alles andere. Wollen wir hoffen, dass er bald wieder bei uns sein kann und alles gut übersteht. Herzliche Ostergrüße, euer Hans"

Der Brief vom 25. April 1944 ist zum einen eine Danksagung für das Osterpäckchen, welches weiße Kuchen, braune Kuchen, Eier, Wurst, Speck beinhaltete, zum anderen wird berichtet, dass Bruder Jochi aus dem Lazarett entlassen wurde, er musste anscheinend operiert werden.

Im Brief vom 7. Mai 1944 wird der Ton rauer, er enthält Informationen über eine Freundin und ist mit Schreibmaschine geschrieben: „Liebe Eltern! Habe euern Brief vom 3. Mai gestern erhalten und danke euch recht herzlich dafür. Von Ernst erhielt ich ebenfalls Post. Er schreibt, dass er sich schon ganz gesund fühlt und will gern entlassen werden; aber der Arzt ist noch nicht damit einverstanden, also wird es wohl nicht allzu weit her sein mit seiner Gesundheit.

Jochen schrieb, er sei nun wieder bei der Truppe und in eine größere Stadt mit seiner Einheit verlegt worden. Gesundheitlich geht es ihm aber noch nicht gut. Er fühlt sich noch sehr klapprig durch die Lazarettzeit. Na, das ist ja auch wirklich kein Wunder, wenn man ihn kurz nach der Operation wieder zur Truppe zurück schickt. Ist mir übrigens reichlich unverständlich, aber so ist es nun einmal beim Kommis.

Dass ich kürzlich mal eine Freundin mit nach Falkensee zum Kaffeetrinken gebracht habe, scheint euch ja mächtig durcheinander gebracht zu haben. Schon seit Wochen, ich möchte fast sagen, seit Monaten hatten Herta und Herbert mir zugesetzt, das Mädchen doch einmal mitzubringen. Aus begreiflichen Gründen hatte ich mich aber stets geweigert, das zu tun. Schließlich habe ich sie dann doch einmal mitgebracht, da ich nichts Besseres vorhatte. Dass ihr nun gleich so weit gesteckte Schlüsse zieht, war ja gar nicht anders zu erwarten. Dazu kann ich aber nur Folgendes sagen: Ich denke noch nicht im Entferntesten daran, mich zu verloben, noch habe ich die feste Absicht, besagtes Mädchen einmal zu heiraten. Für mich ist sie nur meine Freundin und es wird mir ja wohl niemand verbieten, eine Freundin zu haben. Und wenn ich sie schon einmal mit nach Falkensee gebracht habe, so sehe ich darin noch lange nicht das, was ihr unter ‚Einführung in die Familie' versteht. Im Übrigen könnt ihr euch doch auch denken, dass, wenn ich schon mal ein Mädel mit zu Herta und Herbert bringe, ich mir auch reiflich überlege, ob sie einer so starken Belastungsprobe, wie der nächsten Verwandten, gewachsen sein wird. Obgleich es noch gar nicht notwendig ist, will ich doch noch Einiges deinen Ansichten, lieber Vater, gegenüber klarstellen: Wenn die Mädchen heute nicht mehr wie ehedem zu Hausfrauen erzogen werden, sondern durchweg beruflich tätig sind, so liegt das ganz in der Zeit begründet; aber dass sie dadurch schlechtere Ehefrauen werden sollen, möchte ich doch sehr bezweifeln. Zu allem Überfluss sei noch gesagt, dass dies keine Zigarettenfreundschaft ist. Wenn Enne allerdings behauptet, die Steine kämen auch bei uns bald ins Rollen, aber nicht durch ihn, so kann ich nicht umhin, anzunehmen, dass er das in einem Zustand geistiger Umnachtung geschrieben hat. - Dass die Studentenführung jetzt, wo das Semester bald wieder zu Ende ist, schon den Umdruck herausgibt, ist wirklich erstaunlich. Aber ich war über diese Verfügung schon lange unterrichtet, da ich hier auf dem Geschäftszimmer die Verordnungsblätter immer aus erster Hand bekomme und lesen muss.

Gesundheitlich geht es mir gut, aber zu Rauchen habe ich nichts! Deshalb habt ihr uns auch ziemlich nervös gemacht hier, mit eurer unklaren Andeutung, ob ihr kommt oder nicht.

Die Kleinen (Anm.: Nichten und Neffe) werden größer und frecher. Hanna läuft bald und Heike kommentiert ihre Geschwister. Der Lärm ist dann auch manchmal nicht mehr zu überbieten. Eine kleine Probe: ‚Udo, mach nicht so'n Lärm! Marsch, geh in den Laufstall oder willst du erst ne Backpfeife haben?' Das ist die kleine Heike. Das Erbe ist unverkennbar. Habe heut am Sonntag Schreiber vom Dienst, daher der lange Brief. Für heute seid nun herzlich gegrüßt von euerm Hans. Wichtig: Habe überhaupt nichts mehr zu Rauchen!!!"

Drei Ausrufungszeichen, Rauchen ist für Hans so wichtig. Die Ansichten seines Vaters über Mädchen muss Hans korrigieren: Sie werden nicht mehr wie früher „zu Hausfrauen erzogen", sondern sind meistens berufstätig, dass läge „ganz in der Zeit begründet".

In Hans' Brief vom 29. Juli 1944 verbittet er sich die weitere Kritik seines Vaters an seiner Freundin, die er wohl in Berlin kennengelernt hat: „Habe eure beiden Briefe erhalten und bedanke mich bestens. Den Sinn des Briefes, den ich euch letzthin schrieb, nehme ich natürlich keineswegs zurück. Man kann ja auch schließlich nicht von mir verlangen, dass ich zu allem ja und Amen sage und im Übrigen ist das, was der Herr tut wohlgetan. Und dann, lieber Vater, brauchst du dich ja auch nicht gerade so abfällig zu äußern. Wenn ich meine Freundin mit zu Herta und Herbert nehme, dann kannst du dir wohl denken, dass ich da nicht irgendein hergelaufenes Mädel von der Straße mitbringe. Aber vielleicht bist du doch der Ansicht. -

Von Jochi erhielt ich vor ein paar Tagen einen Brief. Er schreibt, dass es ihm dort verhältnismäßig gut geht. Wie geht es euch? Habt ihr die kurze Grippe gut überstanden?

Mit der Ausnahme, dass hier in letzter Zeit viele Nachtangriffe waren und unser Luftwarnapparat jede Nacht klingelte, was ich allerdings immer erst am nächsten Morgen erfahre, da ich Gott sei Dank, immer noch über eine gesunden Schlaf verfüge, passiert hier nichts Außergewöhnliches. Ab und zu fahre ich zum Segeln, das ist immer eine schöne Erholung. Bin in diesem Sommer auch ganz schön braun geworden. Wenn die Sonne scheint, lege ich mich mittags ein bis zwei Stunden auf den Turm und lasse mir die Sonne auf den Pelz scheinen. Heute habe ich Dienst und muss den ganzen Tag in der Stube sitzen. Bleibe für heute mit herzlichen Grüßen, Euer Hans"

Im Brief vom 20. August 1944 ist das Haupt-Thema Hans' „ewige Tabaksorgen": „Mir geht es gut, wenn ich nur nicht die ewigen Tabaksorgen hätte. Aber ich glaube, irgendeine Sorge muss man wohl haben, sonst fühlt man sich nicht wohl. Gestern habe ich nun die Bestätigung vom General Kommando erhalten, dass ich für jegliche Versetzung gesperrt bin, da ich auf die Feuerwerker-Schule komme. Der Lehrgang fängt aber erst am 1. November 44 an und bis dahin kann ja noch sehr viel geschehen in und um Deutschland. Jedenfalls sitze ich erst einmal sehr trocken. Mein Kompanie-Führer hat mir bei meiner Meldung zum Feuerwerker-Lehrgang beim Gen.Kdo. eine Beurteilung mitgeschickt, die sich kaum in Worte fassen lässt. Ich habe gar nicht gewusst, dass ich ein so guter Kerl und ein so hervorragender Soldat bin. Nun freue ich mich, dass die Sache geklappt hat. Es ist doch ein angenehmeres Gefühl, zu wissen, was mit einem passiert, als dass man dauernd im Ungewissen ist, ob man hier bleibt oder wegkommt. Vorläufig kann mir nichts mehr verbrennen. Im Dienst habe ich hier ein denkbar angenehmes Leben. Neider behaupten, ich hätte den besten Posten in der ganzen Infanterieschule, womit sie vielleicht nicht ganz unrecht haben. Heute wäre ich allerdings lieber auf der Havel, denn es ist das herrlichste Wetter bei einer Bullenhitze und ich bin gerade dran mit Sonntagsdienst. Seid herzlichst gegrüßt von euerm Hans"

Vom 31. August 1944 bis 16. September 1944 wird Hans nach Neuruppin versetzt, um dort in der Munitionsanstalt an einem Vorkurs für die Feuerwerkerschule teilzunehmen. Neuruppin liegt 60 km nördlich von Berlin.

Als „Feuerwerker in der deutschen Wehrmacht" tätig zu sein, sowie überhaupt der Begriff „Feuerwerkerschule" bedarf einer Erläuterung: „Als Feuerwerker bezeichnet man einen Munitionsfachkundigen, zu dessen Aufgaben die Munitionsräumung, also das Lokalisieren, Entfernen und Unschädlichmachen von Munition gehört. Mit

Munition sind hier explosive Vorrichtungen aller Art gemeint. Feuerwerker versehen ihren Dienst im Militär- und Polizeidienst.

Zur erstmaligen und laufenden Qualifizierung der Feuerwerker wurden seit ca. 1840 spezielle Lehrgänge und Schulen eingerichtet, so 1840 in Berlin eine Oberfeuerwerkerschule als Militärbildungsanstalt. Bei Ausbruch des Ersten Weltkrieges erfolgte die Schließung der Oberfeuerwerkerschulen; erst 1918 nahm in Berlin-Spandau eine neu gegründete Kriegs-Feuerwerker-Schule die Ausbildung von Feuerwerkern wieder auf. Die Kurse dauerten etwa 20 Monate und die Kapazität der Schule umfasste etwa 200 Aspiranten. In der Reichswehr bildete man Feuerwerker zuerst an der Artillerieschule in Jüterbog in speziellen Lehrgängen aus, bis dann 1929 in Berlin-Lichterfelde wieder eine selbständige Heeresfeuerwerkerschule entstand. Die Feuerwerkeroffiziere erhielten jetzt die Bezeichnung Waffen-Offiziere.

In der deutschen Wehrmacht wurden Feuerwerker der verschiedenen Dienstgrade im Heer vor allem in Stäben von Artillerie-, Infanterie- und Kavallerieregimentern eingesetzt, ferner bei der Organisation und dem Betreiben der Munitionsversorgung und des -nachschubes der kämpfenden Truppe. Kommandeur eines Munitionslagers war in der Regel mindestens ein Oberfeuerwerker oder Feuerwerkeroffizier. Bei der Kriegsmarine wurden sie auf Schiffen, in Werften und Munitionsdepots eingesetzt. Seit 1935 gab es auch bei der Luftwaffe Feuerwerker." [28]

Der erste Brief aus Neuruppin, vom 1. September 1944, berichtet noch nicht viel, enthält aber die Information, dass an der Ostsee Angriffe stattgefunden haben: „Liebe Eltern! Seit gestern bin ich in der Munitions-Anstalt Neuruppin und mache hier einen kleinen Vorkurs für die Feuerwerkerschule. Bis zum 16. September bleibe ich hier und komme dann noch vierzehn Tage zum Heeres-Zeugamt nach Spandau. Am 1. Oktober beginnt dann wohl die Schule.

Viel schreiben kann ich euch natürlich nicht von hier und während der letzten Tage in Döberitz ging es hoch her. Es ist jedenfalls alles sehr interessant und macht mir viel Freude, aber man wird uns in der nächsten Zeit auch mächtig rannehmen. Hier ist von morgens bis abends Unterricht.

Habt ihr schon von Ernst etwas gehört? Wie habt ihr die Angriffe überstanden? Schreibt bald, sonst bin ich wieder weg von hier. Bleibe für heute mit herzlichen Grüßen euer Hans"

Es findet sich der Durchschlag eines Briefes, mit Schreibmaschine geschrieben, von Vater Ernst an seinen Sohn Hans, vom 5. September 1944: „Mein lieber Hans! Wir erhielten soeben deinen Brief vom ersten des Monats aus Neuruppin. So bist du also schon früher als ursprünglich vorgesehen in deinem neuen Dienstzweig tätig. Es freut uns, dass du dort einen interessanten Dienst hast. Zu Herta wirst du jetzt wohl nicht mehr so oft kommen.

Dass wir bei dem letzten sehr schweren Angriff vom 26. vorigen Monats heil davon gekommen sind, haben wir dir bereits nach Döberitz berichtet, der Brief ist dir hoffentlich nachgeschickt worden. Kiel sieht ungefähr wie Hamburg aus, unser Dorf ist wie durch ein Wunder verschont geblieben. Wir haben hier Bombengeschädigte aus dem Nachbarsort, ein Amtsgerichtsrat H. mit Frau, Tochter und Hund, sie bewohnen dein Zimmer und die Küche. Gekocht wird gemeinsam, jedenfalls vorläufig. Ihr Haus ist nur teilweise beschädigt, aber die Frau will da nicht wieder hin und so werden wir sie hier wohl noch längere Zeit behalten.

Von Ernst haben wir immer noch keine Nachricht, aber es kommen ja allgemein keine Briefe aus dem Westen, wie man hört, wir sind sehr besorgt um Ernst, es sieht ja nicht gut aus im Westen, aber wir wollen die Hoffnung nicht verlieren.

Von Jochen hatten wir gestern Nachricht, sein Kursus ist bald beendet, Urlaub wird er wohl nicht bekommen. Hans S. hatte mal wieder vierzehn Tage Urlaub, weil im Drahtfunk gesagt worden war, dass hier Bomben gefallen seien, in Wirklichkeit ist dieses nicht der Fall, es lässt sich doch noch vieles drehen, man muss es nur verstehen. Sonst ist nicht viel zu berichten, es wird so langsam kalt, der Sommer ist vorbei. Schreibe uns bitte sofort deine Anschrift in Spandau, wenn es uns möglich ist, müssen wir ja noch ein kleines Paket zu deinem Geburtstag organisieren.

Mutter hat heute Wäsche und hat außerdem jetzt auch mehr mit der Kocherei zu tun, es ist gleich Mittag, unsere Gäste sind dabei und decken den Tisch. Die Falkenseer lassen auch nichts von sich hören, wenn du zu Herta kommst, so sag ihr nur, dass Jochen sich schwer beklagt, dass er nicht mal einen Brief von seiner Schwester bekommt, soviel Zeit muss sie schon übrig haben. Auch wir erwarten allgemein mehr Post von unseren Kindern, es ist für uns immer eine große Freude, wenn wir Nachricht erhalten. So, mein lieber Junge, nun sei herzlich gegrüßt von Mutter und von mir, grüße Herta und Herbert und die lieben Kleinen"

Ganz klare Ansage vom Vater, es gilt regelmäßig Briefe nach Hause zu schreiben! Hans ist dann vom 14. - 30. September 1944 im Heereszeugamt, Berlin-Spandau, 23. Feuerwerkerlehrgang, Alte Unterkunft und meldet sich am 16. September 1944: „Liebe Eltern! Seit vorgestern bin ich nun beim Heeres-Zeugamt in Spandau. Bis jetzt war ich allerdings die meiste Zeit bei Herta und habe mir den Magen mit Zwetschen, Pflaumen usw. verdorben. Bis zum 30. September bleibe ich hier und dann geht's zur Schule nach Berlin-Lichterfelde. In der ehemaligen Anstalt war es zum Teil sehr interessant. Sonst gibt es vorerst nichts Neues. Ihr hört bald wieder von mir. Jetzt ist wunderbares Wetter und ich muss gleich an die Havel, um die letzten Tage noch auszunutzen. Herzliche Grüße, euer Hans"

Fragen und Sorgen werden im Brief vom 21. September 1944 geäußert: „Liebe Eltern! Wie sieht es nun bei euch aus? Kiel ist inzwischen ja schon wieder schwer angegriffen worden. Wir haben in letzter Zeit eigentlich viel Ruhe. Es gibt wohl laufend des Nachts Alarm, aber es kommen immer nur wenige Flugzeuge. Mir geht es hier sehr gut. Am 1. Oktober beginnt die Schule. Allerdings gefällt es mir im Zeugamt nicht sonderlich. Man kümmert sich nicht viel um uns und sieht in uns lediglich Transportarbeiter, um aber auf solche Mätzchen einzugehen, ist man ja lange genug Soldat, d.h. man verbringt den größten Teil des Tages ausruhenderweise. Die Verpflegung ist jedoch sehr gut. Mittags gibt es sehr gut zu essen und man wird auf jeden Fall satt, wenn nicht, kann man sich immer noch ein paar Gänge dazu kaufen. Vorgestern gab's sogar Rouladen, das habe ich bei Preußens noch nie erlebt und Kartoffeln und Soße kann man sich immer genügend nachholen.

Heute muss ich U.v.D. (= Unteroffizier vom Dienst) spielen, daher der Brief! In der Munitionsanstalt war man zwar eingesperrt, aber es war doch besser als hier. Man hat uns dort jedenfalls etwas beigebracht und es war auch sehr interessant. Beim Chef hatte ich einen guten Stein im Brett und er hat mir mächtig zugesetzt, dass ich nach der Schule nach Neuruppin kommen soll, aber davor bewahre mich dann doch der liebe Gott. Ich will natürlich in die Industrie zur Abnahme. Vorläufig steht das natürlich in den Sternen, vor allem mit Rücksicht auf die derzeitigen Verhältnisse.

Habt ihr schon etwas von Ernst gehört? Schreibt doch bitte mal. Bleibe nun mit herzlichen Grüßen, euer Hans"

Hans schreibt einen Brief aus Falkensee, am 22. September 1944, an seine Eltern und den Bruder Jochim, der zu diesem Zeitpunkt anscheinend bei den Eltern ist (wahrscheinlich auf Urlaub): „Liebe Eltern, lieber Jochi! Habe heute euren Brief erhalten und danke euch recht herzlich, besonders für das in Aussicht gestellte Paket. An dich, lieber Jochi, habe ich vorgestern noch nach Leslau geschrieben. Der Brief wird wohl zurückkommen. Die Marken bekam ich in Neuruppin. Danke dir recht herzlich dafür. Sind natürlich längst atomatisiert.

Nun habe ich eine Bitte: Komme doch bitte spätestens am 28. September, da ich am 30. bereits wieder nach Lichterfelde umsiedle und ein Tag vor dem Umzug sind bei Preußens immer alle Möglichkeiten drin. Außerdem haben wir dann beide etwas mehr Zeit zum Begrüßen. Habe an sich immer viel Zeit zu solchen Feierlichkeiten beim H.Za. In Lichterfelde wird sich das Blatt grundlegend wenden.

Schreibe bitte noch genau, wann du kommst. Unter Umständen kann ich dich abholen. Inzwischen werde ich dann die Kleinigkeiten präparieren. Herta und Herbert lassen euch herzlich grüßen. Bleibe mit den gleichen Wünschen euer Hans"

Dann ist der Umzug geschafft, Hans besucht jetzt die Feuerwerkerschule in Berlin-Lichterfelde, und zwar vom 1. Oktober 1944 - 31. Januar 1945, Hans Schwester Herta wohnt in Berlin-Falkensee. Am 2. Oktober 1944 wird ein Brief aus Berlin, Anschrift: Heeres-

Feuerwerkerschule I, Berlin-Lichterfelde-West, geschrieben, der von einem Besuch von Bruder Jochim berichtet: „Liebe Eltern! Bin nun endlich auf der Feuerwerker-Schule gelandet. Gestern wurde ich gleich als U.v.D. eingeteilt. War natürlich hell begeistert, da ich zum Absegeln beim ASV wollte. Habe mich aber dann getröstet, da es den ganzen Tag regnete und das Absegeln wahrscheinlich nur in der Theorie stattgefunden hat.

Heute sind wir nun erst einmal eingeteilt worden und somit kann ich euch meine Anschrift mitteilen. Der Lehrbetrieb wird wohl in den nächsten Tagen losgehen. Leider ist es etwas weit weg von Falkensee und außerdem kommen wir nicht viel raus. Man ist also erst einmal wieder Rekrut, aber der Erfolg ist ja entscheidend.

Für euer Geburtstagspaket danke ich euch recht herzlich! Der Honig kommt mir sehr gelegen, da ich zurzeit etwas erkältet bin. Die Kuchen und die Schokoladenplätzchen schmeckten ausgezeichnet! Ebenfalls die Wurst. Ist die von Tante Marie? Wenn ja, lasse ich mich herzlichst bedanken. Schreiben will ich vorerst nicht, denn man weiß ja nicht, ‚ob Onkel Fiede davon wissen soll‘. Über die Zigaretten und den Tabak habe ich mich auch sehr gefreut, was ihr verstehen, aber nie begreifen könnt. Es war doch sehr schön, dass Jochi einen Tag früher gekommen war, denn so konnten wir fast den ganzen Freitag zusammen sein. Am Sonnabend konnte ich von der Schule - war am Nachmittag versetzt worden - nach Falkensee fahren und bin dann zusammen mit Jochen zur Bahn gefahren. Bleibe nun mit herzlichen Grüßen euer Hans“

Das ist wohl das letzte Mal gewesen, dass sich Hans und sein Bruder Jochim getroffen haben.

Der nächste Brief wurde am 7. Oktober 1944 geschrieben: „Habt ihr inzwischen meinen ersten Brief von meiner neuen „Dienststelle“ erhalten? Eine Woche bin ich nun bereits hier, aber der richtige Betrieb beginnt erst morgen am Sonntag oder Montag. Abends müssen wir immer um halb elf in der Kaserne sein. Das ist natürlich weniger schön, ebenfalls, dass wir jeden Sonntag bis mittags Unterricht haben, na, das kann ja noch heiter werden. Nun habe ich noch eine bescheidene Bitte: könnt ihr mir bitte einen Kamm schicken? Hier ist beim besten Willen keiner aufzutreiben und meiner besteht nur noch aus zwei einsamen Zinken. Ich bin ja nicht eitel, aber so etwas verstößt doch gegen den primitivsten Ordnungssinn. Schreibt bitte, wie es euch geht. Herzlichst, euer Hans"

Am 19. Oktober 1944 wird berichtet, dass Vaters Militäreinsatz beendet ist, war dann anscheinend sechs Monate lang: „Vaters Einsatz war ja nicht von langer Dauer und ich bin froh, dass er wieder zu Hause ist, denn bei deiner Gesundheit, lieber Vater, und in dieser Jahreszeit ist es für dich doch keine Kleinigkeit. Mir geht es gesundheitlich sehr gut und ich freue mich sehr, dass ich hier auf der Feuerwerkerschule bin. Es macht mir doch viel Freude hier, vor allem, dass man einmal wieder an etwas anderes denkt und sich mit Dingen befasst, die einem wirklich Freude machen. Für einen, der durch wenige Vorkenntnisse belastet ist, ist es auch nicht so ganz leicht hier, denn der Stoff ist sehr umfangreich und in kurzer Zeit wird viel gebracht. Bis jetzt habe ich mich noch nicht allzu sehr anstrengen brauchen und hoffe auch, dass das in Zukunft der Fall sein wird. Das ganze Gebiet fällt ja auch mehr oder weniger in mein Fach und ist zu einem großen Teil sehr interessant.

Wenn ihr Ennes Anschrift habt, teilt sie mir bitte gleich mit. An Jochi habe ich geschrieben, er ist sicher in Lötzen. Bleibe nun mit herzlichen Grüßen, euer Hans"

Der Vater Ernst hat eine weitere Durchschrift eines Briefes an Hans, vom 24. Oktober 1944, abgeheftet: „Lieber Hans! Deinen Brief vom 19. des Monats haben wir gestern erhalten, wir freuen uns immer wenn wir ein Lebenszeichen von unseren Kindern erhalten. Von Ernst hatten wir heute auch wieder Nachricht, außerdem vor ca. acht Tage, seine Anschrift ist Leutnant L., Feldpostnummer 41916. Schreibe ihm nur mal, er liegt dort dauernd im Artilleriefeuer und hat wenig Zeit. Im Übrigen schreibt er ganz froh und geht es ihm soweit gut, hoffentlich kommt er dort heil durch. Von Jochen hatten wir noch keine Nachricht wieder. Nach seiner letzten Nachricht sollten sie aus Lötzen fort und zurück verlegt werden, da seine Einheit wieder neu zusammengestellt wird. Wo er nun hinkommt, wissen wir noch nicht, wir warten jeden Tag auf Nachricht von ihm. Lieber Hans, wir wollen dir einige Marken senden, einige Fleisch- und Fettmarken. Du kannst dir dann ja mal etwas kaufen. Morgen hat Tante Agnes Geburtstag, wir werden dann im kleinen Kreis zusammen sein. Mutter und mir geht es soweit gut, so sei denn für heute herzlich gegrüßt."

Der Ort ‚Lötzen' - lag damals in Ostpreussen / Masuren, heute gehört er zu Polen und heißt ‚Gizycko'.

Hans schreibt am 28.Oktober 1944, anscheinend hat er den obigen Brief seines Vaters vom 24. Oktober noch nicht erhalten: „Liebe Eltern! Wollte heute eigentlich zu Herta und Herbert, aber leider habe ich heute, d.h. die ganzen nächsten acht Tage, Brandwachendienst und darf die Kaserne nicht verlassen. So hat man drei Wochen hintereinander Dienst und kommt überhaupt nicht raus, das ist zum K…!

Alles solche kleinen Mätzchen, über die man sich maßlos ärgern kann. So verbringe ich den Sonnabendnachmittag und morgen den ganzen Sonntag in der Kaserne. Als Rekrut habe ich so etwas nicht erlebt. Aber ich hoffe, dass sich das in nächster Zeit etwas ändern wird, denn ein Viertel der Zeit haben wir jetzt ja herum. Wenn mir der Unterricht auch Freude macht, so wird einem doch durch solche wenig angenehmen Begleitumstände sehr viel verleidet. Mir macht der ganze Betrieb hier sonst wenige Kopfschmerzen und ich kann mich noch ganz gut an der Spitze im Hörsaal halten, d.h. über mir ist keiner und hoffe auch, dass ich als solcher den Lehrgang beende.

Neulich musste ich einen militärisch-politischen Vortrag vor der halben Kompanie halten und es ist mir besser gelungen, als ich befürchtet hatte. Jedenfalls glaube ich, dass ich meinen Aufsichtsoffizier um eins mehr überzeugt habe, nämlich, dass ich auch imstande bin, einen Vortrag zu halten, bei dem nicht alles einschläft. Leider werde ich wohl noch des Öfteren dazu herangezogen werden und das ist mir weniger sympathisch, denn erstens habe ich keine Lust dazu und zweitens kostet es viel Zeit zur Ausarbeitung.

Viel zu essen gibt es hier nicht und Kohldampf ist bei mir Dauerzustand. Außerdem habe ich nichts mehr zu Rauchen, könnt ihr mir nicht etwas Tabak schicken oder ein paar Weißbrotmarken? Dann könnte ich mir morgens, in einer Pause mal ein Brötchen kaufen und Brühe. Herta braucht ihr keine Brotmarken zu schicken, sie bekommt immer so viel Schwarzbrot von mir, dass immer noch für die Kaninchen eine ganze Menge übrig ist. Außerdem sieht Herta nicht gerade unterernährt aus und weiß sich immer schadlos zu halten.

Habt ihr inzwischen Post von Enne bekommen? Schreibt doch bitte mal. Ihr lasst überhaupt nichts von euch hören. Vier Wochen bin ich nun bereits hier und in der Zeit hatte ich im ganzen einen Brief von euch bekommen. Das ist sehr viel. Bleibe mit herzlichen Grüßen, euer Hans"

Dann bekommt er doch endlich Post und antwortet gleich, am 29. Oktober 1944: „Habe heute euern Brief bekommen und sehe mich daher gezwungen, euch gleich einen zweiten Brief zu schreiben. Für die Marken danke ich euch recht herzlich und auch für den Brief. Bei Tante Agnes habt ihr dann also mal wieder gelebt wie die Götter. Na, schaden kann's ja nie. Gratuliert Tante Agnes man noch nachträglich von mir. Ich kann Geburtstage nicht behalten, das wisst ihr ja. Erinnert mich nur rechtzeitig an Onkel Fiedes Geburtstag, sonst gibt es wieder eine kleine Familienbeleidigung und das vermeidet man ja nach Möglichkeit. Seid herzlich gegrüßt von euerm Hans"

In einem Brief vom 25. November 1944 teilt Hans mit, dass er „mit sich und der Welt unzufrieden ist": „Dass ihr so wenig zum Rauchen über habt, ist außerordentlich bedauerlich, zumal ich nun schon lange nichts mehr habe.

Gestern war ich in Falkensee. Denen dort geht es sehr gut, mir weniger, d.h. augenblicklich bin ich einmal wieder sehr unzufrieden mit mir und der Welt. Nun ist man bereits acht Wochen hier auf der Schule und hat fast noch keinen freien Sonnabend und Sonntagnachmittag gehabt, sondern sitzt tagtäglich in der Kaserne und kann ‚Luftschutzdienst' machen. Wenn ich hier außerdem noch großartig arbeiten sollte, hätte ich den ganzen Dreck längst in die Ecke gefeuert. Bis jetzt habe ich ja noch keinen Handschlag zu tun brauchen und bin der Überzeugung, dass ich auch bis zum Ende dieses unnötigen Lehrganges nichts tun werde. Ich denke, dass der Zauber Mitte Januar vorbei ist. Acht Wochen sind nun ja bereits abgerissen, aber Anfang Dezember werden wieder eine ganze Reihe dran glauben müssen und werden abgelöst. Habt ihr schon Post von Ernst und Jochen? Bleibe nun mit herzlichen Grüßen euer Hans"

Mit seinem Schreiben vom 8. Dezember 1944 möchte er dann Erklärungen liefern, dafür, dass er zuvor so einen „unzufriedenen" Brief nach Hause gesandt hatte. Zudem kommen einige, grundlegende philosophische Betrachtungen: „ Eben habe ich auch an Tante Marie und Onkel Fiede geschrieben und mich für die Marken bedankt, die sie mir geschickt hatten. Ja, manchmal hat es doch einen Wert, wenn man mal einen recht freundlichen Brief schreibt. Die Menschen sind in vieler Hinsicht eben alle gleich: Sie wollen alle liebevoll behandelt sein und wenn man zur rechten Zeit die rechten Worte liefert, dann wirken sie oft Wunder. Das soll aber keine Kritik sein, sondern nur eine Feststellung. Nichts liegt mir ferner, als meine Verwandten zu kritisieren oder zu charakterisieren.

Als ich meinen letzten Brief an euch schrieb, war ich nicht in gerade rosiger Stimmung, d.h. in rosiger Stimmung bin ich schon lang nicht mehr und will auch gar keinen Hehl daraus machen. Nun ist es aber keineswegs so, dass ich mit meinem Schicksal unzufrieden bin. Nein, das ist ganz und gar nicht der Fall. Es ist nur so, dass ich nun auch froh bin, wenn der Lehrgang beendet ist, genauso wie es mir hier anfangs Freude gemacht hat. Das liegt zum Teil daran, weil der Unterricht uninteressant und stur wird, wie es nun einmal beim Kommis ist. Eintönig und letzten Endes immer dasselbe. Zum anderen liegt es an dem ewigen Luftschutzdienst, d.h. am ewig Eingesperrt sein. Zum Teil liegt es wohl auch an mir selbst. Ich kann mich nicht dauernd mit ein und derselben Sache beschäftigen und immer wieder die gleiche Freude daran haben. Es muss immer wieder etwas Neues sein, immer wieder neue Probleme müssen es sein, die mich beschäftigen müssen. Mit solchen Dingen kann ich Tag und Nacht arbeiten und habe auch immer wieder Freude daran. Probleme treten zwar im Unterricht stündlich auf und diese Probleme haben mich anfangs auch so stark gefesselt.

Aber bald merkte ich, dass hierfür kein großes Interesse gezeigt wird, weil das Wissen eben doch viel zu begrenzt ist auf der anderen

Seite und es hier nur darauf ankommt, uns möglichst viel oder weniger wirkliches Wissen einzupauken.

Ohne Zweifel ist die Heeresfeuerwerkerei die weitaus vielseitigste Fachrichtung des Heeres und auch die weitaus interessanteste. Der Pferdefuß bei der ganzen Sache ist aber eben, dass es Kommis ist und damit sind ja leider, erstens Grenzen gezogen und zweitens mit vielen wenig angenehmen Nebenumständen verbunden. Die persönliche Freizügigkeit ist es, die einem fehlt, immer das Gefühl des Eingesperrtseins ist es, was mich in jeder Hinsicht beengt. Aber auch das nimmt ja wohl mal ein Ende.

Um Enne mache ich mir wirklich Sorgen. Wenn man nur eine Nachricht von ihm hätte. Von Jochen habe ich auch noch nichts weiter gehört, aber er wird ja sicher schreiben, wenn er seine endgültige Feldpostnummer hat.

Gestern war ich wieder zur Untersuchung. Befund hat sich nicht geändert. Ansonsten geht es mir wie immer sehr gut. Wenn ich schon mal etwas missmutig schreibe, so dürft ihr das nicht allzu ernst nehmen, denn solange man hier in Deutschland ist, ist es wohl reichlich vermessen, zu sagen, dass es einem schlecht geht. Nur manchmal bin ich nicht ganz zufrieden und dann schimpfe ich eben nach bewährter preußischer Methode, als dem besten Heilmittel, mir den Ärger von der Seele und schimpfen ist das unantastbare Vorrecht des Soldaten. Denn: Solange der Soldat schimpft, geht es ihm gut. Nun bleibe ich für heute mit recht herzlichen Grüßen, euer Hans"

Hans hat in jungen Jahren schon tiefgreifende Erkenntnisse gewonnen: Die Menschen wollen alle liebevoll behandelt werden, die richtigen Worte zur richtigen Zeit bewirken oft Wunder. Er selbst arrangiert sich mit den Umständen beim „Kommis", wie er das Militär nennt, fühlt sich aber zunehmend unterfordert und eingesperrt. Wenn er unzufrieden ist, würde er halt schimpfen, das sei ein Vorrecht des Soldaten, denn „solange der Soldat schimpft, geht es ihm gut."

Am 16. Dezember 1944 organisiert Hans für seine Eltern eine Reisemöglichkeit nach Berlin: „Anliegend eine Bescheinigung für euch, dass ihr Weihnachten in Berlin verleben sollt! Auf diesen

Schein bekommt ihr eine Karte bei der Reichsbahn. Und nun überlegt nicht lange, sondern macht euch so schnell wie möglich reisefertig. Herta und Herbert warten schon sehnlichst auf euch! Dann sehen wir uns Weihnachten in Falkensee. Bleibe bis dahin mit herzlichen Grüßen Euer Hans"

Hat geklappt, das Treffen Weihnachten 1944 in Berlin mit den Eltern. Hans schreibt am 8. Januar 1945: „Ich hoffe, dass ihr inzwischen wieder gut zu Hause gelandet seid und alles so vorgefunden habt, wie ihr es verlassen hattet.

Allzu lange wird es nun ja nicht mehr dauern und ich werde diese gastliche Stätte wieder verlassen können. Der Abmarsch wird sich aber noch etwas verzögern und nicht wie vorgesehen Mitte dieses Monats, sondern erst Ende Januar erfolgen, da wir mit dem Unterrichtsstoff nicht eher fertig werden. Und dann bin ich ja richtig gespannt, wie wir uns nachher als fertige Feuerwerker, oder besser gesagt, halbfertige Feuerwerker, in der Öffentlichkeit benehmen werden. Denn, wenn ich mir jetzt einmal überlege, was ich hier alles gelernt habe, so ist es eigentlich herzlich wenig, obgleich wir in stofflicher Hinsicht eine recht beachtliche Menge eingetrichtert bekommen haben. Na, das wird sich ja alles zeigen und es wird nichts so heiß gegessen, wie gekocht.

Übrigens war das Gänsefleisch ausgezeichnet, d.h. es hat mir ausgezeichnet geschmeckt! Habe mir gestern, da ich Dienst hatte, ein paar Bratkartoffeln gemacht und dazu die Keule gebraten. Ich war selten so satt und zufrieden wie nach dem Essen! Die Kuchen sind inzwischen ebenfalls alle geworden - leider. Ja, so denkt man immer nur ans Essen und ans persönliche Wohlergehen. (Wie wahr!)

In letzter Zeit stört uns hier fast allabendlich wieder einmal der „Tommy". Es fällt schon direkt lästig.

Von euch hoffe ich, dass es euch gut geht und beide gesund seid. Wenn ich versetzt werde, hört ihr wieder von mir. Bleibe nun mit herzlichen Grüßen, euer Hans"

Dann, mit seinem nächsten Brief, dem letzten aus Berlin-Lichterfelde, ändert sich seine positiv-hoffnungsvolle Sichtweise.

1945 - Kriegsende und Jahr der persönlichen Verluste

Am 28. Januar 1945, Hans ist siebenundzwanzig Jahre alt, kommt in seinem Brief aus Berlin-Lichterfelde ein inzwischen eingetretener schwerer Schicksalsschlag für die ganze Familie zur Sprache: „Liebe Eltern! Heute früh ist nun vom OKH (=Oberkommando des Heeres) der Befehl unserer Inmarschsetzung gekommen. Morgen werden wir zu unserer neuen Dienststelle in Marsch gesetzt, d.h. zwei Tage vorher als vorgesehen. Wo wir hinkommen, ist uns zwar noch nicht bekanntgegeben worden, aber ich glaube, dass ich zur Heeres Munitionsanstalt Münsterlager komme.

Davon bin ich natürlich nicht so begeistert. Lieber wäre es mir gewesen, wenn ich erst zum Feldzugkommando nach Hamburg versetzt worden wäre. Bei den meisten ist dies der Fall. Leider kann man gegen diesen OKH-Befehl nichts machen und man soll ja auch wirklich zufrieden sein, denn dazu hat man auch allen Grund. Habt ihr inzwischen einmal wieder etwas von Ernst gehört? Die letzte Nachricht hat mich doch wieder zuversichtlicher gemacht und ich bin eigentlich recht froh, jedenfalls eine Nachricht von ihm zu haben, wenn es auch nur sehr wenig und weiteres ungewiss ist.

Aber wie viel vermögen schon einige wenige Worte in dieser schweren Zeit. So unendlich viel Hoffnung und Zuversicht können sie uns geben und sind es nur ganz geringfügige kleine Einzelheiten, hinter denen so unendlich viele Ungewissheiten liegen, aber die Nachricht ist da und gibt uns doch wieder die Kraft, recht zuversichtlich zu hoffen und nicht alles verloren zu geben. -

Warum dürfen wir uns nicht fragen: Muss das alles sein? Ist das alles Schicksal? Dann ist es weiß Gott ein grausames Schicksal. Warum musste uns unser Jochi so schnell fortgerissen werden? Weshalb? Weshalb das alles? Ich weiß darauf keine Antwort, ohnmächtig steht man den ebenso bitteren wie grausamen Tatsachen gegenüber.

Verzweifeln möchte man manchmal, aber letzten Endes ist der Wille zum Leben noch stärker als alles andere und das ist auch gut so.

Wie führen sich denn die Kleinen (Anm.: Nichten, Neffe) bei euch auf? Da wird ein schöner Lärm bei euch im Hause sein. Verwöhnt sie nur nicht zu sehr. Hin und wieder kann eine anständige Tracht Prügel gar nicht schaden. Nun bleibt gesund und seid für heut recht herzlich gegrüßt von Eurem Hans"

Hans' Bruder Jochim, geboren am 19. Mai 1925, ist im Januar 1945 oder Dezember 1944 im Krieg, an der Front in Ostpreußen, gestorben. Er konnte seinen zwanzigsten Geburtstag nicht mehr feiern, er wurde nur neunzehn Jahre alt.

Hans' Frage „Weshalb? Weshalb das alles?" stellt man sich insgesamt nach diesem verheerenden Krieg. Wir als Nachkommen sowieso, aber wie viele gab es damals mit dieser „Infragestellung". Insgesamt sterben 5,2 Millionen deutsche Soldaten in diesem grausamen Krieg.

Hans selbst ist zu diesem Zeitpunkt sechsundzwanzig Jahre alt. Er hat, wie er selbst schon notierte „den Krieg in seiner ganzen Grausamkeit" erfahren müssen. Seine Jugend in so einer Zeit zu genießen, Neues auszutesten - völlig unmöglich. Vielleicht fallen in dem Zusammenhang auch die harten Worte: „Verwöhnt Kinder nicht zu sehr. Hin und wieder kann eine anständige Tracht Prügel nicht schaden."

Vom 1. Februar 1945 bis 9. April 1945 ist Hans eingesetzt in der Dienststelle Münster-Lager, Feuerwerker Lager. Er schreibt in seinem Brief vom 1. Februar 1945: „Liebe Eltern! Bin nun auf meiner neuen Dienststelle gelandet und bin, wie zu erwarten war, von der ganzen Anlage hier hell begeistert. Es wird wohl noch eine gute Zeit dauern, bis ich mich an die Zustände hier gewöhnt habe.

Jedenfalls, die Munitionsanstalten, die ich vorher gesehen hatte, waren gegen diese hier Gold. Aber man gewöhnt sich vielleicht daran. - Allein die Fahrt von Berlin hierher war grauenvoll. Morgens um sechs Uhr wollte der Zug fahren, aber da lag in der Nähe des Lehrter Bahnhofes ein Blindgänger, der erst gesprengt werden musste. Dann ging eine ewige Bummelei los und nachts um halb zwölf Uhr waren wir glücklich hier. Mit zwei Mann sind wir hierher versetzt worden. - Vorläufig haben wir noch nichts zu tun. Wir laufen im Gelände herum und bekommen nasse Füße und einen Schnupfen. Für heute kann ich Euch aber auch nichts von Bedeutung mitteilen, als meine neue Anschrift. Sie lautet: H.Ma. Münster-Lager, Postleitzahl 20, Feuerwerker-Lager. Nun lasst man bald mal von euch hören, wenn möglich mit irgendwelchen rauchbaren Kleinigkeiten. Seid herzlich gegrüßt von Euerm Hans"

Es geht weiter, muss irgendwie weitergehen. Es ist nicht mehr lange hin, bis zum Ende des Krieges.

Hans schreibt seinen nächsten Brief am 11. Februar 1945 aus Münster: „In Anbetracht der augenblicklichen Verhältnisse möchte man doch gern wissen, was mit euch allen los ist. Nicht einmal vom allgemeinen Tagesgeschehen wird man hier unterrichtet. Die neueste Zeitung, die ich bis jetzt gelesen habe, war eine Woche alt. Radio hört man auch nicht, weil von halb fünf bis um sieben Uhr das Licht ohnehin abgeschaltet wird und wenn hier in der Gegend ein Flugzeug herumkreuzt, wird ebenfalls das Licht ausgeschaltet. Es war also bis jetzt tatsächlich so, dass wir fast jeden Abend im Dunkeln gesessen haben. Auf die Dauer ist das eine recht erhebende und nervenberuhigende Angelegenheit. Diese Heeres Munitionsanstalt ist überhaupt die elendeste in Deutschlands Grenzen.

Leider ist das in jeder Beziehung der Fall. Wenn es jedenfalls einen einzigen Punkt gäbe, mit dem man zufrieden sein könnte, dann würde man wohl auch über manches andere hinwegsehen, doch das ist bedauerlicherweise ganz und gar nicht der Fall. Mit der Verpflegung sind wir tatsächlich vom Regen in die Traufe gekommen. Wir haben Zivil-Verpflegung, aber nicht die Marken, sondern aus Gemeinschaftsküche und was die Leute uns manchmal für einen Fraß vorzusetzen wagen, das spottet jeder Beschreibung. Ich könnte noch so manches schreiben, was dem nationalen Sozialismus ein direkter Schlag ins Gesicht ist, aber so sehr viel besser ist es sicher in unserem übrigen geliebten Vaterland auch nicht.

Die Hauptsache ist und bleibt mir, dass mir die Arbeit Freude macht und da kann ich wirklich nur sagen, dass sie mir viel Freude macht. Viel Positives habe ich bis jetzt ja noch nicht zu tun gehabt,

denn vorerst bin ich noch immer dabei, den ganzen Betrieb kennenzu-
lernen.

Sicher hätte ich aber schon eine feste Arbeitsstelle als Arbeitsstel-
lenleiter, wenn das nicht auch andererseits durch besondere allgemeine Umstände bedingt wäre. Wie ich euch bereits schrieb, habe ich
jedenfalls erreicht, dass ich in die Abteilung gekommen bin, in die ich
auch gern wollte, nach den hier vorliegenden Verhältnissen.

Zurzeit habe ich nun eine Handvoll Arbeiter und einen Haufen
Kriegshilfsdienstmädel bekommen und gebe mir die größte Mühe,
etwas Vernünftiges zuwege zu bringen. Bis jetzt ist mir das auch,
glaube ich, ganz gut gelungen. Nebenbei bin ich damit beschäftigt, an
Verbesserungsvorschlägen in der Munitions-Fertigung zu arbeiten.
Sonst ist von hier eigentlich nichts Wesentliches mehr zu schreiben.
Münster ist ein elendes Dorf und zu allem Überfluss wimmelt es auf
diesem großen Truppenübungsplatz natürlich von Soldaten. Man tritt
sich förmlich gegenseitig auf die Füße. Bis jetzt bin ich daher auch
fast noch gar nicht aus der Munitionsanstalt herausgekommen.

Tut mir nun noch bitte einen Gefallen und schickt mir gleich
meinen kleinen Rechenschieber (in der Kommode), ich brauche ihn
sehr dringend!! Seid nun beide recht herzlich gegrüßt von euerm
Hans"

Die Ironie hat sich Hans bewahrt: Abends im Dunkeln zu sitzen,
weil „ein Flugzeug herumkreuzt", hat eine erhebende und nervenberuhigende Wirkung. Sein Brief wurde nicht kontrolliert, denn sonst
wären einige Bemerkungen gestrichen worden, wie z.B. „könnte noch
manches schreiben, was dem nationalen Sozialismus ein Schlag ins
Gesicht wäre". Auch eine schöne Umschreibung für das herrschende
Nationalsozialistische Regime.

Der nächste Brief aus Münster ist vom 18. Februar 1945: „Liebe
Eltern! Für euren Brief und die Marken danke ich recht herzlich. Die
Raucherkarte schicke ich mit diesem Brief wieder zurück. Ihr glaubt
gar nicht, wie ich mich zu all den Marken, einschließlich Raucher-
marken, gefreut habe!

Es wird nämlich schon sehr schlecht mit der Fourage (Anm.: fourage war eine militärische Bezeichnung für Pferdefutter: Hafer, Heu

und Stroh). Hunger habe ich bis jetzt ja eigentlich noch nie gehabt, aber hier ist es eigentlich ein Dauerzustand. Steckrüben, Steckrüben und nochmals Steckrüben. Wenn das Essen dann noch einigermaßen schmecken würde, aber geschmacklos ist schon recht freundlich übertrieben. Gott sei Dank macht die Arbeit noch Freude. Habe in der letzten Woche einen Apparat konstruiert, um einen Arbeitsgang zu beschleunigen und gleichzeitig zu erleichtern. In dieser Woche werde ich ihn wohl bauen können. Man ist nicht an den ewig gleichen Trott gebunden und hat an seiner Arbeit Freude. Durch diesen und andere Umstände bin ich gleich in das Blickfeld meiner Vorgesetzten gerückt und das kann unter Umständen gar nicht schlecht sein. Ab Montag habe ich nun zum Beispiel ein neues Betätigungsfeld: Arbeitsvorbereitung. Man scheint sich doch etwas zu versprechen, wenn man mich gleich als ganz unerfahrenen Feuerwerker in diesen Laden hineinsteckt. Denn eigentlich müsste man dazu eine sehr lange Praxis besitzen.

Na, ich werde mir Mühe geben, nicht den schlechtesten Eindruck zu hinterlassen. Übrigens, lieber Vater, habe ich hier deinen ehemaligen Rechtsanwalt getroffen, B. Der ist ebenfalls Feuerwerker und schimpft genau so wie ich. Bleibe nun mit recht herzlichen Grüßen an euch alle euer Hans"

Die Situation verschärft sich, Flüchtlings-Trecks tauchen auf, so ist es dem Brief aus Münster vom 12. März 1945 zu entnehmen: „Kommen bei euch auch laufend die Trecks aus dem Osten durch? Hier geht es Tag und Nacht durch Münster. Euer Hans"

Am 21. März 1945 bedankt sich Hans aus Münster für ein Paket seiner Eltern: „Liebe Eltern, liebe Herta! Für euer Paket danke ich euch recht herzlich! Wenn ihr nur wüsstet, wie sehr ich mich dazu gefreut habe. Es ist wirklich nicht übertrieben, wenn ich euch sage, dass mir das alles direkt paradiesisch vorkommt. Selbst die Heringe waren noch gut und haben mir ausgezeichnet geschmeckt. Aber für so etwas ist nun wohl auch die Zeit vorbei zum Schicken, sonst wird es doch schlecht.

Dass es euch beiden Alten nicht so recht gut geht, gefällt mir gar nicht. Seht euch bitte etwas mehr vor. Mehr als euch darum bitten,

196

kann man ja nicht mehr tun, aber wenn ihr es dann jedenfalls tätet! Für heute will ich schließen, da gleich das Licht ausgeht, da schon wieder L 15 ist. Bleibe mit herzlichen Grüßen und wünsche euch gute Besserung, euer Hans"

In seinem Brief aus Münster-Lager vom 5. April 1945 hat Hans wahre Ahnungen: „Liebe Eltern! Heute hörte ich von den Angriffen auf Kiel, gestern und vor einigen Tagen. Schreibt mir bitte gleich immer, wie es euch geht.

Ich bin wirklich in Sorge um euch, da es gestern wohl einer der stärksten Angriffe auf Kiel war. Euren Brief habe ich erhalten und danke euch recht herzlich für die Marken. Ich habe mich riesig dazu gefreut. Wie geht es Mutter? Ist sie wieder auf? Und Vater? Wünsche euch beiden gute Besserung. Bin sehr müde, da ich in der letzten Nacht wenig geschlafen habe und will gleich ins Bett. Wer weiß, wie lange der Krieg noch dauert? Seid nun herzlichst gegrüßt von euerm Hans"

Hans letzter Brief vom 9. April 1945 aus Münster enthält Hinweise auf das nahende Kriegsende sowie einiges Philosophisches zu dem, was ihn zu der Zeit besonders beschäftigt: „Liebe Eltern! Gestern wollte ich euch eigentlich schon schreiben, aber das Wetter war zu schön und da bin ich spazieren gegangen. Nachher war es dann zu dunkel und wie ihr wisst, gibt's hier kein Licht, wenn etwas in der Luft liegt. In letzter Zeit ist das nun fast pausenlos der Fall. Man merkt doch sehr deutlich, dass die Front immer näher rückt. Die Tieffliegerangriffe häufen sich immer mehr und viele andere Kleinigkeiten legen dafür ein beredtes Zeugnis ab. Will man nachmittags vom Schlachter oder Bäcker etwas einkaufen, so kommt man entweder vor eine endlose Schlange von Menschen oder die Läden sind ausverkauft.

Eines Tages werden wir diese gastliche Stätte wohl auch verlassen - oder, na, das wird sich finden. Aber nun schreibt mir bald einmal, wie es euch geht. Seit dem letzten Angriff auf Kiel habe ich noch keine Post von euch und ich bin in großer Sorge um euch. Also schreibt mir bitte gleich.

Von Tante Berta bekam ich zu Ostern, d.h. vorgestern lief es hier ein, ein Päckchen mit Kuchen. Ich habe mich natürlich riesig dazu gefreut; denn Kuchen hatte ich seit einer Ewigkeit schon nicht mehr gegessen. So etwas gibt es hier in Münster nämlich nicht. Ich möchte fast daran zweifeln, ob man im Frieden überhaupt hier so etwas gekannt hat. Wie gut ist es doch, das man seine tägliche Arbeit hat und keine Zeit, über die Dinge der Welt und das Leben nachzudenken.

Gestern, als ich einen Spaziergang machte, sind mir natürlich so allerlei Gedanken gekommen und da ist es mir zum ersten Mal so eindringlich passiert, wie eigentlich noch niemals vorher, dass ich plötzlich eine sehr, sehr große Sehnsucht nach dem Leben empfand, wie es einmal war.

Mein Gott, wie haben wir es doch paradiesisch schön gehabt! Nun ist es ja auch so, dass ich nichts mehr schätze, als etwas Bequemlichkeit mit einem leichten Anflug von einer genießerischen Lebensweise. Ja, das Leben genossen zu haben, einmal sagen zu können, dass ich das Leben wirklich gelebt habe, erscheint mir nach wie vor als das erstrebenswerteste Lebensziel. Doch das sind alles weitaus mehr Wünsche als Tatsachen, jedenfalls zurzeit. Doch man kann ja mal darüber sprechen und, wenn ich euch diese meine Gedanken mitteile, ist es doch auch nicht irgendwie abwegig. Vielleicht empfindet man das alles jetzt besonders stark, weil man gerade entbehren muss.

Nun grüßt Herta und ihre Kleinen recht herzlich und seid selbst herzlich gegrüßt und bleibt mir schön gesund. Euer Hans"

Hans denkt über den Sinn des Lebens nach, das ist verständlich. Sein „erstrebenswertestes Lebensziel", ist es, einmal sagen zu können, „das Leben genossen, wirklich gelebt zu haben." Das sind seine Wünsche, immerhin hat er noch welche. „Eine Sehnsucht nach dem Leben, wie es einmal war" - bezieht sich auf das Leben vor dem Krieg, „paradiesisch schön" haben sie es gehabt. Das ist der letzte Brief, der vor Kriegsende die Eltern erreicht hat. Der nächste archivierte Brief stammt dann aus dem Jahr 1951.

Eigentlich muss man die Briefe von Hans, meinem Vater, gar nicht kommentieren, sie sprechen für sich. Aber sie berühren mich häufig sehr direkt und persönlich. In seinem Brief vom 8. Dezember

1944, da ist er auf der Feuerwerker-Schule in Berlin, äußert er sich in einer Weise, die ich nachempfinden kann. Er schreibt: „Ich kann mich nicht dauernd mit ein und derselben Sache beschäftigen und immer wieder die gleiche Freude daran haben. Es muss immer wieder etwas Neues sein, immer wieder neue Probleme müssen es sein, die mich beschäftigen müssen. Eintönig und letzten Endes immer dasselbe. Die persönliche Freizügigkeit ist es, die einem fehlt, immer das Gefühl des Eingesperrt seins ist es, was mich in jeder Hinsicht beengt. Aber auch das nimmt ja wohl mal ein Ende."

Ob er in späteren Jahren auch noch so empfunden hat, weiß ich natürlich nicht, auch nicht, ob er es geschafft hat, sein Leben, seine Arbeit abwechslungsreich genug und freizügig zu gestalten. Ich hoffe es, aber ich kann es nicht wirklich beurteilen.

Er wollte jedenfalls sein Leben genießen, später sagen können „ich habe mein Leben gelebt". Er ist gerne in die Berge gefahren, zum wandern. Einmal im Jahr auch alleine, ohne Familie.

Eine Verarbeitung der Erlebnisse fand später mehr im Inneren statt. Der Verlust seiner beiden Brüder war sicher bitter für ihn, denn er hatte ein sehr enges Verhältnis zu ihnen, wie man seinen Briefen entnehmen kann, er hat sich aber mir oder meinen Geschwistern gegenüber nicht dazu geäußert. Mein Vater Hans konnte anscheinend überhaupt nicht über seine beiden Brüder Ernst und Jochim sprechen, die Erinnerungen müssen für ihn zu schmerzlich gewesen sein.

Wo die beiden Brüder „gefallen" bzw. gestorben sind, ist nicht an mich oder meine Geschwister weiter vermittelt worden. Auch nicht, ob mein Vater oder seine Familie Kenntnisse über eine Kriegsgräberstätte hatten. Gesucht haben sie offensichtlich nicht danach, wie meine Recherchen bei der WASt Deutsche Dienststelle (Rechtsnachfolgerin der ehemaligen Wehrmachtauskunftstelle für Kriegerverluste und Kriegsgefangene) dann ergeben sollten. Es gibt aber die Möglichkeit, auch heute noch nachzuforschen, ob und wo die beiden jungen Männer bestattet worden sind.

In archivierten Briefen gibt es Hinweise zum Bruder Ernst in einem Brief vom 24. Oktober 1944 von Vater Ernst an Sohn Hans:

Ernst (Enne) ist im September 1944 in Frankreich gewesen, hatte die Feldpost-Nummer 41916.

Mit diesen Informationen war es möglich, auf der Seite des „Volksbundes Dt. Kriegsgräberfürsorge e.V." mit Hilfe einer Suchfunktion etwas über Ernst herauszufinden. Demnach ist er im November 1944 gestorben und wurde beigesetzt auf der „Kriegsgräberstätte" in Andilly/Frankreich, Endgrablage: Block 4, Reihe 8, Grab 545.

In Hans Brief vom 28.01.1945 wird der Tod / Verlust von Jochi beklagt.

Eine Anfrage beim WASt zu Jochim, geboren am 16.5.1925, ergab, dass er „am 29.11.1944 im Bereich Saarlautern (heute Saarlouis), Kreis Saarbrücken gefallen ist. Aus zwei Sammelgräbern der Gemeinde Berus haben im Jahr 1953 Umbettungen (43 Soldaten) zum Ehrenfriedhof Elm, Landkreis Saarlouis, stattgefunden. Zwischen den sterblichen Überresten wurde auch die Hälfte einer halben Erkennungsmarke mit der Beschriftung -2481- St.Schwdr.Aufkl.E.A.13 gefunden. Es konnte anhand vorhandener Verzeichnisse zwar festgestellt werden, dass Ihr Angehöriger Träger dieser Marke war, diese konnte jedoch nicht zweifelsfrei einem bestimmten geborgenen Soldaten zugeordnet werden. Daraus folgte, dass für Jochim L. kein genau benanntes Grab auf dem Einbettungsfriedhof Elm nachweisbar war und auch weiterhin nicht ist. Im Einvernehmen mit dem Volksbund Deutsche Kriegsgräberfürsorge e.V. lautet die entsprechende Grabbezeichnung für ihn „Ehrenfriedhof Elm ‚Unter den Unbekannten bestattet'". (Zitate aus dem Schreiben der WASt vom 28.03.2017).

Kapitel 8 - Nach 1945 - Alles auf Neuanfang

Es gibt eine große, zeitliche Lücke in den abgehefteten Briefen meines Vaters an seine Eltern und zwar zwischen Kriegsende, Mai 1945, und dem Jahr 1951. Erst dann wurde wieder ein Brief in dem Ordner abgelegt. Die Briefe, die Hans in der Zeit von 1936 bis 1945 geschrieben hat, geben Auskunft über seine persönliche Entwicklung, seine Weiterentwicklung. Denn er hat sich, im Unterschied zu vielen anderen seines Alters, gedanklich mit den schwierigen Lebensbedingungen und vorgegebenen Weltanschauungen auseinandergesetzt. Er hat sich nicht gescheut, dieses in seinen Briefen zu äußern und seinen Eltern zu übermitteln. Vieles wurde in Frage gestellt, innerlich abgelehnt und auch kundgetan. In dem Alter möchte man natürlich „das Leben genießen", aber das ist nicht möglich, wenn „Nationaler Sozialismus", Krieg, Tote, Verletzte, Leid und Elend das Leben bestimmen. Es ist davon auszugehen, dass er aus einer Art Selbstschutz heraus, was ja durchaus nachvollziehbar ist, nach dem Krieg entschieden hat, nicht mehr über die, ihn persönlich belastenden Ereignisse, zu sprechen.

Es gibt nach wie vor einige Lücken im weiteren Lebensweg meines Vaters, die nicht durch das Studium der späteren Briefe aufgeklärt werden konnten. Es lässt sich nicht belegen, was mein Vater während der Zeit von Mai 1945 bis August 1951 genau gemacht hat und wie es dazu gekommen ist.

Fest steht, dass er vor und während des Krieges Schiffsmaschinenbau studiert hat, in Berlin. Nach dem Krieg hat er Medizin studiert, offensichtlich in Kiel und Hamburg. Warum das so war, wird nirgends in den späten Briefen erwähnt und auch mit uns, seiner Familie, hat er nicht darüber gesprochen. Mir war lange Zeit gar nicht klar, dass er mal etwas anderes als Medizin studiert hatte, so wird der Grund für diesen Studiums-Wechsel also rätselhaft bleiben müssen und man kann nur spekulieren: Vielleicht konnte er nach diesen schmerzhaften Kriegserfahrungen nicht wieder in sein altes Leben, seine alten Berufsvorstellungen zurück.

Dass er gerade in einen medizinischen Bereich gewechselt hat, ist vielleicht auch durch seine Erfahrungen mit Lazaretten, Ärzten und Pflegepersonal ausgelöst worden.

Weiterhin kommt in seinen Briefen häufig das Thema „Segeln" zur Sprache, was ihm offensichtlich sehr wichtig war und ihm große Freude bereitet hat. In Berlin war er Mitglied im ASV (Akademischer Segler Verein), an der Ostsee hatte die Familie ein eigenes Segelboot. Nach dem Krieg ist die Segelleidenschaft irgendwie verschwunden, abhanden gekommen, wodurch wissen wir eigentlich nicht, vielleicht war auch das mit zu vielen Erinnerungen an die Brüder verbunden. Er selbst hat später, als Vater, niemals wieder gesegelt und auch uns Kindern wurde das Segeln nicht nahegebracht, selbst als Freunde und Freundinnen von uns an Segelkursen teilnahmen, wurden wir Geschwister dazu nicht ermutigt. Es werden also insgesamt für mich als Tochter einige Fragen offen bleiben müssen, ich kann nicht mehr danach fragen, aber ich bekäme wohl auch nicht unbedingt Antworten.

Ein eigenes Leben - Neues Studium

Der erste abgeheftete Brief nach Kriegsende datiert vom 3. Oktober 1951 und wurde von Hans, jetzt dreiunddreißig Jahre alt, in Hamburg geschrieben. Sechs Jahre liegen zwischen seinem letzten Brief aus dem April 1945 und diesem schriftlichen Lebenszeichen. Er hat sich für ein Medizin-Studium entschieden, was wahrscheinlich seine eigene Entscheidung war, denn sein Vater hätte das wohl nicht bevorzugt, da er selber Schiffsmaschinenbau-Ingenieur war.

Hans hat wohl in Kiel studiert und dann anscheinend eine Assistenten-Stelle in einer Arztpraxis in Hamburg angetreten. Er wohnt dann eine Zeitlang in Hamburg, da ist er im Prinzip fertig mit dem Studium, er hat auch seine Doktor-Arbeit so gut wie vollständig abgefasst.

Aus Hamburg hat er dann wieder einige Briefe an seine Eltern geschrieben, die der Vater abgeheftet hat, wie den vom 3. Oktober 1951: „Liebe Eltern! Drei Arbeitstage habe ich nun schon hinter mir und kann nur sagen, dass es mir bis jetzt gut gefällt. Zu tun haben wir genug, aber meine Dienstzeit ist vorerst ja noch so, dass ich eine sehr lange Mittagspause habe: Von elf bis siebzehn Uhr. Abends habe ich dann aber auch nicht vor zwanzig Uhr Dienstschluss. Aber das ist bei dieser Einteilung wirklich zu ertragen. Zu Mittag esse ich bei meiner Wirtin, sie kocht mir reichlich und gut zu essen. Das gefällt mir sehr gut, da ich auf diese Weise manchen Groschen spare und immer satt werde. Das Zimmer ist ganz nett, nur ein bisschen laut, weil es doch direkt an der Straße liegt. Meine Wirtin ist ein älteres Fräulein und stammt von einem Bauernhof aus Uetersen (interessiert Vater sicher sehr). Ihre Lebensgeschichte kenne ich natürlich schon vor- und rückwärts, ist aber uninteressant. Im Übrigen unterscheidet sie sich nicht von allen anderen Zimmervermieterinnen dieser Sorte, glaubt aber natürlich (wie auch alle anderen), was ‚Besseres‘ zu sein. Na, unwichtig.

Schickt mir doch mal die Verlobungsanzeige von Udo (Neffe). Ich wollte ihm gratulieren, hatte aber natürlich nicht seine Anschrift in Wismar. Diese Karte liegt wohl in der Schublade auf dem Flur. Als ich den Radioapparat einzupacken vergessen hatte, habt ihr mich schlauerweise nicht daran erinnert, aber wenn ich zu euch komme, nehme ich ihn mit.

Jetzt entbehre ich wirklich abends so ein bisschen Musik. Nächsten Sonntag wollte ich eigentlich mal ins Theater gehen. Allerhand Ausgaben habe ich natürlich schon gehabt, da man sich zu Anfang doch verschiedenen Krimskrams kaufen muss. Socken und ein Hemd möchte ich mir auch noch kaufen.

Sonst ist bis jetzt nichts Wichtiges passiert. Grüßt bitte Herta und die Kinder und seid selbst herzlich gegrüßt von euerm Hans“

Interessanterweise bezeichnet Hans seine Arbeit als „Dienst“. Finanziell ist er weiterhin von seinen Eltern abhängig, er muss seine Ausgaben belegen. Für seine Tätigkeit in der Arztpraxis, die mit zur

Ausbildung, zum Studium gehört, erhält er zwar etwas Geld, aber nicht besonders viel.

Moralische Vorhaltungen zum Thema „Sparsamkeit" für den dreiunddreißigjährigen Sohn erfolgen in einem Brief vom Vater, geschrieben am 12. Oktober 1951: „Lieber Hans! Du wunderst dich wohl einen Brief vom Hause zu erhalten. Veranlassung zu diesem Schreiben gibt mir der Befund einer von Mutter vorgenommenen Aufräumung deiner Schieblade. Es sind hierbei verschiedene unbezahlte Rechnungen ans Tageslicht befördert worden, welche du einfach abgelegt hattest, ohne ans Bezahlen zu denken. So geht es aber nicht im Leben, Schulden müssen bezahlt werden, oder man muss keine Schulden machen, das ist besser. Es handelt sich hier um Rechnungen vom Zeitschriftenverlag Carl Hanser, Tellus-Verlag und um Beitragszahlung für den Akademischen Segler Verein - zusammen über sechsundsechzig DM. In Anbetracht der Höhe dieser Kosten ist es wohl an der Zeit zu prüfe, ob diese Unkosten überhaupt einen Zweck haben? Anbei sende ich dir die Rechnungen und bitte um sofortige Erledigung, andernfalls werden sicher noch Mahn- und Einziehungsgebühren hinzu kommen. Sofern dir dieses nicht möglich ist, schreibe, welche Posten bezahlt werden müssen. Einige Rechnungen liegen ja bereits vom April diesen Jahres, wir sind jeden Tag zusammen gewesen, aber du hast es nicht für nötig gehalten, mit mir darüber zu sprechen. Wenn wir auch sonst nicht viel miteinander reden, aber hier wäre doch wohl eine kurze Unterhaltung nötig gewesen. Bisher habe ich dir ja noch keine Bitte abgeschlagen.

Hoffentlich bist du gut wieder in Hamburg angelangt. Wir hätten gerne mal gehört, wie Herr Dr. U. sich über deine Arbeit geäußert hat? Anbei sende ich außerdem noch ein in den letzten September Tagen hier eingegangenes Rundschreiben Nr.51 vom 27. September 51. Ist es nicht zweckmäßig, dass du an diesen Kursen teilnimmst? Oder ist es von dort nicht möglich? Dann ist später ja auch noch Zeit genug hierfür.

Sonst ist hier nicht Besonderes passiert. Herta wartet auf ihren Herbert und Mutter rüstet, um mit Frau E. ins Kino zu gehen. Nun sei herzlich gegrüßt von Vater"

Die lakonische Antwort auf diese Vorwürfe folgt im nächsten Brief vom 16. Oktober 1951, Hans hat inzwischen wohl auch schon seine Doktor-Arbeit abgegeben: „Liebe Eltern! Für euren inhaltsschweren Brief danke ich euch recht herzlich. Die Rechnungen werde ich demnächst bezahlen, - wenn ich das Geld dafür habe. Am letzten Sonntag bin ich nicht zu euch gekommen, weil ich hauptsächlich an der Korrektur meiner Doktor-Arbeit gearbeitet habe.

Dr. U. war mit meinen Ergebnissen und meinen theoretischen Auswertungen zufrieden und hat daran so gut wie nichts geändert. Nur die Einleitung war ihm zu lang und hat eine andere Fassung erhalten. Bis halb sechs Uhr haben wir ununterbrochen geredet und ich meistens geschrieben, so dass ich in letzter Sekunde noch den Omnibus schaffen konnte. Außerdem hatte ich eine ganze Menge Fotografien für mich gemacht. Wenn die Umarbeitung der Arbeit auch nicht so erheblich ist, so macht es doch noch sehr viel Arbeit, zumal er sie dann so schnell wie möglich wieder haben will.

Sonntag habe ich mir den ‚Hauptmann von Köpenick' angesehen. Werner Krauß spielte die Hauptrolle. Es hat mir ganz ausgezeichnet gefallen. Das müsstet ihr wirklich einmal sehen! Am kommenden Sonntag werde ich dann nach Hause kommen, weiß aber noch nicht, wann ich von hier abfahre. Wegen der Geltungsdauer der Sonntagsrückfahrkarten. Die Arbeit macht mir sehr viel Freude. Bis dahin grüßt euch recht herzlich euer Hans"

Es ist die Kopie eines Briefes von Vater Ernst an seinen Sohn Hans abgeheftet, den er am 23. Oktober 1951 geschrieben hatte: „Lieber Hans! Vor einigen Tagen habe ich unseren Schriftwechsel aus der Zeit vor dem Kriege und während des Krieges nochmals kurz durchgesehen.

Berichte von dir aus guten und schlechten Verhältnissen, sowie Nachrichten über Not und Elend. Wir haben uns immer gefreut ein Lebenszeichen von dir zu erhalten, ebenso von Ernst und Jochim - doch sind diese beiden Nachrichtenquellen ja leider für immer versiegt. Nun da du wieder von zu Hause fort bist, wenn auch nicht so weit weg, können wir den angenehmen Briefwechsel von früher ja wieder fortsetzen.

Anbei senden wir dir die übergebene Arbeiter-Rückfahrkarte, welche ich versehentlich erst heute früh auf dem Amt unterschreiben lassen habe. Sonntag erwähntest du auf eine Frage nach deiner voraussichtlichen nächsten Zukunft, dass du, wenn sich eine Gelegenheit bieten würde, gerne in Hamburg bleiben möchtest, um dort eine Praxis zu übernehmen.

Wenn wir es auch nicht ganz verstehen können, - aber des Menschen Wille ist ja sein Himmelreich. Wir sind ja auch alt und unsere Gedanken kreisen in anderen Grenzen als diejenigen der Jugend. Du bist dann ja auch mehr oder weniger unter der Obhut deines zukünftigen Schwiegervaters und er wird dir dann auch wohl finanziell bei deinem Vorhaben behilflich sein.

Unsere Planung wird hierdurch ja allerdings völlig über den Haufen geworfen, aber man soll ja auch nicht so weit voraus sorgen, es kommt größtenteils ja doch immer anders, als geplant. Wir hatten ja eigentlich abgesprochen, hier in unserem Haus oder in der Hafenstraße eine Praxis für dich einzurichten. In beiden Häusern wird demnächst eine Wohnung frei und dann wird das Wohnungsamt sicher eine klare Entscheidung verlangen, d.h. soweit man als Hausbesitzer überhaupt mitreden kann. In beiden Häusern sind für die Herrichtung der Räume und Anschaffung der Geräte erhebliche Mittel nötig. Wenn du aber in Hamburg bleiben willst, werden wir uns jedenfalls erst ein Auto anschaffen.

Das zunächst Liegende ist u.E. eine Existenzmöglichkeit zu schaffen und auszubauen, um später auch mal eine Familie ernähren zu können. Uns scheint aber, dass dir dieser klare Blick durch frauliche Beeinflussung erheblich vernebelt worden ist. Man muss ein Mann sein und bleiben. Wir sind auch mal jung gewesen und wollen heute durchaus keine Pharisäer sein, aber wenn der Mensch verliebt ist, rutscht der Verstand etwas nach unten und es ist dann schwieriger, klare Entscheidungen zu treffen. Also denke und handle bitte folgerichtig. Für heute genug, sei herzlich gegrüßt von Vater"

Der Vater äußert sich zum Verlust seiner beiden jüngeren Söhne, indem er bedauert, dass „diese beiden Nachrichtenquellen ja leider für immer versiegt" sind. Es fällt ihm anscheinend auch schwer, das überhaupt zu erwähnen, deshalb die umschreibende Form. Außerdem möchte er mit Hans „den angenehmen Schriftwechsel von früher fortsetzen", im Anschluss daran fallen dann aber recht harte Worte und Vorhaltungen, wie „man muss ein Mann sein und bleiben" und „der Verstand rutscht nach unten", wenn ein Mensch verliebt ist. „Frauliche Beeinflussung" - da zeigt sich doch sein patriarchalisches Weltbild, mit recht üblen Verallgemeinerungen. Natürlich macht er sich Sorgen um seinen Sohn, aber etwas Vertrauen in ihn hätte auch ausgedrückt werden können. Der zukünftige Schwiegervater (Herbert D.) wird erwähnt, das heißt wohl, Hans und Gabriele kennen sich schon näher und schmieden gemeinsame Zukunftspläne.

In Hans nächstem Brief, vom 3. November 1951, geht es um seine eigenen Vorstellungen und die seines Vaters: „Liebe Eltern! Heute am Sonnabend komme ich endlich dazu, euch ein paar Zeilen zu schreiben. Sonst bin ich abends meistens zu müde oder habe keine Lust mehr zum Schreiben; dann lese ich gewöhnlich noch etwas und gehe bald ins Bett. In der Praxis ist auch immer genug zu tun.

Nachdem ich nun meine Miete bezahlt habe, meinen elektrischen Ofen und verschiedene andere Dinge, ist mein Gehalt auf einen beängstigend kleinen Rest zusammengeschrumpft. Drei Zentner Kohlen habe ich inzwischen auch bekommen, aber noch nicht bezahlt. Wenn du mir jedenfalls die Zimmermiete bezahlen könntest, lieber Vater, wäre ich dir sehr dankbar.

Am nächsten Sonntag werde ich wohl wieder mal nach Hause fahren. Mit Dr. U. habe ich neulich auch einmal gesprochen und hoffe, dass ich in der nächsten Woche meine Arbeit zurück bekomme, um dann die Reinschrift anfertigen lassen zu können. Er sagte mir zwar am Telefon, dass ich zu ihm nicht mehr zur Besprechung zu kommen brauche, aber einmal werde ich wohl doch noch in der Woche nach Kiel müssen, da ich mit der Fotografin einiges zu besprechen habe, wegen der Vervielfältigungen der Aufnahmen. Nun einmal zu meiner Niederlassung, die in absehbarer Zeit ja auch gern einmal erfolgen soll. Dass ich nicht ausgerechnet in unserem Heimatort so gerne bleibe, wusstest du ja wohl schon lange, lieber Vater; denn das habe ich doch schon seit Jahren gesagt. Gewiss ist es viel schwerer, in einer Großstadt eine Existenz zu gründen, als in einem Dorf. Aber andererseits ist es ja auch nicht so, dass die Einwohner gerade auf mich warten. Vorläufig muss ich doch auch erst einmal meine Assistentenzeit absolvieren. Du machst natürlich Gabriele für mein Verhalten verantwortlich, obgleich sie nicht das Geringste damit zu tun hat.

Wie du überhaupt nichts unversucht lässt, uns auseinander zu bringen. Ja, wenn es Karin oder sonst irgendeine plattfüßige Maid vom Lande wäre, dann hättest du es nicht eilig genug gehabt mit einer Heirat. Heute erzählst du mir aber laufend recht fadenscheinige Gegenargumente, die einzig und allein darauf abzielen, meine Freundin, die ich wirklich gern zur Frau haben möchte, bei mir in Misskredit zu bringen. Weiter hat es den Anschein, dass du es sehr gern sehen würdest, wenn sie einmal die Rolle von Tante Erna übernehmen würde; denn sonst würdest du mir ja nicht immer wieder dieses lobenswerte Beispiel vor Augen führen, ohne allerdings einen ersichtlichen Grund hierfür zu haben.

Dein bisheriges Verhalten, lieber Vater, birgt allerdings diese Gefahr in sich, nur, und das ist der grundlegende Unterschied, die Verantwortung trägst in diesem Falle du.

Denn du kannst sie ja nicht leiden, von einem umgekehrten Fall ist mir nichts bekannt. Und du sagst immer, du willst mir helfen. Bis jetzt hast du es ja auch immer getan und dafür kann ich dir auch immer wieder dankbar sein. Doch nun, da es anfängt für mich um meine Existenz zu gehen, machst du deine weitere Hilfe von einer Praxis bei euch als Ausgangs- und Endpunkt aller Erwägungen abhängig. Natürlich ist es so, dass ich noch nicht so recht weiß, wo ich mich einmal niederlassen werde, aber jedenfalls lieber in der Stadt.

Dennoch sehe ich es schon kommen, dass ich doch wieder bei euch landen werde, weil mir wahrscheinlich gar nichts anderes übrig bleiben wird. Für heute bleibe ich mit herzlichen Grüßen Euer Hans"

Hans und Gabriele sind also fest zusammen und Hans macht seinen Standpunkt unmissverständlich klar. Die weitere Entwicklung ist noch unklar, Hans möchte sich gerne durchsetzen und sich nicht nach den Vorstellungen seines Vaters richten. Man kann sich auch darüber

Gedanken machen, warum der Großvater Ernst anscheinend eine Abneigung gegen die Freundin seines Sohnes und ihre Familie hatte. Vielleicht wusste er mehr über den Vater der Freundin und dessen Rolle im Nationalsozialismus, konnte und wollte sich aber nicht dazu äußern. Es kann aber auch nur eine instinktive Abneigung oder auch Ahnung gewesen sein. Tatsache ist, dass in einem kleinen Ort weniger geheim bleibt, als in einer größeren Stadt. Da die Familie meiner Mutter erst in der Nachkriegszeit in den Badeort an der Ostsee gezogen ist und dort gebaut hat, nach den Plänen des vorher dort stationierten, dann verstorbenen Sohnes Stephan, bestand Kontakt zwischen dem mütterlichen Großvater und der Gemeindeverwaltung bezüglich des Hausbaus. Die alteingesessene väterliche Familie wird nicht komplett uninformiert gewesen sein über die zugezogene mütterliche Familie, davon kann man eigentlich ausgehen.

Hans schreibt am 30. November 1951 erneut aus Hamburg: „Liebe Eltern! Inzwischen habe ich mich von einem Lungenfacharzt - ein Bekannter Dr. H.s - untersuchen lassen und den Befund gestern nach Plön geschickt. Er hat mich wirklich sehr sorgfältig und gründlich untersucht, aber nichts gefunden, was irgendwie verdächtig schien.

Meine Erkältung bin ich inzwischen auch los und hoffe, dass dieser Zustand möglichst lange anhält. Während der letzten Tage hatten wir ja ein scheußliches Wetter, heut war es aber trocken und ziemlich warm.

Gestern bekam ich mein Gehalt und da habe ich Dr. H. gleich um eine Gehaltsaufbesserung gebeten, d.h. um etwas mehr Beteiligung. Selbstverständlich wollte er mir mehr geben, aber viel wird es nicht werden. Vom 1. Dezember ab werde ich nun etwas mehr beteiligt an meinem Umsatz. Wenn es hoch kommt, werden es jedoch nicht mehr als fünfzig DM im Monat mehr. Das ist ja nicht so berauschend. Am nächsten Sonntag werde ich wohl nach Hause kommen. Bis dahin, seid herzlich gegrüßt von euerm Hans"

Hans ist immer noch sehr von seinen Eltern abhängig. Das wird deutlich, als er in seinem Brief vom 17. Dezember 1951 auf seine geplante Verlobung zu sprechen kommt. Seine Eltern scheinen eindeutig dagegen zu sein, auch gegen seine Freundin Gabriele. Hans will sie auf jeden Fall heiraten, fügt sich aber dennoch notgedrungen der Hinhaltetaktik seiner Eltern: „Liebe Eltern! Nachdem es hier für ein paar Tage sehr kalt geworden war, ist es im Augenblick ausgesprochen warm. Allerdings befindet sich ganz Hamburg dabei in einer dicken Milchsuppe. Gestern Nachmittag war ich auf der Mönckebergstraße und habe mir mit einem leeren Portemonnaie den Weihnachtsverkaufsbetrieb angesehen. So einen Menschenbetrieb habe ich überhaupt noch nicht gesehen. Für den Autoverkehr war die Straße gesperrt worden.

Was wünscht ihr euch eigentlich zu Weihnachten? Eigentlich wollte ich Vater das Buch ‚Götter, Gräber und Gelehrte' schenken, aber meine Moneten reichen leider nicht mehr ganz dazu. Was hältst du von folgendem Vorschlag, lieber Vater: Du schenkst mir das Buch zu Weihnachten und wenn ich es dann gelesen habe, schenke ich es dir. So hat jeder seine Freude am Schenken und Beschenkt werden.

Ob ich von Weihnachten bis Neujahr zu Hause bleiben kann, glaube ich kaum. Außerdem muss zum Monatsende die Vierteljahresabrechnung gemacht werden und da werde ich wohl dabei sein müssen. Als ich euch sagte, dass ich mich Weihnachten gern verloben wollte, habt ihr mir in keiner Weise eure Zustimmung gegeben. Im Gegenteil, ihr habt mir sehr deutlich zu verstehen gegeben, dass es euch nicht passt. Das ist schade, denn ich habe das Mädchen (Gabriele) sehr gern und werde sie sicher auch einmal heiraten. Wenn ihr es aber für richtiger haltet, noch länger zu warten, dann werde ich mich wohl fügen müssen. Vielleicht würdet ihr mich aber etwas glücklicher machen, wenn ihr mir sagen würdet, dass ihr mit ihr einverstanden seid. Mit herzlichen Grüßen bin ich euer Hans"

Es deutet sich an, dass das nächste Jahr, 1952, einiges an Veränderungen mit sich bringen wird. Hans schreibt am 7. Januar 1952 aus Hamburg-Altona: „Liebe Eltern! Am letzten Freitag bin ich schon in mein neues Zimmer eingezogen und es gefällt mir bis jetzt ganz gut. Meine Wirtsleute sind ein älteres Ehepaar. Diese Bude hat verschiedene Vorteile, erstens habe ich nun einen Weg zur Praxis von knapp zwei Minuten und das ist ja sehr wichtig. Zweitens ist hier eine himmlische Ruhe und drittens kann ich in der Küche frei schalten und walten. Meine Wirtsleute sind bis jetzt sehr nett zu mir, die Frau ist Russin, d.h. russische Emigrantin.

Gestern Nachmittag war ich bei Dr. H. zum Kaffee eingeladen, Familie St. war auch da. So habe ich jedenfalls den Sonntag gut überstanden. Übrigens esse ich jetzt eben so gut und nicht teurer, vielleicht sogar noch etwas billiger in der Altonaer Rathauskantine. Das hätte ich nur eher wissen sollen, dann hätte ich von Anfang an dort gegessen. Im Großen und Ganzen fühle ich mich hier in der neuen Behausung viel wohler. Eine Zimmerantenne durfte ich mir auch gleich anmontieren. Am nächsten Sonntag werde ich ja wieder bei euch sein. Bis dahin grüßt euch recht herzlich euer Hans"

Am 24. Januar 1952 schreibt er erneut aus Hamburg: „Liebe Eltern! Inzwischen habe ich mir eine ganze Menge Mäntel angesehen und wohl über zwanzig anprobiert. Manche darunter gefielen mir gut, aber merkwürdigerweise waren es immer die teuersten. Am besten gefällt mir eigentlich ein grauer Paletot, doch dann müsste ich wohl auch einen anderen Hut haben.

Nun komme ich doch am Sonnabend nach Kiel zu dem Kurs. Vielleicht können wir dann in Kiel einen kaufen. Nun weiß ich aber noch nicht, wann der Kurs beendet ist. Wir könnten uns ja um ein Uhr im „Café Reimers" treffen. Wenn ich bis dahin nicht da bin, ruft ihr vielleicht mal im Kreishandwerkerkurs, in der Fleethörn an, dort findet der Kurs statt. Wenn ihr natürlich nicht nach Kiel kommen könnt, werde ich es ja merken, wenn ich euch um ein Uhr bei Reimers nicht vorfinde. In der Praxisassoziation habe ich noch nichts weiter unternommen. Bis Sonnabend bin ich dann mit herzlichen Grüßen euer Hans"

Hans drückt sich sehr gewählt aus, denn ein „Paletot (französisch paletot, ‚Obergewand') ist ein leicht taillierter, ein- oder zweireihiger Mantel mit anzugähnlichem Revers, der im 18. Jahrhundert dem Stil des darunter getragenen Anzuges entsprach. Er ist aus ungemusterten Wollstoffen gearbeitet; der Kragen, manchmal ein Samtkragen, kann schmaler als das Revers sein."[29]

In seinem Brief vom 3. Februar 1952 kann man lesen, dass Hans seine Meinung bezüglich seines zukünftigen Praxis Standortes anscheinend doch geändert hat. Der Ostsee-Standort bietet nun plötzlich doch viele, verlockende Vorzüge gegenüber Hamburg, eventuell verursacht durch die finanzielle Unterstützung der Eltern: „Liebe Eltern! Da ich an diesem Wochenende in Hamburg bleibe, habe ich ja Zeit und Gelegenheit, um euch zu schreiben. Gerade habe ich im Altonaer Bahnhofsrestaurant zu Mittag gegessen. Es gab Ochsenschwanzragout ‚auf Gastronomenart', war ziemlich teuer und knochig, schmeckte aber gut. Sonntags ist die Rathauskantine nämlich geschlossen. Heute Abend gehe ich vielleicht ins Theater, d.h. wenn ich noch eine Karte bekomme und es etwas Vernünftiges gibt. Von meiner Wirtin habe ich gerade eine schöne Tasse Bohnenkaffee bekommen.

Das leidige Thema ‚Assoziation' hatte ich absichtlich überhaupt bei meinem Chef noch nicht weiter angeschnitten, weil ich gern einmal wissen wollte, ob es ihm wirklich ernst damit ist, denn dann müsste er ja selbst darauf zurück kommen. Vorgestern fragte er mich nun, wie es damit stünde und ich sagte ihm, dass meine Meinung darüber etwas skeptisch sei, vor allem in Bezug auf später. Trotzdem möchte er aber doch gern meine Beteiligung und meinte, das ließe sich vertraglich schon regeln. Außerdem würden wir uns dann einen eigenen Techniker anstellen und dann würde ich tatsächlich auf einen Monatsverdienst von 900,- bis 1000,- DM kommen. Liebe Eltern, wenn ihr nur eine Ahnung hättet, wie schwer es mir fällt, mich für das eine oder das andere zu entscheiden. Wenn ich bei euch bin, erscheinen mir die Vorzüge so verlockend, dass ich selbst bei geringem Verdienst lieber dort bleiben möchte. Überlege ich mir andererseits die Hamburger Möglichkeiten, so komme ich immer wieder zu dem Schluss, dass ich mich letzten Endes wirtschaftlich doch erheblich besser stehen würde.

D.h. mit anderen Worten, ich werde mir, wenn ich in Hamburg bleibe, so manches leisten können, was mir im Dorf wohl nie gelingen würde. Wenn ich nun bei dieser Betrachtungsweise mehr zu Hamburg neige, so ist damit noch keineswegs etwas entschieden, auch dürft ihr nicht etwa denken, dass ich von irgendeiner Seite in dieser Richtung beeinflusst worden bin. Auch Dr. H. gegenüber habe ich mich nicht in positivem Sinne geäußert, ich habe ihm lediglich gesagt, er möchte mir seinen Vertragsentwurf - so wie er es sich denkt - einmal schriftlich geben, damit ich mich mit euch auf dieser Grundlage darüber unterhalten kann. Das hat er mir sofort zugesagt, und ich denke, dass ich euch den Entwurf mitbringen kann, wenn ich das nächste Mal zu Hause bin. Meine Doktor-Arbeit ist nun wohl auch bald durch, so hoffe ich. Am 7. Dezember war sie doch erst von Prof. H. in den Umlauf gegangen. Ich habe mir deshalb erlaubt, mit Hilfe eines zwanzig DM Scheines die Sache im Fakultätenbüro etwas zu beschleunigen."

Nicht ungeschickt von Hans, vor allem die finanziellen Vorzüge der Praxistätigkeit in einer Großstadt hervorzuheben, so dass seine Eltern, die ihn doch so gerne bei sich behalten möchten, ihm vielleicht zusätzliche finanzielle Unterstützung anbieten werden. Hans schreibt diese Nachricht am 28. Februar 1952: „Liebe Eltern! Meine Arbeit ist nun in der Universität durchgelaufen und in den nächsten Tagen werde ich den Termin für die mündliche Prüfung bekommen. Ich habe zwar gleich einen Antrag an den Dekan geschrieben, mich von der mündlichen Prüfung zu befreien. Hoffentlich wird er genehmigt. Nun sind auf jeden Fall erst einmal die Gebühren zu bezahlen. Ehe die nämlich nicht bezahlt sind, werde ich gar nicht zur Promotion zugelassen. Bist du so gut, lieber Vater, und zahlst die zweihundert DM auf meinen Namen ein? Wo das Geld einzuzahlen ist, siehst du auf den Promotionsbestimmungen, Punkt fünf, die ich beilege. Den Postabschnitt schicke dann bitte gleich an die ‚Medizinische Fakultät, Fakultätenbüro, Kiel, Neue Universität'. Für heute grüße ich euch recht herzlich, euer Hans"

Nun kommt ein Brief von Vater Ernst, verfasst am 29. Februar 1952, der deutlich macht, wo Hans seine zukünftige Praxis eröffnen wird. Am 3. November 1951, also vier Monate zuvor, war Hans noch überzeugt davon, dass er in Hamburg als Arzt tätig werden wird: „Lieber Hans! Wir erhielten heute dein Schreiben vom 28. des Monats und benachrichtigen dich, dass die Promotionsgebühren heute eingezahlt worden sind. Eine Durchschrift meines heutigen Schreibens an die medizinische Fakultät erhältst du anbei. Gleichzeitig benachrichtigen wir dich, dass wir den übersandten Schlüssel erhalten haben. Heute hatten wir hier eine Dachdeckerfirma aus Kiel, welche das Dach erst mal in Ordnung gebracht hat. Außerdem haben wir den Tischler beauftragt, in der oberen Küche einen Küchenschrank und in deinem Zimmer Wandschränke einzubauen, womit er nächste Woche beginnt. Herta zieht nach oben. Wir werden versuchen, auch mit den übrigen Arbeiten weiter zu kommen. Von St. hatten wir auch ein Bestätigungsschreiben, er fragt, wann geliefert werden soll, kann ja erfolgen, wenn die Platzverhältnisse geklärt sind. Zunächst muss die obere Wohnung fertig gemacht werden. Sonst ist nichts zu berichten, es geht uns gut. Mutter lässt grüßen."

„Die Platzverhältnisse" sind in gewisser Hinsicht geklärt: Hans musste und wollte sich offensichtlich dann doch den Plänen seines Vaters fügen. Er war finanziell nach wie vor sehr stark von ihm abhängig, vielleicht auch moralisch. Im März 1952 muss dann die Verlobung mit Gabriele/Eli stattgefunden haben. Dazu Hans' Brief vom 24. März 1952: „Liebe Eltern! Anliegend erhaltet ihr eine Danksagung für Johann und Lisa und schreibt bitte die Straße dazu. Außerdem füge ich eine Liste bei von den Leuten, an die ich eine Danksagung geschrieben habe mit persönlichem Dank für die Blumen usw. An die nicht durchgestrichenen schickt Eli eine Karte. Von Herrn und Frau F. habe ich einen Strauß sehr schöner Tulpen bekommen. Mein Chef sagte mir gleich, dass ich unter diesen Umständen natürlich von der Abrechnung befreit bin, um nach Hause zu fahren. Dann komme ich am nächsten Sonntag und da dachte ich, dass ihr die D.s (Eli's Eltern) ja einladen könnt, nicht? Herzlichst, euer Hans"

Es deutet alles auf den baldigen Umzug an die Ostsee, die dortige Praxiseröffnung und eine Hochzeit mit Gabriele hin. Hans schreibt eine Postkarte am 15. Mai 1952 nach Hause, die klar macht, dass die Praxis bald fertig ist, denn „St." ist die Firma, die Praxiseinrichtungen liefert: „Lieber Vater! Am Sonnabendnachmittag werde ich zu euch kommen und wohl bis Montagmittag bleiben. Dann kann der Monteur von St. ja am Montagvormittag rauskommen. Rufe doch bitte bei St. deswegen an. Für mich haben wir einen Vertreter in der Praxis. Mit herzlichen Grüßen, euer Hans"

Die allerletzte Postkarte, sie stammt vom 9. Juni 1952, klärt nur kurz ein wichtiges Detail für die „Warmwasseranlage" in der zukünftigen Praxis: „Liebe Eltern! Heute habe ich mir in einem Elektrogeschäft noch einmal die gleiche Warmwasseranlage angesehen, wie ich sie bekomme und da habe ich mir überlegt, dass ein Mischwasser-Regulierhahn doch entschieden besser wäre. Der sieht ungefähr so aus: (Zeichnung). Tauscht den anderen Hahn doch bitte um, ich wäre euch sehr dankbar. Mit herzlichen Grüßen bin ich euer Hans" Mit diesem profanen Wunsch endet dann der Schriftwechsel zwischen Eltern und Sohn Hans, das heißt, er ist dann im Sommer 1952 zurück an die Ostsee gezogen.

Familiengründung

Am 30. August 1952 heiraten meine Eltern Hans und Gabriele. Ein Jahr später, im August 1953, kommt das erste von insgesamt fünf Kindern zur Welt. Weitere Geburten folgen 1955, 1957, 1958 und 1962.

Wir wohnten zuerst in dem Mietshaus mit drei Wohnungen, welches meinem Großvater gehört hatte, die Praxis und die Familienwohnung waren mehr oder weniger eine Einheit, in der wir ungefähr zehn Jahre verbracht haben. Dass in diesem Haus, bzw. der zweiten Haushälfte der Vater-Familie, einmal der Bruder Stephan meiner Mutter Gabriele gewohnt hat und zwar 1946, wurde natürlich, wie alles was diesen Bruder betraf, niemals erwähnt. Es stellt sich die Frage, ob Stephan Kontakt zur Familie L. hatte, vielleicht sogar zu meinen Vater Hans, womit dann eventuell ein Grundstein für eine Beziehung zwischen Vater-Familie und Mutter-Familie gelegt worden wäre. Die offizielle Version war, dass meine Eltern Hans und Gabriele sich auf einem Förde-Dampfer kennengelernt haben. Er auf dem Weg zur Uni und sie auf dem Weg zur Ausbildungsstätte als Medizinisch-Technische Assistentin.

Das Schöne für uns Kinder war damals die besondere Lage des Hauses, direkt an Strandpromenade und Strand. Wir hatten jeden Sommer unseren eigenen traumhaften Strandurlaub vor der Tür und mussten nicht irgendwo anders hinfahren. Familienurlaub fand dann eher in den Herbst- oder Osterferien statt, natürlich noch nicht in den Anfangsjahren.

Es ist erhellend, spannend und erschütternd zugleich, sich mit den Ereignissen im Leben seiner direkten Vorfahren zu beschäftigen. Während des Schreibens und Recherchierens tauchen immer wieder neue Ansätze und Ideen zu Recherchen und weiteren Aspekten auf. Das Aufwachsen als sogenanntes Nachkriegskind beeinflusst das weitere Leben, lässt mich aber heute auch eine ganz andere Sichtweise bereits als ‚abgehakt' empfundener Ereignisse erleben. Da gäbe es noch Vieles zu erforschen und zu berichten, vielleicht würde mit meinen Geschwistern, mit denen vorher kaum ein Austausch stattfand über diese Problematik, die teilweise gar nicht als so eine empfunden wurde, auch eine neue Dimension der Kommunikation erreicht werden können.

Es gäbe noch viel zu berichten, aber das wird dann eine neue Seite im Buch der Geschichte der Weiter- und Fortentwicklung.

Kapitel 9 - Historisches - Schleswig-Holstein im Nationalsozialismus und Zweitem Weltkrieg

Schleswig-Holstein „war eine frühe Hochburg des Nationalsozialismus. Hohe Wahlergebnisse erzielte die NSDAP schon 1928 in Dithmarschen. Die von den Nationalsozialisten sogenannte Blutnacht von Wöhrden 1929 und der Altonaer Blutsonntag 1932 wurden von der NSDAP überregional zu Propagandazwecken ausgeschlachtet. Bekannte schleswig-holsteinische Autoren zählten zu den geistigen Wegbereitern des Nationalsozialismus: Der aus Nordschleswig stammende Julius Langbehn sowie die Dithmarscher Adolf Bartels und – eingeschränkt – Gustav Frenssen.

Der Luftkrieg im Zweiten Weltkrieg betraf die dünn besiedelten Landesteile nur wenig. Kiel als Stützpunkt der Kriegsmarine und Standort dreier Großwerften am Ostufer der Förde war jedoch immer wieder Angriffsziel.

Am 3. Mai 1945 bombardierten Royal Air Force-Maschinen irrtümlich die drei in der Neustädter Bucht manövrierunfähig liegenden Schiffe Cap Arcona, Thielbek und Deutschland. Etwa 7.000 Menschen starben. Die SS hatte circa 10.000 KZ-Häftlinge auf den Schiffen zusammengepfercht. Höchstwahrscheinlich beabsichtigte die SS, die Häftlinge zu versenken.

Am 7. Mai 1945 wurde um 12:45 Uhr über den Reichssender Flensburg in einer Ansprache von Lutz von Schwerin-Krosigk zum ersten Mal von deutscher Seite das Ende des Zweiten Weltkrieges in Europa verkündet. Die bedingungslose Kapitulation der Wehrmacht trat am 8. Mai 1945 um 23:01 Uhr in Kraft. Zu diesem Zeitpunkt war der Großteil Schleswig-Holsteins noch unter der Kontrolle deutscher Truppen.

Die Verhaftung der letzten Reichsregierung unter Karl Dönitz in Flensburg-Mürwik erfolgte erst am 23. Mai 1945.

Bereits ab Ende 1944 war Schleswig-Holstein beim ‚Unternehmen Hannibal', der Evakuierung von etwa 2,5 Millionen

Menschen aus dem Baltikum (Memelland), Ost-/Westpreußen, Pommern und Mecklenburg, Hauptanlaufgebiet von Flüchtlingen und Vertriebenen. Auch Ausgebombte aus den Großstädten Kiel, Lübeck und Hamburg zogen aufs Land. Die Einwohnerzahl, die 1939 noch 1,6 Millionen betragen hatte, stieg bis 1949 auf 2,7 Millionen.

Zur Jahreswende 1945/46 ernannte die Militärregierung der Britischen Besatzungszone beratende deutsche Entnazifizierungsausschüsse. In Massenverfahren wurden 406.500 Menschen entnazifiziert: In die Kategorie I der Hauptschuldigen und die Kategorie II der Schuldigen wurde in Schleswig-Holstein aber niemand eingestuft. 2.217 stufte man in die Kategorie III der Belasteten ein; dazu gehörte auch der ehemalige Gauleiter Hinrich Lohse. 66.500 kamen in die Kategorie IV als Mitläufer und 206.000 in die Kategorie V als Entlastete.

Nach Kriegsende war Schleswig-Holstein formell noch eine preußische Provinz. Der Christdemokrat Theodor Steltzer, der dem militärischen Widerstand gegen das NS-Regime nahegestanden hatte, wurde im November als Oberpräsident an die Spitze der Verwaltung berufen, später zum ersten Ministerpräsidenten ernannt. Am 26. Februar 1946 trat der erste Landtag zusammen, der noch nicht gewählt, sondern von der Militärregierung ernannt worden war, die sich, zunächst vertreten durch ihren ‚Regional Commissioner for Schleswig-Holstein‘, den Luftmarschall im Ruhestand Hugh Vivian Champion de Crespigny, letzte Entscheidungen vorbehielt. Mit der Verordnung Nr. 46 der britischen Militärregierung vom 23. August 1946 ‚Betreffend die Auflösung der Provinzen des ehemaligen Landes Preußen in der Britischen Zone und ihre Neubildung als selbständige Länder‘ erhielt das Land Schleswig-Holstein seine rechtlichen Grundlagen. Als Hauptstadt setzte sich Kiel gegen Schleswig durch; Dienstsitz des britischen ‚Regional‘, später ‚Land Commissioners‘ war das sog. Somerset-House in Kiel, Residenz das Herrenhaus Altenhof (bei Eckernförde). Bei der Landtagswahl vom 20. April 1947 wurde erstmals ein Landtag gewählt. Ein Land wurde Schleswig-Holstein mit der 1949 vom Landtag verabschiedeten Landessatzung, die am 12. Januar 1950 in Kraft trat. Erst durch die am 30. Mai 1990 vom Kieler

Landtag verabschiedete Verfassungsreform trug diese auch den Namen Landesverfassung. " [30]

Der persönliche Bezug entsteht besonders durch die britische Militärregierung, die in Schleswig-Holstein von 1945 bis zur ersten Landtagswahl im April 1947 herrschte. Für die Briten war Lieutenant James Stewart-R. tätig, erst an der Ostsee, dann in Hamburg.

Der Bruder meiner Mutter, Stephan, hat James Stewart-R. in dem Ostsee-Ort, in dem ich später meine Kindheit und Jugend verbracht habe, kennen, schätzen und wahrscheinlich auch lieben gelernt.

Stephan folgte dem britischen Lieutenant nach Hamburg. Dort mussten beide erfahren haben, dass ihre Freundschaft nicht akzeptiert werden würde, sie gingen dann, kurz nacheinander, lieber in den Tod, als in ein gemeinsames, nicht umsetzbares, Glück.

Verluste - Der Zweite Weltkrieg in Zahlen und Fakten

A ls „1945 die Waffen schwiegen, lag Deutschland in Trümmern. Millionen waren auf der Flucht. In Europa und Fernost hat der Zweite Weltkrieg mindestens 65 Millionen Menschen das Leben gekostet. Zahlen und Fakten:

BEVÖLKERUNG: 1939 zählte das Deutsche Reich mit dem angeschlossenen Österreich etwa 80 Millionen Einwohner. Allein seine wichtigsten späteren Kriegsgegner - Frankreich, Großbritannien, USA und Sowjetunion hatten die fünffache Bevölkerungszahl.

SOLDATEN IM EINSATZ: Im Verlauf des Krieges wurden etwa 17,3 Millionen deutsche Männer zur Wehrmacht einberufen, hinzu kamen noch rund eine Million Angehörige der Waffen-SS. 1945 dienten allein in Heer und Luftwaffe der USA 10 Millionen Soldaten, in der Sowjetunion weitaus mehr.

KRIEGSOPFER: Es kamen mehr Zivilisten um, als Soldaten bei Kampfhandlungen. Mit etwa 27 Millionen Toten hatte die Sowjetunion die größten Verluste, davon ungefähr die Hälfte Soldaten, von denen 3 Millionen in deutscher Kriegsgefangenschaft starben. Deutschland zählte etwa 6,3 Millionen Tote, darunter fast 5,2 Millionen Soldaten. Die USA verloren 292.000 Mann. Über 10 Millionen Chinesen sollen umgekommen sein. Amerikanische Atombomben töteten etwa 150.000 Japaner auf der Stelle. Zu den Opfern gehören auch etwa 6 Millionen von den Nazis ermordete Juden.

KRIEGSGEFANGENE: Nach Kriegsende waren rund 11 Millionen deutsche Soldaten in Gefangenschaft, meist kurzfristig als sogenannte Kapitulationsgefangene. Aus sowjetischen Lagern kehrten nur 2 von 3,3 Millionen Deutschen zurück, die letzten 1956. Von den etwa 5,7 Millionen Rotarmisten überlebten 3,3 Millionen die deutsche Gefangenschaft nicht.

KRIEGSWIRTSCHAFT: Die USA kostete der Krieg nach heutigem Wert mehr als 4.000 Milliarden Dollar. Dabei unterstützten sie die ärmeren Verbündeten massiv mit Waffen. Von 1940 bis 1944 hatte sich die US-Wirtschaftsleistung mehr als verdoppelt. Säulen der deutschen Kriegswirtschaft waren Rohstofflieferungen aus den besetzten Gebieten und etwa 7,5 Millionen Zwangsarbeiter. Ein Großteil der horrenden Kriegskosten wurde durch Kredite gedeckt.

FLÜCHTLINGE: Vor und nach Kriegsende suchten an die 12 Millionen Menschen aus den östlichen Reichs- und Siedlungsgebieten eine neue Heimat oder wurden vertrieben. Nach unterschiedlichen Schätzungen sollen in den Wirren zwischen 1944 und 1947 etwa 400.000 bis zwei Millionen Flüchtlinge ums Leben gekommen sein. Hunderttausende Polen aus dem von der Sowjetunion annektierten Ostteil des Landes verloren ihre Heimat.

GEBIETSVERLUSTE: Gemessen an den Grenzen von 1937 verlor das Reich 114.000 Quadratkilometer oder etwa 24 Prozent seines Staatsgebietes (Pommern, Schlesien, Ostpreußen, Ostbrandenburg). Auch Polen hatte trotz Westverschiebung große Verluste. Finnland, Ungarn und Rumänien wurden ebenfalls verkleinert.

KRIEGSSCHÄDEN: Mit Kriegsende war Deutschland ein Trümmerfeld: Nahezu 5 Millionen zerstörte oder beschädigte Wohnungen vor allem in den großen und größeren Städten, zerbombte Fabriken und Verkehrswege. Im Nürnberger Kriegsverbrecher-Tribunal machte die Sowjetunion 71 000 zerstörte Städte und Dörfer sowie 32 000 Betriebe geltend. Zu den britischen Opfern der deutschen Luftwaffe zählt die Stadt Coventry. "[31]

In Erinnerung an meinen Großvater
Ernst, meinen Vater Johannes und seine
im Zweiten Weltkrieg gestorbenen
Brüder Ernst und Jochim

Anhang 1 - Orte - Stationen einer Zeitreise

- **Neustadt in Holstein** (Aufenthalt Hans: Arbeitsdienst, April-Sept. 1936)

„(niederdeutsch: Niestadt in Holsteen) ist eine Stadt im Kreis Ostholstein in Schleswig-Holstein. Gegründet wurde sie im Jahr 1244 von Adolf IV. von Holstein. Neustadt in Holstein war ehemals für seine Hafenanlagen bekannt, heute ist es Reiseziel vieler Touristen und dient als Erholungs- und Kulturort. Neustadt/Pelzerhaken war Standort des Nachrichtenmittelversuchskommandos seit 1923 (Nachrichtenmittelversuchsanstalt, kurz NVA) zur Entwicklung der Funkmesstechnik (Radar). Von Dezember 1944 bis zum 1. Mai 1945 befand sich in Neustadt das KZ Neustadt in Holstein. Der Komplex wurde später in das Krankenhaus eingegliedert. [52]

- **Krummenfließ** (Hans: Landdienst, Juli-August 1939)

„war Anfang der 1930er Jahre der Hauptwohnort in der ehemaligen Gemeinde Krummenfließ im Kreis Flatow in der Provinz Grenzmark Posen-Westpreußen. Bei der Verwaltungsreform am 1. Oktober 1938 kam der Kreis Flatow und damit auch der Wohnort Krummenfließ an die Provinz Pommern.

Landkreis Flatow: Hier fielen von rund 30.000 Wehrmachtsangehörigen ca. 10.000 Personen, darunter auch Reichsdeutsche polnischer Sprache, allein im Zweiten Weltkrieg. Das entsprach knapp neun Prozent der örtlichen Bevölkerung. In den Konzentrationslagern der Nazis verstarben gleichzeitig aus dem Kreis Flatow 546 namentlich bekannte Juden, 64 namentlich nachgewiesene Roma, 28 namentlich belegte Polen und acht namentlich aufgefundene Deutsche. Von 2960 Personen jüdischer Abstammung, die in den Standesamtsregistern des Kreises Flatow aufgeführt sind, fielen insgesamt zwei Drittel dem Holocaust zum Opfer.

Im Frühjahr 1945 wurde das Kreisgebiet von der Roten Armee besetzt und nach Kriegsende unter polnische Verwaltung gestellt." [53]

- **Landsberg** (Hans: 1.Dez.1939-Febr. 1940)

„Gehörte seit 1816 zum Saalkreis der preußischen Provinz Sachsen. Heute: eine Stadt im Saalekreis in Sachsen-Anhalt mit ca. 15.000 Einwohnern." [54]

- **Schwiebus** (Hans: Febr.-März 1940)
Es liegt an der Strecke Berlin - Posen, ca. 160 km von Berlin. 1939 hatte Schwiebus knapp 10.400 Einwohner. „Schwiebus" heißt heute „Świebodzin", ist eine Kreisstadt im Powiat Świebodziński in der polnischen Woiwodschaft Lebus mit etwa 20.000 Einwohnern, liegt in der Neumark, 69 Kilometer östlich von Frankfurt/Oder."[55]

- **Reims** (Hans: Feldlazarett, 1.Verwundung, Juni 1940)
„Reims, früher auch Rheims, ist eine Stadt im Nordosten Frankreichs, ca.130 km von Paris entfernt. Im Ersten Weltkrieg wurde die Stadt, die 1914 etwa 120.000 Einwohner zählte und fast unmittelbar hinter der Frontlinie lag, von – vor allem – deutschen, aber auch französischen Artilleriegeschossen und Luftangriffen zu ungefähr 60 % verwüstet. Im März 1918 wurde die Zivilbevölkerung größtenteils evakuiert. Am 7. Mai 1945 wurde in Reims, im damaligen Hauptquartier von General Dwight D. Eisenhower, des Oberbefehlshabers des SHAEF, durch Generaloberst Alfred Jodl die bedingungslose Kapitulation der deutschen Wehrmacht unterzeichnet."[56]

- **Marburg** (Hans: Lazarett, Juni 1940)
„Marburg liegt an der Lahn und ist heute mit rund 73.000 Einwohnern die achtgrößte Stadt Hessens. Den Zweiten Weltkrieg überstand Marburg mit relativ geringen Zerstörungen."[57]

- **Luzk** (Hans: Jan. 1943)
„Luzk ist eine Stadt in der nordwestlichen Ukraine. Sie ist eine am Fluss Styr gelegene Großstadt mit über 210.000 Einwohnern. 1939 wurde Luzk von der Roten Armee erobert. Viele Fabriken wurden abgebaut und in die Sowjetunion transferiert. Etwa 10.000 Einwohner, überwiegend Polen, wurden in Lager deportiert oder vom NKWD (Volkskommissariat für Innere Angelegenheiten der UdSSR) inhaftiert. Ende Juni 1941 – kurz nach Beginn des Deutsch-Sowjetischen Krieges – nahm die deutsche Wehrmacht Luzk ein. In der Burg fanden die Deutschen Opfer eines Massakers des NKWD vor. Daraufhin kam es zu einem ersten, von den Deutschen begünstigten Pogrom ukrainischer Nationalisten gegen die jüdischen Einwohner der Stadt. Am 2. Juli 1941 erschoss dann das Sonderkommando 4a der Einsatzgruppe C unter Führung von Paul Blobel und mit Tatbeteiligung eines Zuges Ordnungspolizei und eines Zuges Wehrmacht-Infanterie 1.160 Juden. Die verbliebe-

nen jüdischen Bewohner der Stadt wurden in ein Ghetto umgesiedelt und später beim in der Nähe der Stadt gelegenen Polankahügel ermordet.

1943 und 1944 verübten ukrainische Nationalisten der OUN-UPA (Organisation Ukrainischer Nationalisten-Ukrainische Partisanen Armee), zum Teil unter Beteiligung ukrainischer "Selbstschutzgruppen", an der polnischen Bevölkerung der Westukraine Massaker, mit dem Ziel, diese Gebiete "ethnisch rein" zu machen. Im Zuge dieser wurde der überwiegende Teil der polnischen Einwohner ermordet oder vertrieben. Unter der 1944 wiedererrichteten sowjetischen Herrschaft wurde die Stadt zu einem Industriezentrum. Im Zuge der ukrainischen Unabhängigkeit wurde die Stadt 1991 Teil der Ukraine.“ [58]

- **Rostow am Don** (Hans: Brief, 26.1.1943)

„liegt im Süden Russlands, 46 Kilometer vor der Mündung des Dons in das Asowsche Meer. Sie ist zugleich Hauptstadt des Rostower Gebiets und wird als „Tor zum Kaukasus“ bezeichnet. Im Zweiten Weltkrieg wurde die Stadt erstmals am 20. November 1941 in der Schlacht um Rostow durch die Truppen des deutschen III. Armeekorps eingenommen. Bereits zwei Tage später begann jedoch der massive sowjetische Gegenangriff, und am 28. November verließen die deutschen Truppen zusammen mit Kosakenverbänden Rostow am Don und zogen sich bis nach Taganrog zurück. Auf ihrem Rückzug hinterließen sie eine Schneise der Verwüstung. Viele Fabriken und Wohnhäuser wurden von ihnen niedergebrannt und 200 sowjetische Kriegsgefangene nur wenige Stunden vor der Befreiung der Stadt am Bahnhof erschossen. Auch etwa 3.000 Bewohner der Stadt kamen in diesen acht Tagen bei Luftangriffen und Kämpfen ums Leben.

Nachdem die Rote Armee die Stadt befreit hatte, wurde sofort mit dem Wiederaufbau der zerstörten Fabriken und Häuser begonnen, da man davon ausging, dass die Deutschen die Stadt nicht noch einmal erobern könnten. Am 24. Juli 1942 wurde die Stadt jedoch durch die Vorhut des XXXXIX. Gebirgskorps und Einheiten der 5. SS-Panzer-Division „Wiking“ zum zweiten Mal besetzt. Die in Rostow lebenden Juden mussten sich am 11./12. August 1942 in einem Schulgebäude versammeln und wurden dann zur Smijowskaja Balka (Schlangenschlucht) getrieben, wo sie erschossen wurden.“ [59]

- **Dnepropetrovsk** = Dnipro (<u>Hans: 29. Januar 1943</u>)
befindet sich am Fluss Dnepr und ist eine ukrainische Stadt, die seit dem
19. Mai 2016 offiziell Dnipro benannt ist. „Es ist die viertgrößte Stadt in
der Ukraine, mit etwa einer Million Einwohnern. Sie liegt 404 Kilometer südöstlich der Hauptstadt Kiew auf dem Dnjepr. Im Zweiten Weltkrieg erlitt die Stadt enorme Zerstörungen. Im September 1941 spreng-
ten Soldaten der Roten Armee auf dem Rückzug vor Truppen der
Wehrmacht eine 200 Meter lange Bresche in die Staumauer und der 65
km lange Stausee lief leer. Die Deutschen ließen die Staumauer wieder-
aufbauen; Ende 1942 war sie fertig. Es kam zu einem Massenmord an
jüdischen Einwohnern durch deutsche Besatzer. Dabei wurden am 13.
Oktober 1941 11.000 Juden ermordet." Im Oktober 1943 mussten die
Deutschen sich zurückziehen und bombardierten die Staumauer aus der
Luft. 1944 bis 1950 wurde der Staudamm wiederaufgebaut. [60]
- **Saboroshje** (<u>Hans: Lazarett 21. Februar 1943</u>)
„(Saporischschja) Die Großstadt liegt am Dnepr, 70 km südlich von
Dnipro (Dnjepopretowsk) in der Ukraine." [61]
- **Lemberg** (<u>Hans: Lazarett 17. März - 13. April 1943</u>)
heißt heute ukrainisch Lwiw, " ist eine Stadt in der westlichen Ukraine,
Hauptstadt des gleichnamigen Bezirks Oblast Lwiw und mit rund
728.500 Einwohnern (Stand 1. März 2015) die siebtgrößte Stadt der
Ukraine." [62]
Historisch gesehen hat das damalige Lemberg wechselhafte Herr-
schaftsverhältnisse und Namen aufzuweisen. Erst gehörte es zu Russ-
land, dann zu Polen, dann Österreich, wieder Polen, Sowjetunion.
Geschichte: Altrussisches Lwow 1256–1349, Polnisches Lwów 1349–
1772, Österreichisches Lemberg 1772–1918, Polnisches Lwów 1918–
1939, Sowjetisches Lwow 1939-1941, Deutsches Lemberg 1941-1945,
Sowjetisches Lwow 1945–1991, Ukrainisches Lwiw ab 1991.
„Im September 1939 wurde Lwów bis 1941 aufgrund des Hitler-Stalin-
Pakts durch die sowjetische Besetzung Ostpolens 1939 in die Ukrainische Sowjetrepublik eingegliedert. Die Polnische Armee hatte deutschen
Truppen trotz Artillerie- und Luft-Bombardement erbitterten Widerstand geleistet, da das Gebiet als Versorgungsroute für die Alliierten via
Rumänien geplant gewesen war. In diesem Plan war nicht berücksichtigt
gewesen, dass Deutschland und Russland hätten alliiert sein können.

Drei Tage nach dem Auftauchen russischer Truppen wurden die Kämpfe am 22. September eingestellt. Die deutschen überließen den russischen Truppen wie im Pakt vereinbart die Stadt und zogen sich zurück. Wie überall in der UdSSR erfolgten nun auch im sowjetischen Lwow Zwangskollektivierungen von Wirtschaftsverbänden und Bauernwirtschaften.

1941 wurde Lwow nach Hitlers Überfall auf die Sowjetunion Teil des deutschen Generalgouvernements und fungierte nun wieder unter dem Namen Lemberg als Hauptstadt des Distrikts Galizien. In Lemberg bestand später das Kriegsgefangenenlager 275 für deutsche Kriegsgefangene des Zweiten Weltkriegs. In der Nähe des Lagers gab es einen Kriegsgefangenenfriedhof mit über 800 Gräbern. Schwer Erkrankte wurden im Kriegsgefangenenhospital 1241 versorgt." [63]

- **Ratibor** (Hans: Reservelazarett 20. Mai 1943 - 20. Juli 1943)
„ (polnisch: Racibór; schlesisch Rattebor, tschechisch Ratiboř) ist eine oberschlesische Stadt in der Woiwodschaft Schlesien in Polen. Ratibor gehörte zum Zeitpunkt des Zweiten Weltkrieges zu Deutschland / Oberschlesien.

Bis März 1945 flüchtete der Großteil der Bevölkerung der Stadt in Richtung Mähren. Pläne, Ratibor in eine Festung zu verwandeln, wurden nicht realisiert, zumal nur wenige Soldaten, bzw. Volkssturmangehörige in der Stadt waren. Die Rote Armee hatte bereits im Januar 1945 große Teile Oberschlesiens erobert. Da ihr Vorstoß zur Oder bei Ratibor abgewehrt werden konnte, blieb Ratibor vom direkten Kriegsgeschehen verschont. Am Karfreitag, dem 30. März 1945, setzte die Rote Armee zum Sturm auf die Stadt an. Da die Truppen kaum auf Widerstand der sich zurückziehenden deutschen Soldaten stießen, war am nächsten Tag bereits die ganze Stadt besetzt. Es folgten Vergehen an der Zivilbevölkerung und Plünderungen, bei denen viele Kunstschätze geraubt wurden. Schließlich zündete die Rote Armee die Altstadt an. " [64]

- **Malente** (Hans: Marine Lazarett Juli - Dezember 1943)
„(plattdeutsch: Lent) ist eine Gemeinde im Kreis Ostholstein in Schleswig-Holstein. Die Gemeinde liegt mitten in der Holsteinischen Schweiz. Der zentrale Ortsteil ist Bad Malente-Gremsmühlen und liegt zwischen dem Dieksee und dem Kellersee." [65]

- **Döberitz** (Hans: Januar 1944)

liegt nördlich von Berlin-Falkensee. „Während der Zeit des Nationalsozialismus entstand in Döberitz eines der größten militärischen Schulungszentren für Piloten (Fliegerhorst Elsgrund) und Infanterie (Olympisches Dorf und Löwen-Adler-Kasernen), sowie Stützpunkte für Artillerie, Luftnachrichten (Hottengrund/Kladow) und Flugabwehr (Elstal). Die zum Übungsplatz gehörenden Kasernen befanden sich weiter auf dem Gelände des alten Barackenlagers. Das Areal, das den Alliierten sehr wohl als militärischer Standort bekannt war, war nie Ziel massiver Bombardierungen. Nur vereinzelt schlugen britische Fehlabwürfe und sowjetische Artilleriegranaten dort ein. Das Gros der Einrichtungen überstand den Krieg unbeschadet.

Ab 1944 bis Kriegsende existierten in Dallgow-Döberitz Außenstellen des KZ Sachsenhausen für Männer und des KZ Uckermark für Mädchen und junge Frauen sowie ein Zwangsarbeiterlager, in dem sowjetische Arbeiter interniert waren." [66]

Anhang 2 - Landkarten

1. Belgisch-Französische Grenze, Juni 1940, an der Aisne zwischen Laon und Rethel

Zeitungsausschnitt, der zeigt, wo sich Hans befindet. Südlich vom Standort verläuft der Fluss „Marne"

3. Bilder Westfront

Rückseite des Zeitungsausschnittes mit Fotos, wie
„Zurückgelassene Stahlhelme auf einer Rückmarschstraße
der Franzosen" und „Große Wäsche bei einer kurzen Rast
auf dem Vormarsch" - ein junger Mann rasiert sich.

5. Rostow am Don (Brief vom 26.1.1943) - Nordöstlich vom Asow-schen Meer [67]

6. Lemberg - Lazarett (17.03.-13.04.1943)/ Karte Polen [68]

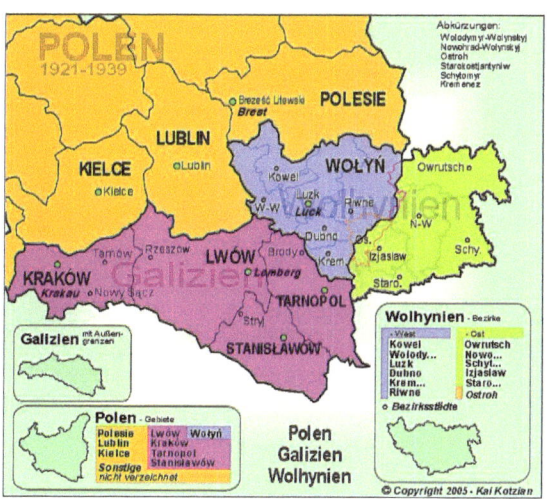

7. Dnepropetrovsk = Dnipro[69]

8. Karte Ostfront 1941[70] , Dnepropetrovsk = Dnipro (Jan.1943), Lage südöstlich, am Dnepr

9. Ratibor, Lazarett (Mai-Juli 1943) Karte Schlesien 1871[71]

Ratibor, liegt unten rechts im südlichen Zipfel

Anmerkungen:

1 Eingefügtes Zitat(im Beitrag von H.G.Hockerts) von Peter Reichel, Wenn Auschwitz aufhört, weh zu tun, in: FAZ vom 25. Januar 2000

2 Hans Günter Hockerts „Zugänge zur Zeitgeschichte: Primärerfahrung, Erinnerungskultur, Geschichtswissenschaft", Bundeszentrale für politische Bildung, 26.5.2002

3 Wikipedia, 2015

4 Online Lexikon der Universität Oldenburg, 04/2016

5 Kredite für NS-Verbrechen: Die deutschen Kreditinstitute in Polen und die Ausraubung der polnischen und jüdischen Bevölkerung 1939-1945",von Ingo Loose, 07/2007, ab S. 324

6 Dissertation zur Erlangung der Würde des Doktors der Philosophie des Fachbereichs Geschichtswissenschaft der Universität Hamburg, Führungsverhalten und Handeln reichsdeutscher Unternehmer/Manager und deren Verstrickung in den NS-Terror im Generalgouvernement der besetzten polnischen Gebiete (GG) 1939 bis 1945, Dieter Herrmann, 2012, S. 169

6a: Dissertation Dieter Herrmann, 2012, Luczak, Czeslaw: Das deutsche Okkupationssystem im unterworfenen Polen während des zweiten Weltkrieg- ges. In: Luczak, Czeslaw / Topolski, Jerzy / Kowal, Stefan / Szulc, Witold (Hg.): Studia Historia Economizecae, Volume 22, Poznan 1997, S. 44.

7 Wikipedia, 2017

8 Spiegel Online, 2006

9 Dissertation Dieter Herrmann, 2012, S. 174

10 Das virtuelle Museum, vimu-info, 2016

11 – 12 ndr.de, 2015

13 naval-history.net, 2016

14 Wikipedia, 2016

15 Wikipedia, 2016. Literatur: Miriam Gebhardt: Als die Soldaten kamen. Die Vergewaltigung deutscher Frauen am Ende des Zweiten Weltkriegs. DVA, München 2015. Barbara Johr: Die Ereignisse in Zahlen. In: dieselbe und Helke Sander: BeFreier und Befreite: Krieg, Vergewaltigungen, Kinder. Die Zeit des Nationalsozialismus. Frankfurt am Main 2005. Udo Grashoff: „In einem Anfall von Depression…": Selbsttötun-

gen in der DDR.   Ch. Links Verlag. Ilko-Sascha Kowalczuk, Stefan Wolle: Roter Stern über Deutschland. Sowjetische Truppen in der DDR. Ch. Links Verlag, Berlin 2010. Norman M. Naimark: The Russians in Germany: A History of the Soviet Zone of Occupation, 1945–1949. The Belknap Press of Harvard University Press, Cambridge, 1995

16 Wikipedia, 2016

17 rbb24, Preußen-Chronik, 2016

18 - 19 Wikipedia, 2016

19a „Die ‚Blücher' war ein Schwerer Kreuzer, gesunken am 9.4.1940 nach Kanonen- und Torpedobeschuß im Oslofjord/Norwegen. ‚Karlsruhe' war ein Leichter Kreuzer, gesunken am 9.4.1940 im Skagerrak nach Torpedobeschuß eines britischen U-Boots.", Wikipedia 2017

20 - 25 Wikipedia, 2016

26 Jameda, 2016

27 Internisten im Netz, 2016

27a Wikipedia 2016

28 - 30 Wikipedia, 2016

31 Zeit-Online, 9.5.2015

32 - 41 Wikipedia, 2016

42 Wikipedia, 2015

43 - 61 Wikipedia, 2016

62 Wikipedia, 2015

63 – 66 Wikipedia, 2016

67 Wikipedia, c: gemeinfrei, hochgeladen 10.Oktober 2007

68 Wikipedia, copyright free use, hochgeladen 15.November 2011

69 Wikipedia, CC BY2.5, I, Francis McLloyd, erstellt 1. Januar 2006

70 Wikipedia, GdR aus engl.sprach.Wikipedia, CC BA- SA 3.0, erstellt 20. März 2005

71 GenWiki-Commons, Lizenzstatus:PD, Freigabe durch Autoren liegt vor, VZimmer, 22. Juni 2006(CEST)